清代外務部
中外關係檔案史料叢編
——中美關係卷

·中國第一歷史檔案館 北京大學 澳大利亞拉籌伯大學　編·

第三册 · 財稅金融

中華書局

第三册編委會名單

編輯部

目録

一

薛大人閲

十一月十七日閲

同治二年

承修官李常華

查拏繞越偷漏

欽命總理各國事務衙門清檔

查拏繞越偷漏

同治二年三月初七日福州將軍文清 閩浙總督耆齡 福建巡撫徐宗幹會銜文
稱請照會各國公使凡有運閩洋葯務照原
議條約飭令洋商運至閩省南台廈門台灣
正口銷售以杜偷越不准洋人沿海私賣致
違條約等語 詳見閩省洋葯案內 (四月十)
四月十二日山海關監督英元呈稱據海關員役稟
稱以洋船嚙禮呀的士進口後既未接過行報
亦未請領開艙連單上貨下貨准單查有嚕
麟商人私裝豆餅連日上載禀請查辦前來
正在飭查辦理間旋據関吏來禀以本月十
九日夜間接到美國領事爵德照會一件知
会此船進口因文內填寫二月二十五日發
移相差二十餘日駁還未收次早二十日辰
刻又據爵德照會以此船進口因該行執事
人役未將繕就報文即時報遞係屬不合囑
將應給执照紅单飭関發給以便出口等因
當查照会內所陳各節即無虛揑其為漏報
已無疑義隨経飛令按照和約將應罰之船
主商人分別罰銀罰貨以符定章去後旋據
爵德來寓面述漏報情節與照会大畧相同
但稱事係初犯懇求寬免下次再不敢錯此
事與船主無干請於納稅後先蔡稅单其紅
单暫緩發給听候辦理並以去歲並無上下
貨准单及驗船各事今年要如此辦亦須先
給照会等語飾詞擄掩 職差以撫綏攸関再
三開導告以既有和約初罰犯不罰再犯吏難
辦理至今年辦理関務一切俱本和約並無
新添花樣何須先事通知該領事隨將十九
日補送未收之照會及閩海関船鈔执照一
紙當面持交囑仍收存 職差復告以稅項交

清准先發給税单其出口紅单應俟罰款辦
結再行發給並行令照辦去後遲至兩日
未見聲復乃二十二日夜間接據該領事照
會以所交補報吼呀的士船照会及該船完
鈔執照本関既經接收已發給收税单據各
事即算妥帖其漏報及不領准单上下貨物
等事無庸再行照会船主亦不認罰囑即呈
請京憲定奪云云其餘語多遁飾意存狡賴
覆查營口現辦通商凡関稽查偷漏章程正
宜力求整頓職差到口後節經嚴飭委員認
真經理以裕税課而杜弊端乃載在和約之
條該領事尚圖違背並不遵行若竟任令狡
展恐各商紛紛效尤將開在後隱漏之漸查
此事既據鼎領事聲稱係洋行漏報與船主
無干除飭委員劉令亨霖等將應給紅单及
原交之船鈔執照面交該領事收回听候劉

示外可否仰懇王爺大人俯賜行文該駐京公使轉
飭鼎領事按約認罰以符定章並飭令嗣後
辦理通商務照和約奉行不准任意違悞之
處理合抄録往来照会呈請酌核示遵寔為
公便再現辦英美二國及各港商船俱仍照
章辦理並無違背合併聲明為此備由具呈
計粘抄单一紙
為照覆事本月二十日准貴領事照会内開
以二月二十四日有哈北國吼呀的士船進
口因行内执事人役未將照会赴関具報係
屬不合囑即將此船执照紅单作速發給以
使出口等因查此件昨據海関員役面禀以
吼呀的士船到口後既未接據行報亦未請領
開艙单上貨下貨准单現查有魯麟商人私
装豆餅連日上載禀請飭查辦理前来正在
查辦間旋據関吏禀称十九日夜間接到貴

領事處来文一件知会此船進口因文内填寫二月二十五日嵗移差二十餘日駁回未收本監督嵗查各國洋船進口其報船貨以及請領開艙連单上貨下貨准单和約内俱有專條不容遺悮今前項船隻貴處既遲至二十餘日之久始行開報已屬不合所云係屬空船並無貨物尤難盡信盖貴領事雖有名字花押不致欺妄但本関並未據报驗查終多疑竇自應按照條約將漏報及不領開艙单准单擅自上下貨物之船主商人分別罰銀罰貨以符定章而儆其餘承囑發給紅单出口一節未便照辦至船隻出口遲延應賠日費係何處錯悮應令何處包補與本関毫無干涉應由貴處自行清理相應照覆為此照覆貴領事煩為查照辦理施行

為照覆事本日據貴領事面交具報黄國船吼呀的士進口照会一件又閲海関船鈔执照一紙並述說漏报情由均已聆悉其應[illegible]辦漏報一節業經另文照覆所有此船完納税項俟其交清自應飭関發給税单交商收領至紅单一項仍俟罰欵辦結方准發給出口紅单為此照覆貴領事請煩查照辦理施行須至照覆者

大美國署駐劄牛莊營子口等處領事官嘉為照會事于二月二十四日本領事有照會一個報到哈北國两條桅船一隻船名吼呀的士進口併無貨物目下本領事始知執事人未有將該照會报上理即不合所因執事人事繁又属事急以致失悮况本領事又有曉說貴國之話関上又無外國人料理辦事使本領事受多艱難今本領事懇求貴監督即將之照會留下此照會又有本領事名字花押言無貨物亦有船鈔可見目

下該船緊急出口何貴監督不肯將紅单执
照發給有阻該船停留使該船于今日順風
不能出口船上每日費用要関上賠埜本領
事准於遲幾天即將該件公事行文往北京
美國大人處懇著外國人来此関料理公事
即本領事有錯悮之事亦可面説明白不致
有同貴監督之難辦也請貴監督速將紅单
各件發出以便該船出口是寔貴監督查照
施行須至照會者　大美國署駐劄牛莊营
子等處領事官鼐為照會事兹據黄國噜麟
行禀称于二月二十四日有什國第八百九
十四號两條桅船一隻進口船名吼呀的士
船主名士乜計装二百三十八噸禀報前来
合行照會貴監督查照施行須至照會者

計開

空船進口並無貨物

大美國署駐劄牛莊营子等處領事官鼐為
照會事于三月二十一美五月八号一千八
百六十三年接来照会二封内俱云什國之
吼呀的士船之事言説進口二十餘天未曾
报関上貨下貨又未有討准单第二日付去
照会如收妥閲本領事實不愿意因係有事
即將所报吼呀的士之照會忘报另有船鈔
执照所报日子亦甚妥當本領事前报之照
会係由二月二十五美四月十八号报去不
料失报今本領事細找出来即行速报請給
紅单出口下午又已將所装之豆餅盡行完
過税項收税单亦有此船現俱已妥當上項
各件清楚惟未有給出口紅单貴関現有本
領事之照會报明該船實係空船進口何以
多大私疑断不有錯懇求貴監督思想將該
船罰鈔以及之貨入官該事誰人搭應第二

封照会言及不肯給出口紅单要該船罰項清白及心疑進口有貨本領事言明該船果然係空船進口何必見疑現有本領事名字花押印信為証何鮮如此之見嫚不肯相信半句似乎湊辱太過誰肯吃虧本領事回復之事連照會即行送呈北京各國総理衙門及美國領事官照天津和約第一款而辦惟吼呀的士罰項不與船主相干是本領事實不敢應承因該船船主到口之日經于第二天即將之船牌执照交來本領事甚屬妥當船主並無錯悮本領事事情忽急一時未能細查但貴監督欲將商人之貨罰官前任監督為在處併未有要上貨下貨准单之話總是查明該船所到何貨物若干而且又無人到外國船上查驗餘無别的本領事在营子有十八個月之久総未見有関上人到外國

船查驗併未聞有関上人在馬頭看守外國商人所買中國貨物俱由中國商人包送至外國船上外國商人総曉得該船所俩若干為度倏貨裝完然後算賬外國商人通事自然到関上照算賬数目若干開明报税去年一年美國商人併未有錯悮関上去年後船去後鳯監督回去本領事親至見他再四請教如何方為妥當好與外國商人貿易鳯監督回説均已妥好况又應許本領事或者要將関上規例改換務先付一照會須先示知方可合行照辦本領事亦有照会一個于去年英十一月二十四号一千八百六十二年請伊來行面議各件事務本領事斷估改換関上之規例不先通知即不公平及行之不便今年貴監督于英四月十一號來行拜会本領事始見併不題関上之事一句不一會

即回公館嗣後本領事亦併無有收貴監督
一信又未有見有文至將關上之規矩改換
今年有美船十三隻有別國船亦屬不少來
美國商人有來貨有去貨一概盡仝去年一
樣辦法今貴監督在處所有外國船及美船
到河內足滿一月之久俱未見有誰料理貴
監督初到之時至今各國船隻亦屬不少況
泊在河內日子亦屬不少何併無關上一人
到外國船上查驗本領事實未知何解茲關
上之事現已改換規模目下本領事恭敬貴
監督可能有一外國船在河內灣泊二十餘
天或起貨落貨貴關上之人無一知曉或有
此之新規矩該船即在洋行之左右本領事
又請問貴監督知到該船泊在河內要當與
不妥當為何不查明白或者貴監督改換之
規矩及所要做之事要當務要查訪明白以

免失悞幾時一次本領事執事人忘悞偶遇
一時始終無錯下次到外國船查驗要關上
人穿號衣得船主認識是關上之人在心巡
查但本領事告訴貴監督之事懇勿見怨此
處監督年年一換貴不好辦或要關上同上
海廣東之法辦理一定要有人能說外國話
能寫外國字此關上定必照上海廣東一樣方無
錯悞以上解說哈北船嚜呀的士之事或者
貴監督斷估不公平不允諾給紅单本領事
已代人說情皆由遲緩之事躭悞罰款斷斷
不能應許貴監督既留下之照會船鈔及發
收稅单該船又何說漏報此船各事俱已妥
當無庸再回照會或赴往北京定奪本領事
懇貴監督將該照會該船事務寄往北京定
奪是實請貴監督查照施行須至照會者

四

四月二十五日行署上海通商大臣江蘇巡

撫福州將軍閩浙總督福建巡撫等林三
月初七日准前福州文前閩浙總督者福建
巡撫徐会銜文稱請照会各國公使凡有運
閩洋葯務照原議條約飭令洋商運至閩省
南台厦門台湾正口銷售以杜偷越等因前
來本衙門查洋葯偷漏應由地方官設法查
拏一有獲案即將船貨入官方為正辦若照
会各國公使嚴禁深恐徒費筆墨無濟於事
所有咨請本衙門繕給各國照会嚴禁之處
應毋庸議相應咨行查照　四月二十八日

四

湖廣總督官文文稱據監督湖北江漢關稅
務漢黃德道鄭蘭稟稱據武穴總卡委員廖
鴻磬等稟稱二月十三日該委員等正在查
船之時突見下水艇船一隻並無旗號升掛
直駛過厘金各卡隨令籤子手乘坐哨划前
往該船不听後追赶六里之遥仍不服查嗣

令砲船隨追該船始掛旗號方知係怡和行
安日利拿之船即係內地辰船此時已與該
船相近該主說與籤子手如再不走即行開
砲直至龍坪始行上船將通事盧杏村舵工
李太興拏獲解送來漢請查核訊究等情來
前來隨訊據該通事水手查無走私等弊當
將該通事水手開釋旋准英領事官金執爾
照會內稱查該洋人雖係江漢関派用奉諭
查驗上下船隻斷無拿獲英船僱用水手之
權貴関若派用洋人在武穴查船自應將伊
姓名報知漢口九江領事官該人亦應執貴
道與敝領事同發自認查驗之憑俾执漢文
洋人不識之票不足為憑若有跡虞反致滋
事據該艇船主稟稱查該洋人帶去水手二
名有干例禁特將情形知會貴道煩將實情
詳細分晰知會敝領事可也查武穴設立稽

查總卡前經照会各領事官通飭各洋商遵照該船駛到該卡即應停泊聽候查驗乃不將洋旗升掛闖卡逕過追赶不應種種抗違顯係通事水手人等恃係雇用洋人之船故與関卡為難該處委員有稽查之責籤子手有帮同稽查之責將該通事水手拿解送究于二月二十日到漢即刻詢釋亦並不為過金領事以此案関係緊要口稱必要稟請英國欽差核辦職道伏查以武穴厘卡洋船不使偷漏並不能販鹽上行是以屢造浮言聳惠領事官必欲將該卡撤去而後快適有匿旗闖卡不服盤查之事該船亦非無過該委員籤子手將土船水手獲送亦係該員因武穴無領事官可以照会照中國例辦理而金領事嘵嘵不服可否將委員籤子手撤回更換至別卡以平其心稟請示遵並將全案緣由稟陳核咨等情據此相應咨明請煩查照施行

五

五月初七日江西巡撫沈葆楨奏稱

竊照同治元年閏八月間據吳城鎮同知馮詢厘局委員胡心庠稟稱閏八月十七日廣東商民黃畧興帯同洋人皮爾生販運食鹽二百七十六包浙江商民曹南山販運食鹽五百四十七包來鎮售賣均據鹽行代為完厘二十一日續到洋駁船一隻係洋人費子盖賓裝運食鹽八百包因查該商民等均無牌照傳集訊究抗不赴案請示遵辦並據南昌府知府許本墉督同南新二縣会稟閏八月十九日有洋船唉咪駛入省河飭差查係美國商人通啰通事李元興販運鹽包許本墉等隨赴河干公所邀同李元興面詢一切據稱所運之鹽係由九江德利洋行分撥約四五百包現尚未售許本墉等當將條約照

鈔付閱李元與顧駛回潯令通事說明亦無
異詞各等情經臣先後批局飛移九江道照
会美國領事官按照條約查辦旋據藩臬兩
司詳報派令候補府經歷王效曾將通事李
元與等同原船鹽色押解赴潯後經批飭各
在案嗣據馮詢稟稱皮爾生等船隻潛行駛
去費子盖賓一船尚泊鎮河閏八月二十八
日據鹽行劉同泰具稟黃畧與等運到鹽斤
經段乾豐同該鹽行先後代售嗣因查係洋
人販私將所收受費子盖賓之鹽退還詎費
子盖賓將行夥劉伊傑胡定環扣押在船是
夜並糾帶水手多人各持洋槍洋刀蜂擁入
行勒索銀三百兩經衛鄰救護始各星散查
點遺失銀七十餘兩錢十餘串將所護洋船
水手湛世林解交新建縣訊辦又經批飭總
局轉移九江道照会美國領事官飭將行夥

劉伊傑等釋放所失銀錢照數追還並飭該
同知同新建縣將段乾豐劉同泰等行戶暨
湛世林一併解交九江道審辦去後茲據九
江道廷曙詳稱洋船販私一節經該道照会
美國領事畢理格九江稅務司哈捫德分別
確查據畢理格声覆德利洋行既通事皮爾
生費子盖賓均非該國行商並准哈捫德復
稱九江只有英國立德洋行并無德利行名
該商等既無護鹽牌照顯係假冒應俟唉咪
人船同吳城鹽船一併解到以憑審辦各等
語詎唉咪洋船經王效曾稟报潛由湖口順
流而下并不駛赴九江其皮爾生費子盖賓
等船亦未經該地方官一併獲解僅據吳城
同知暨新建縣將鹽行段乾豐劉同泰同洋
船水手湛世林押解來潯隨經該道提案訊
明緣段乾豐劉同泰均於咸豐八年承領部

帖在吳城鎮開張盐行代客買賣去年閏八月十七日詳駁船二隻運盐到鎮當有商人黄客與胥南山同到段乾豊行内商議代售船内洋人皮爾生當時並未上岸段乾豊認作華商運盐禀知厘局撥七萬餘斤代為售賣照例完厘二十一日續到盐駁船一隻係湖南人郭姓投赴劉同泰行内託令代銷劉同泰亦認作華商運盐禀知厘局於二十八日撥令行影劉伊傑打碼胡定環掌秤同到該船撥盐七十八包因見船内載有洋人詢係費子盖賓正在疑慮適厘局以係洋人販私飭差諭阻劉同泰當將原盐包退還費子盖賓收回盐包說該行太不公道既買了盐又来退還並說盐包抵破短少斤數要劉同泰銀四百兩將行影劉伊傑胡定環扣留在船日說要打經水手湛世林代為求免是

夜費子盖賓帶水手多人各帶洋槍洋刀到劉同泰行内理論劉同泰同行影均各害怕躲避洋人散後查点遺失客商寄存銀七十餘兩錢十餘串至諶世林先經劉伊傑等央託上岸尋找劉同泰告知船上情節尚未回船並未同往滋鬧因路遇差役認係洋船水手拏獲送案劉伊傑胡定環于九月初三日經該洋船由姑山放回請予就案完結分别咨行飭拏等情批據總局司道核議詳復前來臣查洋人皮爾生費子盖賓通㗎等各運食盐私到不准通商之吳城鎮及省河售賣實屬違禁而費子盖賓因劉同泰退回盐包敢率領多人黑夜赴行滋鬧以致遺失銀錢尤為兇悪惟各該洋船均已駛赴下游不知去向照会畢理格查拏又稱皆非伊國商人必致弋獲無期自應就案完結盐行段乾豊

劉同泰既據詢明因係華商黄畧與等投行稟知厘局撥盬收厘旋經厘局諭飭不准代售劉同泰立將盬色退還核與私相買賣串通漁利者不同未便科以違犯之罪名應飭准與訊無隨同洋人滋事之水手諶世林一併省釋以免拖累吳城厘局委員已革候補知縣胡心庠初因認爲華商運盬准令即盬行售賣照例抽厘旋經查係洋人販私立將飭差諭阻尚非始終迴護惟皮爾生等船均無牌照于未經賣盬之先並未飭將牌照呈驗以致滋朦混售銷吳城鎮訊知馮詢有地方之責先未查禁失查之咎所難辭相應請

旨將馮詢胡心庠一併交部議處洋人皮爾生費子蓋賓迺呀及華商黄畧與曹南山李元與郭姓等容再分别咨行一体嚴緝務獲按約懲辦以儆效尤理合會同協辦大學士兩江督

臣曾國藩恭摺具奏奉

旨馮詢胡心庠均著交部議處該衙門知道欽此

五月初八日收江蘇巡撫沈葆楨文一件咨送

摺稿詳前不另録

五月初九日署上海通商大臣江蘇巡撫李鴻章文称據辦理福州洋税新關税務司美里登申呈内開竊潄税務司現請貴大臣備文咨請福州將軍將來福州海關凡有公事潄税務司與福州將軍可以隨便請見面商或係備文伸陳凡事不論大小庶可按約妥辦既於國事有益亦属監督與税務司當然之事查各口税務司雖外國人却可算中國人緣所辦係中國之事又係中國按給辛俸所以皆能用心將關務妥當辦理正惟各口税務司是外國人其於外國事理較之中國官均更明悉應如何辦理各國之事應如何對

答各國領事官倶能從中妥協籌辦寔可許多辯論譬之中國事惟中國官知之甚明自然此外國人辦理得法查現在各口稅務司均可與該關監督遇有公事和衷商辦何獨于福州監督稅務司不能照行敝稅務司深知福州將軍其品本尊然既係福州海關監督凡有海關公事亦不能不辦查稅務司如有公事在上海可以稟請貴大臣酌辦在天津可以與三口通商大臣酌辦在北京可以稟請總理衙門酌辦何以在福州獨不可與監督商酌辦理乎所有福州將軍派在南台関與敝稅務司辦理稅務之委員其人甚為公明凡事均與敝稅務司妥協籌商一切小事俱能妥辦惟與大事不能辦理因其不能作主所有將軍如何可以作主如何可以照約妥辦敝稅務司竟無從告知查前十五個

月敝稅務司于公事甚易辦理寔因福州將軍深信敝稅務司係寔心幫辦稅務之人敝稅務司所言無不听從不期兩月前不知听信何人之言忽劄知敝稅務司以後凡有公事不必來見亦不必伸陳總由該委員轉稟以便查辦查兩月前敝稅務司拏獲商船二隻係為漏稅之事迄今福州將軍尚未酌定如何辦理刻下福州英領事官因其久而不斷已經不悅意欲稟請公使大臣照会總理衙門查辦敝稅務司誠恐此案將來辦理未以妥當是以敝稅務司現將以上各情備文伸陳貴大臣即請查照備文移咨福州將軍以便查辦查福州將軍現係新任必能听信貴大臣之言貴大臣可以移請照辦又向來敝稅務司辦理海関公事深願寔力幫辦以期於國有益將來遇有公事仍係寔力照章

妥辦並請貴大臣查照以上各情咨請總理
衙門查照將此事備文移咨福州將軍照辦
徼稅務司現已將此事禀知總稅務司告知
總理衙門矣等情前來據此除咨會新任福
州將軍兼管閩海關印務者查照並將呈內
所獲漏稅商船二隻即日查明按照辦結移
覆外相應咨呈

五月十二日行江西巡撫文稱五月初八日案
准貴撫以洋船在未經通商口岸販賣私鹽
訊明完案緣由抄錄奏報本衙門准此查洋
人皮尔生費蓋賓通事李元與等先後
私販鹽斤赴吴城及省河銷售該地方官一
經查出即應將鹽斤立刻起岸船貨一併入
官其船上中國人由地方官照中國例治罪
其洋人照約拘禁押交九江領事官收管但
沿途不可凌虐此乃一定辦法其通事一案

既據該地方官照抄條約與該船通事李元
與閱看該通事自知理屈情願回潯比時即
應將船貨一併拏獲入官其李元與及船上
中國人一併交地方官治罪其洋人備具案
由用另船押交領事官收管方為正辦不應
派員將原船鹽色押解赴潯辦理殊為錯誤其
費子蓋賓一案若早將該鹽船立拏入官並
將費子蓋賓等照約送交九江領事官懲治
何至有夤夜赴行滋鬧之事惟此案業經訊
明完結未便再行查辦嗣後外國人未領牌
照私販違禁貨物務當飭令該地方官按約
立拏入官充公毋任逃逸總之入官之案有
應將船貨一併入官者有祇將貨物入官者
須查照條約分別辦理如洋商敢于違約走
私經中國查出例應懲辦而稅務司亦無異
議者則中國立即照約分別辦理非照會領

事後始可入官也如入官後領事官具文前來辯論仍據條約以駁之彼自無異説目相應咨行貴撫希即飭屬一体遵照毋得再有跥忽

五月十三日給山海関監督英元劄開四月十二日准來文内称洋船吼吁的士進口後既未接過行報亦未請領開艙連單上貨下貨准單查有嚐麟商人私裝豆餅連日上載禀請查辦前來正在飭查辦理間旋據関吏朱禀以本月十九日夜間接到美國領事稟德照会一件知会此船進口因文内填寫二月二十五日發移相差二十餘日駁還未收次早二十日辰刻又據稟德照会以此船進口因該行執事人役未将繕就報文即時行報遞係屬不合囑将應給執照紅单飭関發給以便出口等因當查照会内所陳各節即無虚揑其為漏報已無疑義随経衆令按照和約将應罰之船主商人分別罰銀罰貨以符定章去後旋據稟德來寓面述漏報情節與照会大畧相同但称事係初犯懇求寛免下次再不敢錯此事與船主無干請于納税後先發税单其紅单暫緩發給听候辦理並以去歳並無上下貨准单及驗船各事今年要如此辦亦須先給照会等語飾詞擬掩職差以撫綏攸関再三開導告以既有和約初犯不罰再犯更難辦理至今年辦理関務一切俱本和約並無新添花様何須先事通知該領事随将十九日補送未收之照会及関海関船鈔执照一紙當面持交囑仍收存職差復告以税項交清准先發給税单其出口紅单應俟罰款辦結再行發給出口並行令照辦去後遲至兩日未見聲覆乃二十二日夜

間接據該領事照会以所交補報吼呀的士船照会及該船完鈔执照本閔既経接收已發給收税单據各事即弄妥帖其漏報及不領准单上下貨物等事無庸再行照会船主亦不認罰囑即呈請京憲定奪云云其餘語多遁飾意存狡賴伏查営口現辦通商凡関稽查偷漏章程正宜力求整頓職差到口後節経嚴飭委員認真経理以裕税課而杜弊端乃載在和約之條該領事尚圖違背並不遵行若竟任令狡展恐各商紛紛效尤將開在後隱漏之漸查此事既據稟領事声称係洋行漏報與船主無干除飭委員劉令亨霖等將應給紅单及原交之船鈔执照面交該領事收回听候劄示外可否仰懇俯賜行文該駐京公使轉飭稟領事按約認罰以符定章並飭令嗣後辦理通商事務照和約奉行不准任意違悞之處理合抄録往来照会呈請酌核示遵等因前来本衙門查此案顕係違約不應听稟領事一面之詞謂洋行漏報與船主無干遽行發給紅单現在紅单業経發給勢難追回自無庸議此後如遇有此等事件必須按照條約嚴行罰辦以符定章凡罰辦之案皆應中國主持不必照会駐京公使任由該監督自行照約酌核辦理

五月十八日福建巡撫徐宗幹函称閩省土貨以茶葉為大宗從前均由華商販至海口此則由洋商赴内地自買各関額徵之落地税及各卡應繳之厘金均立見短絀而産茶各縣向有起運茶税每百斤徵銀洋商不諳内地定例此款又未能徵收此僅就洋商貿易而華商運貨雖経示諭一律照常辦理無如各商趋利若鶩無不較及錙銖因見子税梢

軽遂皆託名隐射以致洋商日多華商日少若欲嚴查究辦則洋商出口而擔承可否轉

諭駐京公使照会閣省領事官暨税務司遵照除洋商親赴内地販貨准完子口半税外如有華商冒充洋商賄囑洋商包庇者一經查出除將貨物全行入官外並于洋商名下照所運之貨應完子口税数加倍罰繳等語

五月十八日行湖廣總督官文江西巡撫沈葆楨文称准湖廣總督咨称查木筏一項洋人未開通商口岸以前漢口向不征税原應專歸九江関征收其運至鎮江者上年經江漢関間收一二冊報在案現在江漢関奉文開征漢口以上即為内地于洋関無涉漢口以下即為出口于内地関亦無涉所有洋商在漢出口各貨均應按照條約税則征收洋税查洋税祗以進口出口為憑未使于木植一項使空行数百里之地漫無稽查祗九江始赴納税于條約大不相合于章程必至紊乱若漢口設立内地関則木筏自應仍歸九江收税以符定例今若遽將木植一項改歸内地関征税非特致啟洋人不服盤查之漸洋人亦不能允准竊思内地関税與洋関税務同属

國課原可不分畛域所慮洋人性情執拗別滋事端于税課諸多窒碍應請嗣後自漢口起由江漢関稽查察如遇華商辦運木筏則應歸九江関征收内地関税若由洋商辦運仍歸江漢関于出口時征收洋関正税似此分别辦理庶于関税洋税兩不觸背等因相應咨明前来本衙門查九江関道所管戶関常税向以塩茶竹木四項為大宗該関道因現在接准部文啟征常税而洋商販運木筏下駛

該商均在漢關完稅、九江不能重征、是以議
令漢口洋商販運下駛之木筏、均歸九江關
丈量收稅、[illegible]詳請湖廣總督酌辦、該關道自
爲九江户關稅額起見、唯洋商販運土貨照
章應在所出口之關交納出口正稅、木植一
項、既在漢關出口、勢不能令在九江完稅、且
查洋商販運土貨、無論何項貨色、所交正半、
各稅、均應按照通商稅則完納、由該關列入
洋稅册内造報、洋商販運木植、即在九江出
口、按照通商稅則完交稅銀、該關道亦不得
歸入常稅核算、致與洋稅轇轕不清、該關道
所議、不論洋商凡運木筏、均歸九江關丈量
收稅、寔屬錯誤、至江漢關道所議、嗣後自漢
口起、由江漢關稽察、如遇華商辦理木筏歸
九江關征收内地關稅、若由洋商辦運仍歸
江漢關于出口時征收洋關正稅等語、自是

正辦、應如所議辦理、惟洋人通商以來、因洋
商向不二稅、往往有寔係華商貨物、而冒名
洋商者、此項木植、如在漢關出口、稱係華商
貨物、迨至九江、又復豎立外國旗號、稱洋商
貨物、捏稱已在漢關完稅、此等偷漏稅餉之
弊、亦不可不防、此節應由九江關查驗、該洋
商完稅单據、始可放行、此層應由江漢關九
江兩關督同各該關稅務司妥籌辦理、勿令
奸商任意漏稅、是爲至要、再查本年二月間
本衙門曾據湖廣總督咨送華商楊裕泰木
簰碰壞英商泰順行船隻一案、是華商在兩
湖販運木植過漢關者、自必不止此一起、漢
關曾否收過華商木稅、以及曾否收過華商
別項貨稅、應令江漢關道據寔声覆、不得稍
涉含混、再漢關子稅章程内有木植一項、出
產處所、蠻野無匹、不准洋商前往販運一條

此條與條約不符、英國業已嘖有煩言、以為
不應列入章程、不知湖北開辦以來洋商能
否遵照、應飭江漢關道一併查明督飭詳請
咨明本衙門核辦

五月十八日行户部文一件 同上

五月二十七日行上海通商大臣李鴻章文稱
五月初八日准江西巡撫咨稱據九江關監
督蔡錦青稟稱准署九江稅務司哈捫德照
会內開本月十一日到有美國火輪船一隻
名呢分查驗並無江照以及單票等項應如
何辦理照会查辦等情到關經職關委員前
往該船查驗係屬空船並無貨物僅止銅砲
一尊洋人五名內地水手二十名該船本欲
駛往漢口等情當即照覆署稅務司哈捫德
速派扦子手前往該船看守並照会美國庇
領事照章辦理去後即據美國領事庇唎嗜
照復以親詣該船詢據船主呢分面稱未能
深諳持帶江照護照等件亦未有裝載貨物
纔知錯悮等語敝府委係確查擬揣該船主
意似准留既經照会稅務司將船扣留應会
同稅務司察辦等情合將查出並無江照護
照之美國輪船現已扣留緣由稟情憲台俯
賜核咨定為公便等情到本部院據此除批
示外相應咨呈總理衙門希即照会該國公
使查照章程辦理等因前來查長江通商章
程第三款內載凡有輪船在鎮江以上若該
船無鎮江護照並無中國之牌照者由關查
出即將該船入官等語今美國呢分輪船駛
入九江既經稅務司查驗並無江照以及單
票等項是無論其有無貨物即應照章入官
以符定約現據該關道將此船扣留稟請核
辦應由江西巡撫即飭該關道查照長江章

程第三款迟速將該船挐充入官此乃外國人違犯條約中國照約制之其權在中國毋庸照会領事官及美國公使始行入官也除咨行江西巡撫查照辦理外相應咨行貴署大臣查照再行劄知九江関監督將該船照章入官可也

上

五月二十三日給總稅務司李泰國劄一件同上

五月二十三日行上海通商大臣文稱查英法美國條約均載輸稅期候進口貨于起載時出口貨于落貨時各行按納等語各関先後開辦俱係遵照辦理乃江海関於進口出口各稅均俟商船結帳請單之時始行征收殊與辦公有礙而與定章不符現在自應飭令該関一律遵辦即從本年六月十七日起凡征進口出口各稅均應遵照條約在于起載落貨之時分別照徵以昭劃一除劄諭李總稅務司轉飭該関稅務司遵照外合行咨会貴大臣轉飭江海関監督遵照並即飭該監督照会該口駐紮各國領事可也

五月二十三日給總稅務司李泰國劄文一件同上

五月二十五日行福州將軍兩湖總督兩廣總督上海通商大臣三口通商大臣

盛京將軍山東巡撫江西巡撫浙江巡撫福建巡撫文稱給山海関監督粵海関監督劄開照得各省各口凡遇洋商違禁販私及走私漏稅之案理應督同稅務司按照條約將船貨立即分別入官以期懲一儆百乃自不能辦轉先照会領事官令其按照辦理是未知查挐走私之權在中國不在外國竟致授人以柄于辦理通商大有窒碍今本衙門擬定節

略咨行貴將軍督撫大臣轉飭各監督一体
札行照辦該監督一体照辦
毋得再蹈前轍致滋洋商偷漏並飭將節畧照錄傳知
稅務司知照將節畧照錄傳知稅務司知照
須至咨札者

節畧

查各關辦理入官罰款案件因無定例可循往往舛悞查辦理入官之案應分別口内口外各口均有定立界限界内即為口内界外則是口外以及不通商之口皆為口外口内犯案者貨入官口外犯案者船貨一併入官而辦理口内入官之案應分別已拏獲未拏獲如遇商人違禁走私當將應行入官之貨拏獲則按照條約徑行入官自無庸照会領事必俟該商不服稟訴領事領事即據原稟照会監督詢問因何入官或代商人剖辯不應入官各等情則監督始應將該商如何違禁如何走私及應行入官各緣由詳細照覆若領事仍不以為然以致文件往來而監督與領事意見終不相符則各將案情轉詳本國大憲請其会商定奪各听批示遵行並無先行照会領事之理何也監督若先照会則是自將所知情形告明該商該商便自此而得造言辯論之路直如授以辯駁地步譬之官員訊案從無先將該犯犯罪始末遽行告知之理惟有飭令先自供出此在口内已經拏獲之案不應先行照会領事者也若應入官之貨或尚在艙或已起棧此係未能拏獲無從入官則該監督應照会領事請其立發搜單以便往拏此在口内未經拏獲之案不得不先行照会者也若口外之案凡商人違禁在不通商各埠私行貿易既經拏獲自應按照法國條約第七款辦理因法國條約既有此

例是以各國亦一体援照將船貨一併入官
惟既已拿獲將辦入官之時應行文照会該
國附近駐紮領事知照緣該款本意以口外
非通商之處沿江沿海地方僻遠恐有匪徒
欺淩商人假充官弁該處又無領事是以必
得知会該國附近駐紮領事俾知貨係官拿
並無別故也此辦理口外之案與口內不同
者也若在口內則拿獲之後徑行入官設領
事未來詢問斷不可先行照会矣至于罰款
若監督時或有權在手足令該商遵繳罰銀
亦不必先行照会若該商不遵罰銀又無貨
物為監督所扣監督又別無良法可以飭令
繳銀是監督無從得其罰銀則應照会領事
請其飭令該商遵繳倘領事欲開堂審訊及
欲各派委員審訊則監督應答以貴領事若
開堂審訊此案即是中國之權讓與外國即

或各派委員同審其情事亦復相同本監督
與貴領事各管各國之人條約均無商人干
犯罰例領事可開堂審訊及各派委員同審
之文現在此案貴領事可自行查明飭令該
商照繳罰銀此係歷來辦法倘貴領事於此
案情節有來詢問之處本監督亦無不詳細
照覆等語此辦理罰款之大概也以上辦理
口內口外入官罰款各法請即咨行通商大
臣轉飭各關知照俾得有可分別依據而行
惟查罰款一節必須另行設法以期辦理妥
善查中國辦罰之權在條約原不甚明切蓋
罰之一事實關繫乎能管轄與否條約既載
外國人歸外國官管轄是中國官不能管外
國人即不能勒令繳出罰銀試為研求其理
設非有領事相助則辦罰甚難蓋不能押人
又不能取貨由此可見辦罰一節雖有其名

並無其寔雖有其例並無其權然尚有一途雖不能有直行之權而有可以旁出之路雖不能徑取其罰而可以激取其罰則是監督可以不發紅单一著也凡外國船在通商各口有違各關章程者准該監督不發該船紅单俟該商照章遵辦後始行發給紅单上海關向照此辦理此畧

五月二十五日給廣東巡撫函稱本處思粵東鹽關兩署向各設有巡船鹽務巡船向來包運私貨海關巡船亦即包運私鹽兩處寔係狼狽為奸前年署撫稅務司赫德曾在本衙門呈遞清单一件詳論鹽務中走私情形請令粵東鹽關會同緝私此事本衙門曾奏交勞辛階會同粵海關核辦去年經辛階會同海關議覆以為私鹽私貨不能同載一船此事碍難辦理事遂中止查赫德曾在粵東多年伊言及粵東奸商販運私鹽以及官船保私各情形歷歷如繪伊謂粵東鹽餉寔係走漏者多鹽船包私因而私貨之走漏亦不少今中國自置輪船將來尚須周歷各口緝捕緝私一俟蘇省軍務得手立即派令來粵實力巡緝以期積弊一清所有粵東鹽船包私之弊尚望閣下轉飭運司速為設法整頓其粵海關巡船有無包運私鹽之事亦希告知海關一同整理否則輪船一到拏獲此等包私之船恐見笑于外國且失察之咎在事者亦難邀寬免也

六月初四日户部文稱准山東司案呈軍機處交出江西巡撫沈葆楨奏洋船販運賣私鹽代售牙行所有失察之地方官局員請交部議處一摺同治二年五月初七日奉
旨馮詢胡心庠均著交部議處該衙門知道欽此欽

遵相應知照原奏詳前不另錄

六月二十九日兩江總督曾國藩文稱據署江西九江關道蔡錦青稟稱竊于同治二年四月十一日准署九江稅務司哈捫德照会内開本月十一日到有美國火輪船一隻名吔分查驗並無江照以及单票等項應如何辦理照会查辦等情到関准此查長江章程第三款内載凡有輪船在鎮江以上若該船無鎮江護照並無中國之牌照者由関查出即將該船入官等語今該吔分洋船既無江照護照以及单票等項自應照章扣留經職官関委員前往該船查驗係属空船並無貨物僅止銅砲一尊洋人五名内地水手二十名該船本欲駛往漢口等情當即照覆署稅務司哈捫德速派籤子手前往該船看守並派委員駕駛巡船晝夜巡查一面照会美國庇領事照章辦理去後即據美國領事庇吻嗜照覆以親詣該船詢據船主吔分面称未能深諳持帶江照護照等件亦未装載貨物總知錯誤等語瀲府委係確查擬揣該船主意似准留既經照会稅務司將船扣留相應照覆会同稅務司察辦等情前来除稟請通商大臣李憲照会美國公使查章照程辦理外合將查出並無江照護照之美國輪船現已扣留緣由稟請俯賜核咨等情到本部堂據此除批示外相應咨会為此合咨請煩查照施行

共計六十七 頁

承修官李常華

校對官長恒

錦玉校對訖

查拏繞越偷漏

欽命總理各國事務衙門清檔

查拏繞越偷漏案

目錄

同治二年

十月二十一日行兩江總督文一件

大通緝私應由皖省派員會同九江關道所派員幷實力巡查由

十月二十一日行署上海通商大臣文一件

同上由

十一月初三日收署上海通商大臣文一件

英國味味利船未請開艙单擅行起貨所有照章議罰情形一併咨呈核辦由

十一月初十日行署上海通商大臣文一件

英國味味利船未領開艙单擅起貨物應照條約第三十八款辦理由

十一月十六日收三口通商大臣文一件

豐鎮廳車夫滋事一案已結惟洋商利渣等貨物查係漏稅俟傳獲到日再辦由

十一月二十一日收署浙江巡撫文一件

英國味味利船未請開艙单擅行起貨請照條約罰辦由

十一月二十二日行署浙江巡撫文一件

英國味味利船未領開艙单擅行起貨應照條約第三十八款辦理由

欽命總理各國事務衙門清檔

查拏繞越偷漏案

同治二年七月初七日署上海通商大臣江蘇巡撫李鴻章文稱同治二年六月十三日准兵部火票遞到貴總理衙門咨照得各省各口凡遇洋商違禁販私及走私漏稅之案理應督同稅務司按照條約將船貨立即分別入官以期懲一儆百乃月不能辦轉先照會領事令其按約辦理是未知查拏走私之權在中國不在外國竟致授人以柄於辦理通商大有窒礙今本衙門擬定節略一紙通行通商各省一律照辦以期收回在我之權相應抄錄節畧咨行貴大臣轉飭各關監督一體照辦毋得再蹈前轍致滋洋商偷漏並飭將節畧照錄傳知稅務司知照可也等因並抄单到本署大臣承准此查近來鎮江九江

各關新開口岸遇有洋商違約走私之案均有聲請飭行領事官查辦或請照會該國駐京大臣轉飭即經本署大臣隨時查核條約章程明晰批行該關口執約剖辦知會稅務司即行照章罰辦正以中國之權未便授諸外國人之手且違禁之案理曲在彼照章罰辦我有條約章程可憑不致有礙和好今既擬定辦理走私節畧是各關口凡遇似此案件應即分別情形立予查辦入官以期全在中國令出必行使該洋商知所儆懼不致偷漏實於稅務大有裨益承准前因除通行南洋長江各關照會該口稅務司并飭江海關知照總稅務司一體遵照辦理外相應咨呈為此咨呈貴總理衙門謹請查照施行

七月十八日署上海通商大臣江蘇巡撫李鴻章文稱同治二年六月十三日准兵部火票遞到窃照泖港分局委員邵增稟法商順昌洋行拖帶米船闖往内地一案前經通商衙門札道照會各國領事究辦去後茲據蘇松太道黄芳稟准穆總領事照覆斷罰請示等情到本部院據此查順昌行私帶米船違約闖卡本應嚴究既據斷罰洋一千五百案是見穆總領事查辦認真極力幫助嘉慰通事鄭惠漆姑准從寬免究所繳銀兩應解粮台充餉另单議覆洋船拖帶准帶食米定數及流弊包攬概行捆送尚得政体已行捐厘總局暨各局卡會同稽查人米相符即行驗放矣除札飭知照至查禁濟匪米船一案業經札飭給照驗放以別真偽似未便另議更章並即移會領事遵照外相應咨呈

為此咨呈貴總理衙門謹請查照施行

七月十八日署上海通商大臣江蘇巡撫李鴻章文稱據署江南海關道黃芳詳稱窃於本年正月十六日准前稅務司費士來函稱美國商人祺昌行有輪船一隻名江西由漢來滬據該商赴關請領紙三千七百七十七包起貨准單到該船起貨本關當即遵照發起貨單一紙准其起撥詎該商將單內之紙三十七百七十七包起清之後又要起撥別項紙貨當經本關扦手向該船人等告以所領起貨單只有紙三千七百七十七包現已照數起完如須再起別項紙貨必須赴關另請准單方可照起適該行有一寫字外國人來告該船之人不須聽從扦手言語此項紙貨一定要起等語雖經本關扦手再三勸阻而該行夥執意不遵硬將未領准單之紙七百四十包全起而去函請照會查拿入官等情職道查美國和約第十九款內載商船進口倘有未領牌照之先擅行起貨者即罰洋銀五百大圓並將擅行卸運之貨一概歸中國入官等語此次該行未領本關准單硬行起貨寔屬違背章程即經會美國領事西華立發搜票送道以便派人前赴該行棧房將此無單私起之紙貨七百四十包查拿入官以儆藐抗去後節次照催茲據復稱查此案本領事已定規申明本國駐京欽差大臣待回信到再行照覆等情前來職道伏查中外通商首重和約似此未領准單擅行起貨之案若任違約不辦將來紛紛效尤和約幾同虛寔設寔於榷務大有窒碍除先照覆該領事外詳祈鑒核俯賜轉咨總理各國事務衙門照會美國駐京公使轉飭遵辦寔為公便等

請到本署大臣據此查此案旗昌行於請單起撥之外有多起紙七百四十包希圖隐漏原與直未領單起撥之條有間當時既有扦手在旁自應隨時知會派人根追即將多起之紙查拿入官示懲乃一經照會領事官勢必袒護以致本年正月之案延至半載未能了結援詳前情該領事既有申明該國駐京大臣之説除務遵現行節略分別情形立予咨辦入官毋稍遷就外相應咨呈貴總理衙門謹請查核以便辦理施行

七月二十一日軍機處交出耆齡等抄摺内稱

竊查前據委辦福州口税務廂白旗協領長慶等禀准税務司美里登函稱值知英商威加里洋船違禁暗藏大小洋槍等件即經長慶照會英國領事官發給查票美里登隨派副税務司來地駛往羅星塔江面認真查辦於威加里船上查獲洋槍等件六十箱内大小洋槍一千零五十枚銅隐二百萬粒銅隐者即洋槍引門所用自來火銅帽内均經運回本関棧房存儲該商船違禁私藏軍器應照條約全數入官向例拿獲走私貨物以一半變價充賞現獲洋槍等物約計值銀萬餘元第係軍械未便估變應請酌賞報線人等番銀三千元等情前來即經前任福州將軍臣文清暨臣徐宗幹札飭福州府會同福州口委員長慶妥議酌給尚未覆到文清旋

即郎中臣耆齡抵任與臣徐宗幹會商以洋
船販運槍礮久經總理各國事務衙門咨行
嚴禁以杜濟匪今威加里商船私藏洋槍千
餘枝自來火銅帽二百萬粒之多駛入福州
海口寔屬故違例禁設被匪徒購去為害甚
鉅該稅務司美里登一經查知刻日全數拿
獲稽察周密辦理認真洵堪嘉尚業經臣耆
齡面為嘉獎勉勵其所請賞銀三千元自應
先於閩稅項下墊給俾該稅務分給報線人
等庶能益知感奮寔力稽查杜絕走私偷漏
其墊給賞銀將來即於閩稅應行發司項下
扣還歸款洋槍
銅帽均交省會
總局收儲以便
軍需撥用除轉
飭遵照辦理並

分咨總理各國事
務衙門辦理通
商事務衙門辦
理通商大臣查
照外所有查獲
洋槍等件照約
入官並酌給賞
銀緣由臣等謹
會同閩浙總督臣左
宗棠恭摺具
奏伏乞
皇太后
皇上聖鑒訓示謹
奏
同治二年七月二十日議政王軍機大臣奉
旨該衙門知道欽此

七月二十三日給美國公使蒲安臣照會稱現准署理通商大臣李　咨稱據海關道黃詳稱本年正月十六日准前費稅務司函稱美國商人旗昌行有輪船一隻名江西由漢來滬據該商赴關請領紙三千七百七十七包准單到該船起貨詎該商將紙照數起清之後又欲起撥別項紙貨本關扦手告以欲起別貨須另請准單乃該行戰不遵硬將未領准單之紙七百四十包全起而去函請照會查拏入官當經黃道照會美國西領事立發搜票送道以便派人赴該行棧房查此無單私起之紙七百四十包入官去後入經節次照催始據覆稱此案本領事已申明本國駐京大臣待回信到再行照覆等情查上下貨物無關單則不能起卸歷來遵辦無異該江西船船主未領上海關准撥單擅行起撥按照貴國條約第二十三條內開大合衆國船隻停泊口內如有貨物必須剝過別船者應先呈明領事官轉報海關委員查驗確當方准剝運倘不稟明俟驗批准輒行剝運者即將所剝之貨歸中國入官此項擅起之貨有干入官之例究竟西領事為何不發搜票必須申陳本國駐京大臣待回信始行照覆實不明何故合行照會貴大臣知照希即見覆該私紙七百四十包例應入官之貨請飭領事官將貨交出以便照例入官為此照會

查拏繞越偷漏二条

八月十八日三口通商大臣崇厚函稱查暹邏石立安南等國均係南洋諸島國名皆為中國所屬非泰西立約各與國可比從前北洋三口未經通商以前久有內地人赴彼販貨前來通商按照各內地戶部則例納稅此一定之向章也現在此等船隻假冒外國旗號聞

或僱用外國水手並備有外國船票原因遠涉重洋借此以禦海盜其船主客商均係內地閩粵民人言語文字亦與泰西各國不同其為假冒顯而易見即以稅餉而論歸入洋稅應扣二成歸入內地稅則無庸核扣出入於關大有損益且其中稅則章程多寡不同奸商猾販即起避重就輕之見弊不勝言東海關甫開新章尚屬試辦之初並無定額所關有限而此等船隻現到烟台起卸者即從前到津之船天津向有戶工海三關各有定額溯查從前戶工兩關係藉河運漕粮各船各船轉運來回南北貨物之稅海關所賴落地稅秋則東藉閩廣商船貨稅故每年額征無虧嗣停河運改為海運則三關之稅春則有海運沙衛船搭載之貨稅秋則有閩廣商船貨稅額征仍可無虧今河運既停海運又

少且外國通商以後火輪夾板等船所載洋洋貨稅歸新關征稅即販運內地土貨在津銷售者亦歸新關征收半稅各關所最緊要者惟秋間閩廣商船為大宗稅餉若遽將這等船以假用外國旗號船票又歸新關征稅則以後閩廣商船必至全行假冒三關稅餉虧短甚鉅天津通永兩道所管兩關尤為吃虧此項商船所以願歸新關納稅者第一進天津口如各種糖紙雜貨有戶海兩關稅餉若蘇木等貨更有戶工海關三處上稅較新關祇征一進口正稅無論新關則例如何重征總不能敵戶工海三關稅餉之多此避重就輕人人皆願輸納新關且自大沽以至天津海防文武員弁兵役節節盤查以防奸究該商船一歸新關不特少納稅餉且省盤查利之所在種種取巧此固有損於課而為

奸商所得計猶其顯焉者也所最關係者更於海疆地方大有關礙查從前天津海防奏准章程例禁綦嚴添設海口六營武職大小員弁並分設海防同知等文員稽查彈壓原以重地方而詰奸宄即如秋間所來閩廣商柁工水手人等皆係強悍性成素不安分屢屢有案俗呼為洋蠻子是以迭次奏定章程該船進口時先須在大沽報明呈遞船票開載船戶客商水手人數姓名年貌箕斗船上備用軍械火器全數呈繳不准私帶內地並責成大小文武員弁兵役分段盤查深恐奸民混入不軌並恐船到津郡內地該水手人等上岸與居民鬬毆啟釁復經屢次奏定章程出示禁止令該船只准停泊距城七十里之葛沽水次以防水手人等滋事此歷數十年辦理定章故能相安無事照例貿易輸稅

每年自七月起進口至九月復出口約有一百數十號內有暹羅石立安南紅頭夾板等船皆係閩廣客商與閩廣商船一律辦理並無稍示區別亦無敢稍有抗違近年該商船因海面不靖初則假用外國旗號以禦盜現復借此以避稅一經歸入新關除稅司扦子手數人尚能過問其餘官人均不服盤查毫無稽考並又直達紫竹林起貨種種例禁概可革除其餘內地各關稅課有妨所關尚小而於近畿重地無從盤查所係尤重此等船戶柁工水手皆係閩廣沿海無業游民素性狡很斷不可任其肆行設將來冒充外國勾結匪徒混跡內地既不服地方官盤詰又無領事官彈壓必致無從辦理而僅以稅務司所爭稅餉致向來奏定例禁章程頓弛當此多事之秋貽害不可勝言且所假外國旗號

肆無忌憚不特中國所不容即按之外國條
約亦有不合現查咸豐八年上海所定英法
美各國通商稅則條約內載有
欽差大臣大學士桂　等照會各國公文內載明人
查上海近有中國船户由各國領事官給發
旗號計船三十餘隻日漸增添殊多不便此
等船户向係不安本分然無外國旗號尤不
敢玩法爲匪今恃旗號爲護符地方官因外
國有旗號欲加之罪躊躇不決諸多掣肘遂
致無所不爲犯案纍纍流弊無窮上海如此
各口諒均不免尤慮煽成巨禍致啟中外爭
端萬不能不立法禁絕擬請貴大臣即飭各
口領事官嗣後永不准以貴國旂號發給中
國船户如有從前已給者一概撤銷本大臣
一面出示曉諭如有中國人擅領外國旂號
張掛駕駛者應行查拏從嚴究辦俾知警戒

等因並在有英國額公使照覆內稱如有貴
國船艇未遵此例擅敢升豎英旂一經查出
止須直行知會領事官必能設法徒究杜絕
此弊等語現此往來照會中國商船不准假
用外國旂號即英法等國亦不得以本國旂
號擅給中國商船况暹邏等國偽中國所屬
此端尤不可開李總稅司從前在上海議立
條約稅則深知利弊自應按照舊章辦理若
不明定章程既有虧於稅課又貽害於地方
崇厚因大局起見理應據實直陳伏祈俯察
実在情形詳加核奪迅賜示覆並祈札飭潘
道遵辦不勝禱切之至再前批李總稅司云
南洋各口現在此等船隻皆歸新關征稅天
津各關亦應一律辦理等語查上海各口收
稅章程與天津互有不同究竟如何征稅無
從考核即或有歸新關征稅亦大半爲稅務

司所招徠內地客商之貨歸入洋稅祇完一次正稅若再給與免單將見嗣後內地常稅均歸無有其害尚小內地商民均打外國旗號不受管束其害甚大現在察奪北洋海口所關甚鉅貽害匪淺切不可照此辦法統祈鈞裁是荷

八月二十三日致三口通商大臣函稱暹邏船一事李春國在本衙門屢次辯論應在新關收稅并稱南洋各口亦如此辦是以東海關此項船隻本處擬暫由新關徵稅唯此項船隻進口如係洋貨進口係收正稅如係土貨進口止收復進口半稅[illegible]雖僅照洋稅減半但較之內地三關或重重過關恐不如舊關徵收之為多商人趨利若鶩其求在新關徵稅者具有奸計本處再三斟酌此項船隻如實係華民假冒嗣後復進口土貨應飭該關轉飭該商先將在某口完過出口正稅單據呈驗方准照洋例於進口時僅交復進口半稅其無完過出口正稅單據者即令補交出口正稅再完復進口半稅或不收正半稅將貨全數入官如此嚴為[illegible]制庶奸商無從趨避而稅務司亦無所用其爭執矣即望閣下統籌詳細辦法及將本處前次所擬照舊稽查章程一併酌核見覆為要

八月二十四日署浙江巡撫左宗棠文稱同治二年七月二十四日承准

欽命總理各國事務衙門咨開准貴署撫咨稱紹興克復洋商在紹郡鄉鎮違約開設洋行劄飭甯紹台道等妥為理阻抄錄劄稿咨呈查照前來本衙門查英國條約第九款載英國民人准聽持照前往內地各處遊歷通商並無在內地賃房設棧之語今紹郡鄉鎮係屬內

地非洋商應設棧房之所該商開設寳文芝
雲兩行實與條約不合應由地方官速行曉
諭開歇誠如貴署撫抄劄内稱顯係華商藉
洋商爲名希圖包攬影射亟應從嚴查禁本
衙門復查安徽祁門地方曾有寳順洋行設
棧收茶一案江西吴城鎮地方曾有洋商在
鎮設棧停泊住宿一案張家口地方曾有英
商利達士洛詢在口開設隆泰洋行一案經
本衙門疊次照會英國公使照約阻止英國
卜公使曾有通飭各口領事官劄文聲明英
商在内地開行設棧此爲條約所不准行曾
經本衙門抄録英國劄文於上年三月十七
日通行通商省分各將軍督撫并知照貴署
撫在案此次洋商在紹郡鄉鎮開設寳文芝
雲兩行究係何國商人來文未經聲敘詳閲
貴署撫給甯紹台道劄稿内稱紹郡所開洋

行是否有總理衙門公文是本衙門上年三
月十七日去文貴署撫尚未接到至抄劄内
稱如曾經奉文既在中國買賣洋貨買土貨
均應查照善後條約第七款完交子口半稅
不准沿途私賣亦不准於未經指明地方私
行前往洋商在内地買賣貨物其内地之貨
准其運出通商之口銷售不准在内地轉賣
是以善後條約定明在最後子口完稅其未
完稅之先不准變賣明矣至其運洋貨入内
地銷售亦應指名赴何處販賣由通商海口
監督給照方准前往否則即應將貨物入官
斷不能在内地設行開棧任意買賣亦不能
因其願納釐金即准其在内地設立行棧近
年兩湖地方爲徵收洋商釐金英國公使疊
向本衙門嘵瀆迄今仍由該省照數發還浙
江南潯地方誤抽洋商釐金亦經本衙門知

照通商大臣轉行查辦給還有案誠以照約准其入內地販運不准其在內地開行且祇能令其完交子稅不能强之完釐也所有上年三月英國公使通飭各口領事官劄稿及本衙門上年三月十七日去文相應再行抄錄咨行貴署撫查照至紹郡新開洋行希飭該地方官立即查明封閉如敢不遵儘可將其貨物查拏入官並將中國行戮照例治罪以斷不敢違約也英國上年劄文並飭該處地方官抄給洋商閱看此係照約辦理之事務於辦結後即行詳細聲覆本衙門可也等因承准此查上年三月十七日承准

欽命總理各國事務衙門來文一件本兼署部院即經飭司轉行在案此次洋商竟敢違約在紹興鄉鎮開設洋行謠傳有奉文准其開設之說本兼署部院未經奉到知係該洋商等飾詞僞託惟既有此言不得不詳為查詢使其無可支飾嗣以該洋行將招帖自行扯去事已寢息遂亦未經深究惟查洋商赴內地置貨祇在子口完納半稅不准抽釐一層在真正洋商每年販運出口之貨尚屬不多自應遵照辦理而內地釐金有較子口稅為重者即如茶葉一項安徽章程每百觔抽銀二兩零八分浙江章程每百觔抽銀二兩子口半稅則僅收銀一兩二錢五分有販運出洋者亦有運往北口者誠恐內地商人希圖減稅詭託洋行斷難赴關請照或勾通洋人出名代為包攬實於正項釐稅有損且此端一開各種雜貨皆可攬運尤須嚴行禁絕可否由總理各國事務衙門照會該國駐京公使轉飭各該國領事嗣後如遇洋商赴內地賣買貨物雖有海關執照均須親身前往即派人代運

亦須僱用洋人不得僱用華人庶各口便於
稽查不致朦混如華商仍有勾通洋人包攬
影射諸弊一經查出除將中國行戮照例治
罪外其外國商人亦應從嚴示罰俾絕弊端
實於大局幸甚為此咨呈
欽命總理各國事務衙門謹請查照施行

八月二十六日湖廣總督官文文稱同治元年
據監督江漢關湖北漢黃德道鄭蘭稟稱竊
照案奉兩江閣督憲曾　札開為照金陵未
克以前應禁止洋船停泊城外接濟賊糧業
經本部堂於五月二十七日奏明在案連日
迭准浙江撫部院曾　咨稱五月十五日克
復九洑州等處後二十日辰刻有洋船二隻
停泊金陵城外之中關賊壘邊以划船撥貨
入城往返數次以後如再遇此等濟賊之船
水陸各營難免不開砲轟擊請速咨總理衙
門照會各國公使嚴禁長江上下洋船不准
停泊金陵城外免生事端而敦和好又因九
洑洲未復內地奸商多雇洋船拖帶各貨往
來一則可以濟賊獲利一則可以闖關騙厘
近九洑洲下關燕子磯草鞋夾各賊壘已一
律攻克拖帶之船仍復絡繹不絕殊難稽察
請一併咨飭禁止各等因前來查長江有賊
處所不許洋船停泊私做買賣並准中國水
師一體嚴密查拏交關罰辦疊經貴衙門行
文飭遵茲九洑洲等處均有官軍駐紮而該
洋船明目張膽竟於白晝撥貨入城欲聽其
往來運濟則金陵永無克復之期欲照章拏
辦非用武不能弋獲應請貴衙門與各國公
使切實申明禁約能使外國濟賊之船嗣後
不敢嘗試庶金陵水路接濟可期斷絕至內
地商船僱用洋船拖帶前因九洑州梗阻民

船不便往來據淮運司詳雇洋船四號輪流護送各鹽船上駛經本部堂批准照辦並咨
貴衙門在案現江路一律肅清應仍由本部
堂札飭淮運司速將前雇之船退還其餘無論洋商買貨及中國商販船隻均可通行無阻行道照會各國領事官嚴禁洋船停泊金陵濟賊並令將洋船拖帶民船一律禁止毋違並奉憲台札同前由各等因奉此查金陵圍攻正在緊急嚴斷接濟是極要務惟查濟賊各貨並不在有關處所裝運各大洋行亦無濟賊之事近有無業洋人往往雇買一船在各口請照約鈔出口空船進口空船駛入長江在鎮江以上九江以下往來四五月甚至有遲至半年以外始行到口者此種船隻非在途殺人劫物即由大通等處運貨濟賊到口後又恃無憑據各關不能拿辦領事官亦置之而不問此洋船濟賊之實在情形也復查各處領事官只管本口進出船隻不能及遠拖帶船隻皆輪船半途自定其於進口出口各關及領事官均不得而知若責成各領事官查察則國不一國必互相推諉其猶不禁勢所必至職道再四思維實無良法其洋船濟賊一層惟有責令鎮江九江兩關實力稽查其上水船隻或過鎮江或自鎮開行每日登記船名式樣某國某行某船主姓名至十日或半月咨查九江關一次九江關即約計程途將已到未到註明立即登覆如日久未到即由兩關會查必可得實九江關於下水船亦如此辦理加以江南蕪湖大通江北儀徵泗源溝六合等處委員稽查有洋人洋船在被貿易即可照未開通商口岸之條約拆之送關查辦又加以內江水師在金陵上下

梭巡如有船在彼處停泊即可照凡有賊處所不准洋人前往之條約辦理總須就近飛知關道照會該口領事官稅務司一體查拏分別嚴拏如此則接濟之風可以嚴斷矣輪船拖帶始於同治元年五月而盛於秋夏之交其始猶不敢肆行必求各關道發給准帶護照然後放行嗣因不准拖帶鹽船之禁嚴並不准各關發給護照而輪船拖帶大利所在並覷定中國官員不能禁止各國公使又不肯飭各口領事禁止遂相約放胆為之毫無忌憚有行主知之而領事不及知者亦有船主行之而行主並未及知者其說合論價上水每在鎮江泗源溝儀徵等處下水每在九江大通蕪湖等處今但言禁止無論領事官並無責成互相推諉即令允准而事無查考鞭長莫及亦屬徒託空言若於拖帶在路之時攔截其為華商之船截拏又何說之辭設為洋商雇買之船請有單照則又謂係約所未嘗申禁必費唇舌且恐別滋事端此無益之勢也竊思土船拖帶必有解放之時於解放後嚴密查拏嚴飭沿江各厘局鹽卡見有土船查無來處所過局票者即將該貨一併充公將船客水手懲治並飭沿江水師見有拖帶船隻以哨船尾後追查如此則拖帶之風不截而自截厘稅自裕矣緣奉前因除照會各國領事官並稅務司一體嚴禁並候咨明總理衙門外稟請示遵

等情前來據此查覈所稟尚屬妥協似可照辦除批飭外相應咨明為此合咨貴衙門請煩查照轉飭一體遵照辦理施行

八月三十日行湖廣總督文稱同治二年八月二十六日准貴督咨稱據監督江漢關湖北漢黃德道鄭蘭稟稱洋船濟匪惟有責令鎮江九江兩關實力會查加以江南蕪湖大通江北儀徵泗源溝六合等處委員查辦又加以內江水師在金陵上下稽巡則接濟之風可以嚴斷至於輪船拖帶須於土船解放後飭沿江各釐局益卡嚴密稽查見有此等土船一併懲治並飭沿江水師見有拖帶船隻以哨船尾後追查則拖帶之風不截自截各等語除批飭外相應咨明查照等因前來本衙門查洋船接濟金陵賊匪一節前准兩江總督曾來咨當由本衙門照會各國公使議由我師船開礮轟擊嚴拏將其船貨一併入官旋接各國照覆遵辦並經行知兩江總督通商大臣在案此時各水師自必認真查辦毋任洋船濟匪矣至拖帶船隻一事係始於前任淮運司詳請雇覓洋船四號輪流拖帶各鹽船以致拖帶之風不可禁遏既經兩江總督曾批准於前又飭禁於後自無慮再有拖帶等事如該洋船在未通商各口拖帶應由貴督會同沿江各督撫轉飭各該地方文武官員嚴行查禁如該文武認真稽查能於未通商口岸禁其拖帶則其曲在彼易於為力若徒於解放之時尾追查拏殊非正本清源之論一切防範之法仍希貴督妥籌辦理

九月初四日行署浙江巡撫文稱同治二年八月二十四日准貴署撫咨稱此次洋商違約在紹興鄉鎮開設洋行謠傳有奉文准其開設之說本兼署部院未經奉到知係該洋商等飾詞偽託惟既有此言不得不預為查詢使其無可支飾嗣以該洋行招帖自行扯去

事已寢息遂亦未經深究惟查洋商赴内地置貨祇在子口完納半税不准抽釐一層在真正洋商每年販運出口之貨尚屬不多自應遵照辦理而内地釐金有較子口税為重者即如茶葉一項安徽章程每百觔抽銀二兩零八分浙江章程每百觔抽銀二兩子口半税則僅收銀一兩二錢五分有販運出洋者亦有運往北口者誠恐内地商人希圖減税詭託洋行斷難赴關請照或勾通洋人出名代為包攬實於正項釐税有損且此端一開各種雜貨皆可攬運尤須嚴行禁絕可否由總理各國事務衙門照會該國駐京公使轉飭各該國領事嗣後如洋商赴内地賣買貨物雖有海關執照均須親身前往即派人代運亦須僱用洋人不得僱用華人庶各口便於稽查不致朦混如華商仍有勾通洋人

包攬影射諸弊一經查出除將中國行照例治罪外其外國商人亦應從嚴示罰俾絕弊端等因查洋商僱用華人在内地運貨一節本衙門曾於咸豐十一年八月十七日繕給英國照會聲明洋商只准僱内地人運洋貨如買土貨必須洋商親到第一子口報明領照不得專用内地人等因嗣於是年九月二十一日准英國照覆内稱所言土貨必須有洋商親到子口領照不得僱用華商代辦此實難辦若如此辦理是英商如不親領給照必僱外國人專為代辦此與條約不符況如有華商安心偷漏何難自請外國人假作貨主同赴子口報貨現擬凡有英商欲運土貨令其於呈報单内註明本商允承納内地半税並書明本商姓名本行字號為憑如此設計全備以較令親到子口領照之議更為

安便等語是洋商赴内地買賣貨物斷難責
令洋商親身前往且此層即使各國遵辦亦
恐洋人紛紛自入内地稽查頗屬不易所議
應從緩商辦至貴署撫所慮内地商人勾通
洋人出名希圖減稅一節查洋商入内地運
洋貨有稅单入内地運土貨有運照並有三
連報单所有稅单運照報单等件皆為洋商
入内地買賣而設斷不准華商假冒洋商之
名赴關冒領如有内地商人赴關冒領者應
由該關嚴行懲辦此節應由貴署撫札飭甯
紹台道與各國領事議明如有内地商人勾
通洋人赴關請照者各國領事官應毋庸代
為請照以後如經地方官查出有華商假冒
情事應由地方官將華商懲辦領事官亦不
得代為包庇總之稅單運照及三連報单等
件如果實係洋商請領該關須俟領事官來

文方能發給祇須領事官稽查嚴密自無華
商冒領单照之弊相應抄録咸豐十一年八
月十七日本衙門給英國照會一件九月二
十一日英國照覆一件咨行貴署撫查照辦
理可也計粘抄英國來往照會各一件
為照會事查條約第十款内載長江上下游
均有賊匪俟地方平靖准將三口為通商之
區等語旋於上年十月准貴大臣照會現擬
漢口九江先行開商倘私賣軍器等物即將
貨物入官並驅逐該船出口不准在江面貿
易經本爵覆准在案嗣經上海
欽差大臣薛　與貴巴参贊會議暫訂章程十款其
第十款内載以上各章程應懸除添改隨時
會同酌議等語查原定條約因長江地方尚
未平靖故暫緩通商嗣接貴大臣照會諄諄
以漢口九江先行開商為請並慮及奸商接

濟賊匪不准以軍器為生理辦理本為公平
本爵是以通融辦理暫准通商以期中外商
人均沾利益永敦和好本年六月間准貴大
臣照會内稱洋船到安慶起貨一事所報非
實現已出示曉諭各該處英民知悉凡官兵
相圍之地如有私欲相通之人被官兵槍斃
傷害本大臣必不聽稟等語足見貴大臣防
範甚嚴凡中國有賊處所洋船自不至前往
有運貨濟匪情事乃茲准湖廣總督咨呈内
開内地奸商附載輪船又買民船附益插有
貴國旗號沿江直下並不完税納釐並有奸
商貪利濟匪凡往來之船每停泊於黄州安
慶賊踞之地將鋼鐵油蔴米糧重價賣與賊
匪其困乏並由漢口購買木植展轉賣與賊
中使賊得造成戰艦以抗我師地方不靖亦
於貴國通商事務有碍殊非和好之道等因

本爵據此不能不照會貴大臣一體立法禁
止查八年所定税則凡違禁貨物如火藥彈
子礮位鳥槍一切軍器及内地食鹽不准販
運進出口又銅錢不准運出外國又硝磺白
鉛不准帶入長江並各内港亦不准代華商
護送均載在税則為通商各口違禁之貨又
税則第十條内載長江如何嚴防偷漏之處
任中國設法籌辦此次長江一帶軍務未經
肅清先行通商自未能與别海口相同而在
别口違禁貨物之外另有數件不便允准任
便販運除此等物件之外其餘無關軍需之
貨均可照章程販運納税茲特將上海暫訂
章程内所應添改之處一一註明送閲即希
貴大臣示知長江各商遵照倘商船不肯遵
行則賊匪得有接濟勢更蔓延於中國軍務
餉需實有不便而軍營將士不能平賊必謂

本爵辦理不善，本爵更無別法，只好仍按照條約暫緩通商，於鎮江一帶禁止商船入江，俟地方平靖再行辦理。相應照會貴大臣查照見覆可也。計粘抄長江章程一紙

長江各口通商暫訂章程

第一款

外國各船隻欲過鎮江口上大江者，由上海領事官處請領江照，由領事官轉請上海海關，可發俟查明該船應納進出各稅連船鈔已經納完，方可給照。其照由上海海關送與領事官，轉給該船船主，即由領事官將其船牌留署，俟該船回日，將原照送繳領事官，轉送海關，然後領回船牌。

第二款

凡商船來往長江，准帶應用兵器以為保衛之貲。其兵器數目，聽上海海關按度情理酌定，發給軍器執照，載明礮槍刀藥等件若干，准其照數帶往。由海關將此軍器執照送與領事官，由領事官發給該船船主。俟該船回上海之日，將執照內所開原帶礮槍刀藥等件按數帶回，如有用去者，即將如何用處報明。如該船帶回軍器火藥缺少執照所開數目，人不能將如何用處並無與端報明，或查出該船在長江不論何處私將器械火藥各等類出賣，或多帶軍器與照內數目不符者，即將江照撤回，不准該船在長江貿易。

第三款

一、該船由上海起程上長江之時，聽憑上海海關隨意派員或丁役等不過一二人一同駕往鎮江，該船主不得阻止，並將所派員役照料安置坐落之處，其經費一切由關支給。該船自上海至鎮江一帶地方均不准貿易

如有私自買賣係違天津和約第四十七款
章程可照約内所議處辦
第四款
各船到鎮江必先在該處灣泊并報明領事
官鎮江關方准過口該船一到鎮江即將江
照軍器執照上海海關紅單船上除水手外
所帶商客等人名數单共四件繳領事官
查照如欲即刻前往由領事官將以上四件
轉送鎮江關查明聽關派員役上船查看如
無應取銀物又無應留事故由關將上海原
發江照軍械執照兩件給還船主另發鎮江
紅單一件方准開行該船在鎮江如逾一日
之限不即前往則由船主報明領事官照會
海關并起貨下貨一切等事均必遵照天津
和約第三十七等款辦理仍由船主將艙口
單及所帶商客等人名數單稟遞領事官由

領事官將該船江照軍器執照留署俟鎮江
關發紅單時始將此二照給還船主方准前
往如有船隻未照章程請領江照軍器執照
鎮江紅單三件私行往長江即係違天津和
約第四十七款可照此款處辦
第五款
各船到九江漢口限一日之内由船主將江
照軍器執照鎮江紅單艙口单並船上商客
等人名數單共五件遞交領事官查收留署
俟出口之時仍將出口艙口單及所帶出口
商客等人名數单遞交領事官始將江照軍
器執照鎮江紅單三件發還船主其鎮江紅
單内由領事官註明何日遞交何日給還字
樣如船隻直過九江不灣泊者則無庸報到
如過該處不起貨下貨免將艙口单遞交領事
官

第六款

各船隻下長江時一到鎮江必在該口灣泊報明領事官鎮江關一切事宜均照以上第四款由鎮江進口上長江章程一律辦理仍聽鎮江關隨意派員或丁役不過一二人駕同前往上海由該船主遵照以上第三款一切照料以准該船直往上海均不許在沿途各處停候交易

第七款

凡船隻遵照此章程在長江來往貿易其應納稅餉既照以上第一第四第六各款辦理則天津和約第三十八三十九四十四十一四款章程與彼無涉准其在九江漢口任便起貨下貨不用請給准單不用隨納稅餉俟回上海遵照前章辦理

第八款

船隻在長江各口遞領事官艙口單內必註明所帶各貨件數按貨開明或觔兩或長短或價值分別列明

第九款

凡船隻有違前款章程不論何款將江照撤回不准在長江貿易亦可將違章之船送回上海可另并治以違犯條約之各罪如遇人因事故將該船主稟告各口領事官由領事官將該船留在口內俟將所告之事查明辦理完結之後方准開行

第十款

洋商由上海運貨進長江須在上海將進口正稅完納俟到長江各口後一經離口自入內地販運如無長江各關稅單者逢關納稅過卡抽釐如有外國商人欲在長江各關請入內地之稅單即令該商於運貨過卡之先

照約在該關完一子口稅方准發給稅單不
再另征
第十一款
洋商由上海運土貨進長江其該貨應在上
海交本地出口之正稅並先完長江復進口
之半稅俟到長江各口後一經離口販運無
論洋商華商均逢關納稅過卡抽釐
第十二款
洋商由上海運別口所來之土貨已在別口
交過出口稅並在上海交過復進口稅如再
出口往長江勿庸再在上海納出口稅並長
江復進口之稅俟到長江各口後一經離口
販運無論洋商華商均逢關納稅過卡抽釐
第十三款
洋商如在長江口岸自入內地買土貨俟買
定土貨必須洋商親至該首經子口開單註

明貨物若干應在何口卸貨呈明該子口發
給運照准其前往路上各子口查驗蓋戳放
行俟到最後子口或漢口九江則照條約完一子
口稅方准過卡下船如洋商於內地買定貨
物并不親至該首經子口將貨物開單呈明
該子口不准發給運照沿途仍逢關納稅過
卡抽釐
第十四款
洋商由長江口岸運土貨回上海若係洋商
由內地自販之貨已在江口完一子稅即有
過卡實據可憑如在本江口所買之貨即係
已由內地人交過各內地稅則在長江下貨
時均不必在長江各口完稅俟到上海進口
時交長江出口之正稅并先將一半稅存在
銀號如在限內出口運往外國確係原包原
貨並無拆動抽換情形即將所存之銀交還

如在上海銷賣或逾限未出口即將所存一半稅入賬作為復進口之稅或限內出口有拆動抽換情形除將一半稅入賬外仍另納出口之正稅

第十五款

凡火藥彈子礮位鳥槍一切軍器硝磺白鉛及內地食鹽仍照舊條約不准洋商販運入油蔴銅鐵米糧麵食木植銅錢均係長江暫訂違禁之物洋商及洋船於長江一帶不准販運買賣並不准洋商買賣民船如洋商僱用內地船隻裝貨必須在鎮江九江漢口報明領事官由長江各關將洋船及所僱內地船數目貨物件數開明不必折驗發給照單後至鎮江九江漢口下貨之處驗明洋船及內地船數目並貨物件數相符則可放行如數目不符除照第九條治以違約之咎外即不准該洋船復入長江貿易其在上海僱用民船至鎮江九江漢口生理者亦同此例其有賊處所如洋船私往停泊應聽中國拏辦轟擊如中國船隨同洋船入江並非洋商所僱仍照中國例懲辦洋商不得包庇至該口所產本地土貨歷年抽收本地之釐稅並非為洋商交易添設者華商不得因與洋商交易抗不交納稅釐洋商更無得出頭干預

第十六款

以上暫訂各章程如與各口收稅情形有滯礙難行之處應由兩國
欽差大臣隨時會同核議以歸妥善

照錄英國照覆

為照覆事照得七月十七日發文旋於八月十七日接准貴親王復文並有另行照會先後兩件內開各節本大臣詳細查核因貴親

王復文所議將子口收納稅餉復進口稅免單三件皆為各口長行通行通商之事本大臣之見莫若專出告示曉諭英商等一體遵辦至於來文內訂大江通商章程實係大江南北未得平復通融辦理此擬另出告示曉諭各商知悉務於遵照以示長暫之別茲子口稅一節查前約定出入正稅則例其時思處內地抽釐未定常規各省隨機加重以致我商雖有正稅額數之名實無必免重納正稅之便是以條約專加半稅之款至於大江一節軍務未竣先准暫解江禁亦為使商取益之議以上兩層本大臣酌定章程無不切想保我商民有益無損一面防於貴國例所應得之項亦毫無所缺合將告示二張底稿抄錄併送貴親王閱覽自悉本大臣無不秉公之意至後文所言土貨必須有洋商親到

子口領照不准僱用華商代辦此實難行若如此辦理是英商如不能親請給照必僱外國人專為代辦此意據本大臣所見不與條約相宜況如有華商安心偷漏何難自請外國人假作貨主同赴子口報貨現擬凡有英商欲運土貨令其於呈報單內註明本商允承納內地半稅並書明本商姓名本行字號為憑如此設計全備似較令親到子口領照之議更為妥便至於復進口稅及給支免單兩節查出貨復進各口向於上海准免稅餉舊有成規近在粵關亦為仿照此辦嗣因貴國近有咨文擬改以將來土貨出口先為正稅復進他口尚合另納半稅等情前來本大臣當即允行實與

國家有益之舉惟現時上海口係長江甯波來貨下船出洋之區而湖絲一項因各等處尚未

平定所有上海左右出口之貨必須先在寧波下船後運上海出洋英商既覺路遠維艱諸多遲滯今有免單之例定妥務望貴親王剳諭通商各大臣必須照辦嗣後不致再生辯論來文內開暫訂大江章程本大臣逐款詳核第七款內有改註漢口九江之議此與本大臣去年十月發文相符自當允行至第十五條內將油蔴等物禁止不准英商販運之議查此項貨物數月以來我商販運上海者不少遽令停止實與商務大礙惟念現訂大江章程僅准前往漢口九江通商本大臣因思商民私赴他口貿易偷漏稅餉實與

國課無裨有損為此詳加酌擬新章必使商民販運該貨不得將優容之處轉作陋習至英商雇買民船據本大臣訪聞此事皆係運貨下江出口之用並無他意現已另立限制與前款相同自可妥辦無慮其餘各節即如有賊處所英船不准停泊等由查大江章程所定除漢口九江之外英商不准私往他處貿易果敢犯禁則有無查辦皆在貴國本大臣自無爭辯之責前次經出告示在案可無庸復議總之現定章程內有數件比前較緊合請貴親王飭諭上海監督等官應俟章程先在漢口九江曉諭商民知悉以便遵照後將民船油蔴等物各從新例照辦以免倏爾更張商民難適從意為此照覆請貴親王查照施行可也 計粘單一紙

為曉諭事照得子口稅餉復進口稅並免單三節本大臣現已定明章程開列於左英國各商遵行

第一款子口稅餉

一英商欲將洋貨進入內地貿易或運土產

前往海口下船准其或照内地例逢關納稅遇卡抽釐或照舊後條約第七款所載洋貨請有稅單土貨請有運照則照約完一次子稅即正稅一半以上兩層各聽其便

一、英商運土貨出口到第一子口開單報明呈单或本商自去或使用本國人或内地人均可准聞已有到子口報貨假稱前往海口准過以後沿途私賣内外稅餉皆為偷漏之情弊現定報单内聲明該貨某日到某子口應運通商某口實屬本商土貨自必完納半稅等詞註明单内並在報单之填（底）註或本商姓名或本行字號為憑此等報单通商各口海關自行備辦俟准領事官咨請發給並無使費

一土貨運進内地不得祇完納半稅總按各省内地例逢關納稅遇卡抽釐

一長江議訂章程暫准商船自上海前赴漢口九江貿易所有土貨下江洋貨上江若係僅在本口買賣均無應納内地稅餉惟洋貨到漢口九江等處後復進内地及内地買土貨如須有子口執照納完半稅若無執照逢關納稅遇卡抽釐以昭分別之道

第二款　各貨免單

一洋貨進口納稅後復運通商他口之時該商向關請給免單實為無論何口海關自不得重納稅餉之據

一土貨出口先完出口之稅該商欲運通商他口必向該關請給已完出口稅之单照俟到他口復納進口之半稅嗣欲復運通商他口亦必先向該關請給已完復進半稅之单照方可前往各口海關毫不重徵惟遇海關驗明查出該貨有拆動抽換之獘即不准請免

第三款土貨復進口税

一土貨出口先完出口之税倘該商欲運他口應完復進口税其數現定正税之半

一土貨復進他口之時倘該商報明該貨欲往外國亦准將復進口半税交與海關存儲限期三箇月於限内出口運往外國即將半税發還該商收入如逾限未出口即為入帳日後再要運往外國自應重納一正税

一土貨如限内雖報出口而實非原包原貨顯有拆動抽換情形除已納復進之半税不能交還外尚應納出口之正税

一土貨復進他口該商實有失去出口單照即將出口正税交關存留俟該關咨會某口查明是否完過税項如查明是實立准照數發還正税

一土貨復進各口該商呈經在他口納完復進半税之單照後無論何口海關毫不得重征税餉

一上海與漢口九江通商仍照暫訂章程辦理所有土貨上下大江應納出入之正税及由上海運土貨進長江長江運土貨回上海應交復進口之半税現定均在上海納完俟大江平靖另行辦理惟有該商報明是否出外洋之貨則照本款第二節當將半税交關存留該貨果得限内出口半税亦准照數交還

長江各口通商暫訂章程本年二月所定十款内第一至六款無庸另議

第七款按照新稿改用

第八九二款仍舊辦理第九款應改作本款之上

第十至第十四款共五款均在通商三節告示之内亦可毋庸重議

第十五款內有可從不可從者英商販運油蔴銅鐵米糧麪食木植銅錢並貿雇內地船隻均照善後條約第五款之道聽商呈具保单辦理分別開列於左

一英商欲運油蔴銅鐵米粮麪食木植銅錢須赴関報明數目若干運往某口請給執照先由該商呈具保单聲明必將貨物送至某口聽某口海関查驗該貨數目相符均經起卸即由某處海関將執照畫押蓋印限三月內繳回倘逾三月之期而執照未得送回按其錢貨原本照數罰繳入官外將該船江照撤回不准在長江貿易以上各節均於保单內註明至請給執照如係向在中華設洋行之人准其自行呈具保单若非向設洋行之人則同妥商二人聯名呈具保单以上各貨除銅錢不納稅外餘均照則納稅

一英商貿僱內地船隻裝貨上下長江稟請該口領事官咨會該関發給內地船照先由該商呈具保单聲明必將該船及貨物送至某口海関聽海関查驗船貨相符均經起卸即由某口海関將執照畫押蓋印限二月內繳回倘逾二月之期而執照未得送回按其船貨價值罰繳入官至所請船照如係向在中華設洋行之人准其自行呈具保单如非向設洋行之人則同妥商二人聯名呈具保单其內地船應征稅科應由各口自向內地商人辦理

四月二十一日湖廣總督官文文稱

九月二十一日湖廣總督官文稱據監督江漢關稅務湖北漢黄德道鄭蘭稟稱竊准稅務司狄妥瑪函称本年四月十四日有英商兆豐行艀艇船隻名屯抵漢呈繳二月初十日江海關紅單一紙十二月初十日船鈔執照一紙英文貨单一紙註明空船無貨僅有鉄斤押載查驗相符惟該船並無鎮江護照及中國牌照亦未由領事官將進口日期報關詢據該行云称設該船在上海失去領事官船照曾稟明上海領事官令作內地船前往漢口隨即行文鎮江關稅務司詢查情形據准覆称該船到鎮江之時因無船牌亦未據領事官請給護照該船在鎮停泊三十五日始駛上江未掛外國旗號等情轉請酌辦前來職道查長江通商章程第三款內載凡有船在鎮江以上若該船無鎮江護照並無中國之牌照者由關查出即將該船入官等語今該屯船既經稅務司查驗並無江照及中國牌照等項應將該船照章入官以符定約合將查出並無護照及中國牌照之屯船扣留緣由稟請查核批示以便將該船充公等情到本閣部堂據此查該船既據稅務司查驗並無江照及中國牌照等項自應照章罰辦以符定約除批飭遵辦外相應咨明貴衙門請煩查照施行

李字從越何號　二

來

十月初九日署上海通商大臣江蘇巡撫李鴻
章文稱據署九江關道蔡錦青禀稱竊照九
江建設新關專收洋商貨税前因將面遼闊
道路綿長上下輪船往來走私偷漏在在堪
虞即經禀明添設巡船藉資稽查在案兹查
有安徽省轄之大通地方非通商口岸處所
近來該處商賈雲集土貨囤聚每有洋商私
自販運情事即洋人以油米等物接濟金陵
城賊無一不自大通私販運往若不寔力盤
詰將來伊於胡底惟該處離九江窵遠關前
巡船稽察斷難周密必須派委文武員弁帶
同勇丁人等携船前行大通駐紮認真巡查
方足以杜絶洋商私販之弊職道即於新關
委員中並關前管帶礮船之武弁内擇其熟
悉情形辦事認真者文員一員武弁一員又
於各礮船上挑選年力强壯之礮手水勇十
四名並派戳子手四名携坐前獲入官充公
之風篷船駛往大通口岸駐紮日夜認真巡
查如遇洋船在於該處停泊以及洋人私販
貨物一面飛速報關一面即行查拏將船貨
解關照約一併入官倘有抗拒不服情事亦
即報關會同該税務司携駛火輪巡船追拏
以此設法辦理既可以絶洋人之私販又得
以斷賊匪之接濟於事寔有裨益除飭令該
文武員弁帶同勇丁携船前往駐紮寔力巡
緝毋許滋事並照會税務司查照外禀請察
覈等情到本大臣據此查核所禀派員駕船
駐紮大通巡緝係為慎重税務杜絶洋人私
販起見除批准照辦並飭該委員等加意巡
緝毋徒托空言外相應咨呈為此咨呈貴總
理衙門謹查照施行

十月二十一日致署上海通商大臣江蘇巡撫

丞稱卜使言及輪船撤去固好唯各國流氓見中國無輪船緝私恐又將以軍火接濟賊匪談及上海現有輪船十二隻皆係滬軍舊有若能分撥二隻赴鎮江扼要巡緝則鎮江本為出入大江要路有中國輪船駐鎮巡緝該使亦可飭領事官暗中相幫但不可明指為英官代中國緝私至所派船隻應請中國自行派官統帶其舵工水手人等祇須酌派一妥當外國人隨同管理便可運掉自如等語本處查從前鎮江原有輪船後撤回上海今卜使所云撥回鎮江由中國自行派官統帶所派外國人隨同管理且由閣下選擇諒無把持攬權之意卜使之所以為此請者蓋以接濟賊匪之事領事官碍難出頭緝拿致令商人藉口今若由上海分撥輪船二隻在彼駐紮認真盤詰設遇有拒捕之事告知領事官必當竭力相助此層似於緝私有益即希閣下酌核如果可行俟閣下覆知後再由本處知照卜公使札飭鎮江領事遵照

十月二十一日行兩江總督署上海通商大臣江蘇巡撫文稱同治二年十月初九日准通商大臣李咨稱據署九江關道蔡錦青稟稱茲查有安徽省轄之大通地方非通商口岸處所近來該處商賈雲集土貨囤聚每有洋商私自販運情事即洋人以油米等物接濟金陵城賊無一不自大通私販運往若不寔力整頓將來伊於胡底惟該處離九江窵遠關前巡船稽察斷難周密必須派委文武員弁帶同勇丁人等攜船前往大通駐紮認真巡查方足以杜絕洋商私販之弊職道即於新關委員中並關前管帶砲船之武弁內擇其熟悉情形辦事認真者文員一員武弁一

員又於各砲船上挑選年力強壯之砲手水勇十四名並派鎗子手四名攜坐前獲入官充公之風篷船駛往大通口岸駐紮日夜認真巡查如遇洋船在於該處停泊以及洋人私販貨物一面飛速報關一面即行查拿將船貨解照約一併入官倘有抗拒不服情事亦即報關會同該稅務司攜駛火輪巡船追拿似此設法辦理既可以絕洋人之私販又得以斷賊匪之接濟於事寔有裨益除飭令該文武員弁帶同勇丁攜船前往駐紮寔力巡緝毋許滋事並照會稅務司查照外稟請察覈等情到本大臣據此查核所稟派員駕坐駐紮大通巡緝係為慎重稅務杜絕洋人私販起見除批准照辦並飭該委員等加意巡緝毋得徒托空言外相應咨呈前來查安徽大通地方並非通商口岸如有洋商在彼私行販運情事應行按約拏辦船貨一並入官今九江關道派往員弁水勇人等駕坐風篷船隻駐紮大通巡查於緝私甚屬有益唯大通係皖省所轄既有洋商在彼私行販運該處地方營汎自應會同九江關道所派員弁認真稽督辦並出派丁役會同九江派來人役一同巡緝庶於地方呼應較靈可期認真拏辦相應咨兩江總督貴督即飭該處地方官遵照辦理並知照通商大臣李貴大臣查照可也

十一月初三日署上海通商大臣江蘇巡撫李鴻章文稱據浙江海關道史致謂詳稱本年九月初九日准稅務司函稱英國味味利船進口未報新關亦未請開艙单據巡丁稟報該船主私起棧貨一箱到在悅來洋行碼頭因該處係英人行園照和約本關巡丁不能

拿貨應請照會領事立發拔单以便往拿照
條款罰銀五百兩等因正在備文照會間接
准英國佛領事照會據悅來行稱行內味味
利船為新關指住要罰銀兩此船貨物進出
關係甚大似指住無有底止祇得具十兩銀
票呈送轉交此次關上指留自初七日起至
收開艙单之日止每日應賠若干兩請領事
大人辦理等情茲將悅來銀票移送至躭延
該船數日每日應給銀一百兩照會查照等
因准此職道查通商條約第三十八款監督
官接到領事官詳細照會後即發開艙单倘
船主未領開艙单擅行下貨即罰銀五百兩
並將所下貨物全行入官等語此案悅來洋
行於貨船未報進口未發開艙单之前先起
小箱子寔屬有違條約布稅務司照章議罰
並無錯誤前次佛領事派繙繹官來署面談本

道念其事甚細微原許通融辦理今在領事
衙門具稟則應照章罰辦不能聽其自繳票
銀十兩即准開艙有違條約現奉總理衙門
通飭凡有中外交涉事件應據寔開報此事
既已具稟成案若不按照條約罰辦將來得
難開報所有該行票銀十兩職道不能收受
當將原票送還照覆英領事飭令該行赴關
聽候稅務司會同本道照章辦理明白方准
開艙起貨至躭延時日由於該行不遵條約
辦事以致未發開艙单與人無尤乃又藉口
希冀賠銀則又近於訛詐亦當照章究辦去
後旋准佛領事照會悅來行味味利船一案
但是該船尚未開艙故此未嘗背約照和約
小箱可以入官為何不入官並無人攔阻等
因職道查貨從艙出從艙出該船既未開艙
小箱從何起來即使小箱裝在艙面於起箱

時亦應報關請領准單今已違約先起照章
應將該貨一併入官至小箱係由該船一運
私起上行關上措手不及未曾截留即經照
請佛領事立發搜單以便拿貨入官續准佛
領事照會查咪味利船應入官之物為何遲
至十二天纔請搜單現在備單送署請給一
憑據以便令悅來赴關取開艙單等因並准
照送搜單一紙到關准此查和約第三十九
款英商上貨下貨先領監督准單如違即將
貨物一併入官等語細譯一併二字寔指船
內所下各貨概應一併入官而言非僅指起
岸貨物言也今准英領事填發搜單僅拿取
小箱其在船內各貨仍未一併入官核與條
約辦法仍不相符況查咪味利船係未領開
艙單擅行起貨應照第三十八款條約罰辦
未便任其趨避至遲延十二日緣此案前准

英領事派繙譯官來署面談旋又接准照會
職道不得不將是案情由往返照覆原冀該
商船知錯從寬完結何意該商崛强始終不
服以致遲延十餘天祇得照章辦理查新關
辦理罰說向由該商自投銀號開具銀票驗
收該悅來行前年曾經罰過銀五百兩應知
新關章程該商能自知違禁理虧情願認罰
親赴稅務司當面認錯並稟佛領事照會職
道函致稅務司准令該商赴號開具銀票送
關方准給單開艙起貨當將搜單送還照覆
英領事查如仍不為然祇得申請上憲批示
遵辦以符定章去後嗣准該領事照覆悅來
行之事未結多一日即要多一百兩該行即
將船主水手遣發將船交與關上等語本領
事不能許悅來何時可結大約總須申陳欽
差大臣批示等因准此查此次該行有錯而

不認錯應罰而不認罰以致不能完結若早
在稅務司前認錯罰銀完結何至拖延日子
咎由該行自取與人無尤前已明晰照會該
行再不醒悟聽其自便復經職道照覆該領
事在案茲聞英領事業已詳請英國駐京欽
差大臣辦理並准上海總稅務司赫德來函
以布稅務司函致味味利船一案私起小箱
應照章罰辦惟扣留多日請即照會領事飭
商具結聲明此案本商情願聽候兩國
欽差大臣會商定奪一面先繳罰銀十兩即准將該
船釋放等語職道查辦理罰稅條約内並無
具結亦無案未完結先繳罰銀明文惟詳請
憲示往返有需時日恐該船稽留受累職道
體恤商情業經先行函請稅務司發給開艙
單准其起貨其應否罰銀之處俟奉到總理
衙門示覆遵辦合將辦理緣由具文詳祈察

查拏繞越偷漏

核俯賜咨呈總理衙門會商辦理示遵實為
公便又據該關道另稟内開悅來洋行味味
利船一案事甚細微而竟不能完結其中實
有別故蓋領事官以新關稅務司並非外國
官員向來不甚看重全在稅務司善於相處
則亦不致見輕從前日稅務司面面周全為
能幹出衆者今之布稅務司於關務偷漏等事
極為認真惟其性甚拙往往有固執之處與
佛領事齟齬非止一日如阿臘姆船及新關
基地等事即各有意見也此味味利船於未
報之前先取小箱上岸實是該行之錯布稅
務司主意要罰原照條約辦理並無不合而
該行恃為箱内不過喫食並非稅貨固執不
錯不罰但箱内既非稅貨儘可早向稅務司
報明則毫無周折乃私自取去被關役看見
之後稅務司不能不説官話職道監督關務

責有攸歸遇事不敢將就但辦理罰款亦當
體察事之大小情之輕重不能一概而論此
事究屬甚微據繙譯官來署面言之時原許
其通融辦理依稅務司所定罰銀十兩即可
完結乃該行自不認錯反說布稅務司之錯
彼此固執不解以至延擱至今在職道原可
主持其事準情酌理而行不聽稅務司之主
見第稅務司奉委專辦關務之人各洋行悉
係外國人報单又係外國字非稅務司不辦
況職道有地方公事之繁一切關務全賴稅
務司相助為理此等情形想上海亦然若使
其絲毫無權則呼應不靈轉於關務有礙況
此事稅務司並無錯處而該行之固執實亦
可惡但詳咨請示定斷有需時日恐該行稽
延受累擬先發開艙单准其起貨其應否罰
銀之處聽候總理衙門示覆遵辦總稅務司

赫德暨稅務司布浪來函意見相同除另文
具詳請咨外用敢縷晰附稟陳明伏乞察核
應否將此情形一併咨明總理衙門之處並
乞訓示祗遵敬再稟者駐紮甯波之英美法
三國領事惟英領事佛禮賜尚能辦公且能
說官話法領事韋爾尼人尚長厚美領事不
甚明白幾同虛設韋俱不敢過於多事本年
夏秋間餘姚一帶外國流亡匪類携帶一二
小通事沿途搶劫重案疊出全賴佛領事派
出外國巡捕會同地方官員督領長安軍兵
頭綠勇等嚴行拏辦始得安靜如常特遇有
洋行交涉關稅等事雖極細微佛領事似有
意與布稅務司作梗而布浪拙戇性成不肯
稍讓職道體察事之大小不能不於照例之
中寓懷柔之意設法調停已非一次此次味
利船先取小箱不報固為洋行之錯然據

領事與洋行堅稱實係食物究非稅貨可比
稅務司因有罰銀十兩之說從寬辦理無奈
彼此固執各不相下佛領事與職道面談此
事悦來行主肯到貴署向貴道認錯斷不肯
到關向布浪認錯本領事亦不許該行主赴
關認錯云云以致事難完結前奉通飭遇有
與領事各執意見之事申陳總理衙門查辦
是以此案不能不上煩憲心也各等情到本
大臣據此查該關道與該口司稅所辦此案
議罰各情均係按照條約而行辦理尚屬認
真乃英領事既不秉公飭商遵行又復藉隙
作梗以致不能完結且領事官向來袒護洋
商多與稅司不合今此案既准先發開艙單
准其起貨已屬曲示從寬若再不繳罰款未
免輕縱不足以儆效尤除批飭再行妥為查
辦務期迅速完結外相應將詳稟情形一併

咨呈為此咨呈貴總理衙門謹請查核辦理
示覆施行

十一月初十日行署上海通商大臣江蘇巡撫
文稱同治二年十一月初三日准貴大臣咨
稱英國味味利船在甯波關未請開艙單擅
行啟貨一案查該關道與該口司稅所辦此
案議罰各情均係按照條約而行辦理尚屬
認真乃英領事既不秉公飭商遵行又復藉
隙作梗以致不能完結除批飭再行妥為查
辦務期迅速完結外相應咨請查核前來本
衙門查和約第三十八款內載船主未領開
艙單擅行下貨即罰銀五百兩並將所下貨
物全行入官英商味味利船一案未領開艙
單擅起小箱照約應罰銀五百兩並將所起
小箱入官該道援照三十九款擬將貨物一
併入官係屬錯誤希即轉飭甯波關道查照

英約第三十八款辦理可也至稅來行主不肯向布稅司認錯一層係伊領事與稅司各執己意所致應飭嗣後彼此和衷不得再執意見除將該關道所稟稅司布浪遇事固執一節由本衙門另行核辦外相應先行咨覆

貴大臣轉飭甯紹台道遵照可也

十一月十六日三口通商大臣崇厚文稱同治二年七月初十日准總理各國事務衙門咨開同治二年七月初六日軍機處交出山西巡撫英　奏為英商利渣等控告山西豐鎮廳運貨車夫索價滋鬧運

旨審明定擬一摺奉

旨該衙門知道欽此據原奏內稱英商利渣等販運貨物欲令地方官代僱車輛及將各貨運到又不肯找付脚價似不近理該商等是否尚在天津抑已回國其寄存張家口貨物應如何辦理之處請由總理衙門及三口通商大臣查明核辦等語查此案上年十月十七日准察哈爾都統咨稱利渣士洛詢等貨前於七月二十五日由豐鎮廳經王善移運來口該商於閏八月初二日僱覓馱隻將貨全行運進天津各等語是此案該商等所存張家口貨物當時已運回天津是以張家口無可封存而英商利渣士則已由英國吉領事飭令駐津管束永不給發路票現在此案業經山西巡撫轉據大同府訊明擬結王善所僱車價一百二十六千前由豐鎮廳墊發錢四十千下短車價現在亦由該廳照數給發此項代付車價自應由英商利渣士美商洛詢如數歸還方為正辦利渣士洛詢既請豐鎮廳代僱車輛及將貨物運到該商等不肯找付脚價又不還豐鎮廳代墊錢文寔與情理

不合咨行摘錄案由照會英美二國領事轉飭該商等速將豐鎮廳代墊車腳錢一百二十六千折銀歸還不得遲延可也等因准此當經摘錄案由分行照會英美二國領事飭令該商等速行歸還墊發車腳價銀去後茲據英國吉領事照覆内稱准此本領事當將英商利渣傳訊據云於去年七月二十八日在山西豐鎮廳二府交銀二十兩擬為結案並有收條可証等語擬合將當日在豐鎮二府批寫收條一併照會轉咨查照可也查收條内開程太守七月二十八日交付豐鎮二府銀二十兩又註有外國客一行人准美國伯領事照覆内稱准此本領事當即查辦據該商洛詢訴稱前因有貨寄存豐鎮廳該商往張家口一遭託豐鎮廳代為發封收管此貨俟該商由張家口回來再發豈知豐鎮廳

已着人將貨裝車代運出張家口該商往返不遇又值盤費不敷祇向豐鎮廳處暫借銀二十兩所借之款後經如數繳還惟車價非不給發緣所僱運貨車非該商託其代辦係由豐鎮廳着人妄為代辦者又因各貨傷殘甚多不獨不能給發車價除車價補償殘貨外尚祈稟請代為追賠等語為此照覆貴大臣咨覆山西巡撫再行查訊辦理各等因准此查此案英商利渣士等所短豐鎮廳代僱車價現據英國吉領事照覆已於去年七月二十八日在豐鎮廳交銀二十兩擬為結案呈有收條自應即照所議完結至美國伯領事照復所短車價係因豐鎮廳自為代僱並非由該商等託其僱覓其短少車價錢文自應豐鎮廳自行清理以便結案毋庸再令外國商人交還致令藉口至美商洛詢所稱將

其貨物傷殘若有其事因何當時並不稟究乃於案結聲叙顯係事後狡執不足憑信所短車價現既議歸豐鎮廳自行清理所稱車價抵償殘貨並請追賠之處亦毋庸議案已奏明應請完結以清積牘惟該商利渣士洛詢等運貨赴豐鎮廳一節查係咸豐十一年九月二十八日據天津府申稱英人利渣士洛詢由津前往張家口遊歷領有英國領事執照二張請蓋印給與並無運貨字樣在津亦未領過運貨單完過稅餉是該商等前運豐廳之貨係屬夾帶走私自應照納酌追罰銀以為走私者戒本大臣復於八月初八日照會英國吉領事將利渣士等運貨赴豐鎮廳帶有玻璃八箱洋搭布十八疋玻璃一箱西洋畫一箱樣呢布等一箱八音盒一箱雙眼千里鏡一個此貨並未完交子口稅銀借

遊歷執照夾帶運往内中雖有送天主堂並樣呢等貨可以毋庸完稅但玻璃八箱係屬成箱成件之貨應如何酌量罰賠或如何辦理之處即查明照覆酌辦去後茲於十月十五日准英國吉領事照覆内稱本領事當即將該商利渣傳詢據稱我所帶除貨樣零星物件之外惟有玻璃八箱原係送天主堂使用及豐鎮廳監督言玻璃八箱係屬成件令其上稅我隨令影計前往該廳按貨合計銀六兩五錢三分如數交納該監督言此項玻璃既係送天主堂使用且銀數不多即可勿庸交納所以未交並非偷漏等語查豐鎮廳監督既以銀數不多令其勿庸交納並非該商偷漏稅務所有詢明利渣未交稅銀緣由擬合照會查照等因准此本大臣查利渣士所運貨物除送天主堂並樣貨之外僅玻璃

八箱雖據該領事聲稱豐鎮廳以銀数無多
令其勿庸交納但係一面之詞且利渣士從
前僅領遊歷執照未領運单亦未請驗貨完
交子口税銀明係偷漏在先事後掩飾自應
仍在利渣士名下酌追罰項以示懲儆又經
照會去後旋據吉領事面利渣已因另案逃
走屢次查找尚未尋獲
俟傳獲
到日再
行追辦
等語除
再照會
追辦外
理合咨
呈為此
咨呈

綫越偏歸

十一月二十一日署浙江巡撫左宗棠文稱同
治二年十月十三日據護理浙江海關甯紹
台道史致諤詳稱本年九月初九日准税務
司吳稱英國味味利船進口未報新關亦未
請開艙單據巡丁稟報該船主私起棧貨一
箱到在悅來洋行碼頭因該處係英人行園
照和約本關巡丁不能拏貨應請照會領事
立發搜单以便往拏照條款罰銀五百兩等
因正在備文照會間接准英國佛領事照會
據悅来行稟稱行內味味利船為新關捐住
要罰銀兩此船貨物進出關係甚大似此捐
住無有底止祇得具十兩銀票呈送轉交此
次關上捐留自初七日起至收開艙單之日
止每日應賠若干兩請領事大人辦理等情
茲將悅來銀票移送至躭延該船數日每日
應給銀一百兩照會查照等因准此職道查

通商條約第三十八款監督官接到領事官詳細照會後即發開艙單倘船主未領開艙單擅行下貨即罰銀五百兩並將所下貨物全行入官等語此案悦來洋行於貨船未報進口未發開艙單之前先起小箱子實屬有違條約布税務司照章議罰並無錯誤前次佛領事派繙譯官來署面談本道念其事甚細微原許通融辦理今在領事衙門具稟則應照章罰辦不能聽其自繳票銀十兩即准開艙有違條約現奉總理衙門通飭凡有中外交涉事件應據實開報此事既已具稟成案若不按照條約罰辦將來碍難開報所有該行票銀十兩職道不能收受當將原票送還照復英領事飭令該行赴關聽候税務司會同本道照章辦理明白方准開艙起貨至耽延時日由於該行不遵條約辦事以致未發

開艙單與人無尤乃又藉口希冀賠銀則又近於訛詐亦當照章究辦去後旋准佛領事照會悦來行味味利船一案但是該船尚未開艙故此未嘗背約照和約小箱可以入官為何不入官並無人攔阻等因職道查貨從艙出該艙船既未開艙小箱從何起來即使小箱裝在艙面於起箱時亦應報關請領准單今已違約先起照章應將該貨一併入官至小箱係由該船一逕私起上行關上措手不及未曾截留即經照請佛領事立發搜單以便拏貨入官續准佛領事照會查味味利船應入官之物為何遲至十二天纔請搜單現在備單送署請給一憑據以便令悦來赴關取開艙單等因並准照送搜單一紙到關准此查和約第三十九款英商上貨下貨先領監督准單如違即將貨物一併入官等語

細譯一併二字實指船內所下各貨概應一併入官而言非僅指起岸貨物言也今准英領事填發搜單僅拏取小箱其在船內各貨仍未一併入官核與條約辦法仍不相符況查味味利船係未領開艙單擅行起貨應照第三十八款條約罰辦未便任其趨避至遲延十二日緣此案前准英領事派繙譯官來署面談旋又接准照會職道不得不將是案情由往返照復原冀該商船知錯從寬完結何意該商掘強始終不服以至遲延十餘天祇得照章辦理查新關辦理罰稅向由該商自投銀號開具銀票送關驗收該悅來行前年曾經罰過銀五百兩應知新關章程該商能自知違禁理虧情願認罰親赴稅務司當面認錯並稟請佛領事照會職道函致稅務司准令該商赴號開具銀票送關方准給單開艙起貨當將搜單送還照復英領事查照如仍不為然祇得申請上憲批示遵辦以符定章去後嗣准該領事照復悅來行之事未結多一日即要多一百兩該行即將船主水手遣發將船交與關上等語本領事不能許悅來何時可結大約總須申陳

欽差大臣批示等因准此查此事該行有錯而不認錯應罰而不認罰以致不能完結若早在稅務司前認錯罰銀完結何至拖延日子咎由該行自取與人無尤前已明晰照會該行再不醒悟聽其自便復經職道照復該領事在案茲聞英領事業已詳請英國駐京

欽差大臣辦理並准上海總稅務司赫德來函以布稅務司函致味味利船一案私起小箱應照章罰辦惟扣留多日請即照會領事飭商具結聲明此案本商情願聽候兩國

欽差大臣會商定奪一面先繳罰銀十兩即准將該船釋放等語職道查辦理罰稅條約内並無具結亦無案未完結先繳罰銀明文惟詳請憲示往返有需時日恐該船稽留受累職道體恤商情業經先行函請稅務司發給開艙單准其起貨其應否罰銀之處俟奉到總理衙門示復遵辦合將辦理緣由具文詳報等情據此相應咨明爲此咨呈總理各國事務衙門謹請查照施行

十一月二十二日行署浙江巡撫文稱同治二年十一月二十一日准貴署撫咨稱據甯紹台道史致諤詳稱英國味味利船未請開艙單私行起棧一箱又准貴署撫咨稱據甯紹台道史致諤詳稱味味利船一案事甚細微而竟不能完結實有别故各等情咨請核辦前來本衙門查和約第三十八款内載船主未領開艙單擅行下貨即罰銀五百兩並將所下貨物一併入官英商味味利船一案未領開艙單擅起小箱照約應罰銀五百兩並將所起小箱入官該道援照第三十九款擬將貨物一併入官係屬錯誤希即轉飭甯紹台道查照英約第三十八款辦理可也至悦來行主不肯向布稅司認錯一層係因領事與稅司各執意見所致應飭嗣後彼此和衷不得再執意見除將該關道所稟稅司布浪遇事固執一節由本衙門另行核辦外相應先行咨覆貴署撫轉飭甯紹台道遵照再此案於本月初三日准通商大臣李咨同前因本衙門已於本月初十日咨覆通商大臣在案相應一併知照可也

三

敬啟者前肅布美字第八十三號函諒邀
堂鑒去秋北方兵事美軍在津掠去庫銀數十萬兩廷芳
探詢既確當經向美外部疊次商勸歸還經於美字
第七十七號函畧陳梗概近以和約大定廷芳復重申
前議外部允為商量初擬俟美議院闗開後請總統
交議院會議廷芳慮議院議論不一力勸　即請總統
批准施行外部迭晤總統允為照辦當於十一月二
十九日鹽電柬達旋奉十二月初二
冬電飭令就近催收當復連日會晤外部婉切催收承

其概然允諾旋於本月十四日交到美海部憑單一紙計美銀三十七萬六千三百員查此項銀圓美兵掠取時原是津庫紋銀美軍紀律素嚴當由美統兵官換充美洋解至美都海部存庫廷芳始創議索還時論者多謂按照公法開戰後掠得國家之物不能追索廷芳亦知事不易成特以義所當為宜盡心力不意楚弓已失趙璧仍還殊出意料之外皆

聖主懷柔有道德洋恩溥

邸堂

列憲居中馭外信義感孚，故使臣將命不至隕越，而美廷舉軍中所得已入庫儲之款，竟能陳謀照數歸還，其誼篤邦交，亦洵難能可貴也。此款日内何撥匯，恭候鈞裁。除於十五日電達外理合具函詳陳，統希代回

邸堂

列憲訓示遵行爲荷。專此布泐，敬請

勛安

伍廷芳頓首

光緒二十七年十二月十六日

美字第八十四號

再美都華盛頓大小各國使館皆是自行購置小國如朝鮮亦有自置使館中國與美通好派使駐劄垂三十年使臣所住之館向是租賃不如東方蕞爾之國相形之下殊為失體近年地價日貴租項日昂日引月長尤為失算即就現在而論使館月租額須美銀五百圓每年綜計約庫平銀一萬兩若再翔貴更為失算前任各使屢欲興建迄無成議而租民房作使署轇轕甚多崔任房東至以使館毀壞控官索賠

言之汗顏查中國在德都日本均置有使署廷芳早擬撥照成案擇地建置業已擇有地段召工確估連地價工料一切在內約需美銀八萬圓再三籌劃價值合宜祇以經費支絀一時難籌巨款未及瀆陳今既收還掠款三十餘萬若在此項撥出八萬圓以為建館之用既可經久亦符體制且歲省額租一萬計至十年之後準諸今日建購之數已畧相當而使館永為中國之業無須時時搬遷尤為合算此誠一勞永

逸之計亦合理財節用之方謹將愚見所及上塵

清聽如蒙

堂憲允准再將地址丈尺估價詳細數目另册叙銷並

將收款建館緣由撮要奏明立案以垂永久除電達

外特再詳陳並希

代回

堂憲示遵爲荷專此再請

列邸

勛安

伍廷芳再頓首

光緒二十七年十二月十六日

又美字第八十四號

四

逕啟者、茲接本國駐廣州領事官來文、附送到關

醫士係廣州城內、美國教會管理醫院之人、函內所

能設法、將該會由外洋運來用作善舉之藥料一

口稅項、該會在一千八百三十八年、即係前六十四年昭

由是年至西上年冬月、海關均准其運來一切藥料、進

迨至西上年冬月間、則令按新定之約納稅、茲欲

貴親王聲明該醫院及各省教會所設醫院均係
所行之善在華人受益為尤多如征其運來藥料並一
院善舉經費必致增多是以請
貴王大臣行飭各省海關稅務司於各該省醫院運來
料均准其照前免征進口之稅茲特照錄閱大夫來函並一
貴王大臣查照是荷即頌
日祉附送洋文並附抄件
名另具正月初七日

附件

F.C. No. 347

LEGATION OF THE UNITED STATES OF AMERICA,
PEKIN, CHINA.

Feb. 14th. 1902.

Your Highness:-

I have the honor to inform Your Highness that I have just received a despatch from the United States Consul at Canton, inclosing a letter from Dr. John M. Swan, the physician in charge of the American Medical Missionary Society's Hospital, in Canton, requesting that steps be taken to secure, if possible, the free entry of medicines and other hospital supplies intended for use in the benevolent work of the Society.

The Society, mentioned, began its work in 1838, sixty-four years ago, and through all this time until last November all its hospital supplies have been admitted by the Imprial Maritime Customs free of duty. Since last November, however, the import duty has been collected in accordance with the provisions of the Protocol.

I would call the attention of Your Highness to the fact that this and all other missionary hospitals are engaged in a work of charity, conducted almost entirely for the benefit of the Chinese peole, and that the collection of duty upon their foreign supplies adds greatly to the expense of their work. I would therefore request Your Highness to instruct the Customs authorities at all the ports that medicines and supplies intended for use in charity hospitals, should be admitted free of duty as heretofore.

I avail myself of this occasion to renew to Your Highness the assurance of my highest consideration.

E. H. Conger
U.S.Minister.

To His Highness, Prince of Ch'ing,
President of the Board of Foreign Affairs.

Copy.

The Medical Missionary Society's Hospital,

Canton, China, January 18th, 1902.

To
Hon E. H. Conger,
United States Minister,
Peking.

Dear sir:

On behalf of the Medical Missionary Society in China, and the interest of its work centering in the large Hospital in Canton, I beg leave to present to you a matter of importance concerning this work.

From the time this Medical Missionary Society's work began in 1838, until early in November, 1901, the Imperial Maritime Customs has allowed all foreign supplies for this work of benevolence to be imported free of duty. Since last November, import duty, now considerably increased, has been rigidly applied to all Hospital medicines and supplies, and we now face an additional expenditure of several hundred dollars each year for Customs dues unless something can be done to again secure the privilege which was for over sixty years granted to the Hospital.

The demands on the Hospital treasury are always greater than can be met. The medicines and supplies are distinctly for benificent work among the Chinese and not for sale. We can ill afford to meet this new burden of expense laid upon us. About the first of March we shall have arrive one of our principal orders for the year, amounting to nearly a thousand dollars in value.

On behalf of the Medical Missionary Society and its Managing Board of Directors with whom I have consulted in this matter, I appeal to you, earnestly requesting that you present this matter to the Inspector General, Sir Robert Hart, in Peking, and urge that the medicines and foreign supplies for this Hospital be admitted free of duty.

Sir Robert Hart knows of the work of this Hospital which is freely devoted to the relief and welfare of suffering Chin-

ese.

ese. At one time he contributed towards its support. We feel that if this matter is clearly laid before him, the privilege we ask may be granted. It is hardly necessary to add that if this privilege is granted it will be strictly guarded and in no way abused.

It is one constant struggle to keep up the income and support of this work, and it is with no little anxiety we face any new and added expenditure. The Imp. Maritime Customs authorities here admit the fairness of our request, but say that they can do nothing without orders from Peking.

In the earnest hope that you will give this matter your kind attention, I remain,

Very faithfully yours,

(Signed) John M. Swan, M.D.

五

敬復者奉到本月十二日
鈞函內開光緒二十八年正月初七日准美國康大臣
函稱據廣州領事文稱醫士關大夫係廣州城內美
國教會管理醫院之人該會由外洋運來用作善舉
之藥料一切函請免納進口稅項等因本總辦等查
該善會所運藥料如不夾帶別項貨物在內原可照

常免税惟應如何分别辦理俾免流弊之處應請酌
核函復等因奉此查此等善舉有兩項論法有人云
醫院買藥之資出自衆善士捐款其用藥之時皆係
施送是以不應納税亦有人云雖有捐款施送之情
而藥行即因之多售且各處開設醫院地方官必須
保護亦因之分用經費是以並無免税之理兩説均

有可取之義意然百姓之善舉國家應行扶助似乎
以不徵其税為正辦向來亦係歷免税項惟近定新
約將一切向來免税之物均定為值百抽五徵税若
允此次所請或恐有議約大臣出而詰問或因此案
開端以致羣相效尤均應預防此等與新約有關之
事似應由各國大臣會議辦法由領袖大臣知照

貴部為妥至如何可免流弊一層管理醫院者原非貿易中人夾帶他貨則可無慮且關差在旁亦可就近設法只須由該院員照章報關查驗可也專是佈復

順頌

升祺

名另具

光緒貳拾捌年正月拾肆日

六

逕啟者，茲有數位別國大臣，意以中國不應准醫院運來藥料一切進口免税，即如西上月十四日，本大臣所送關大夫函請免善舉藥料進口之税，既有數國大臣不以爲然，本大即不照前所請，免征此善舉進口之税矣，特此函達

貴王大臣查照可也。順頌

日祉。附送洋文。

名另具。正月二十六日

附件

F.C. No.

LEGATION OF THE UNITED STATES OF AMERICA,
PEKIN, CHINA.

March 5th. 1902.

Your Highness:-

I have the honor to inform Your Highness that some of my colleagues think that medical supplies, as asked for by Dr. Swan of Canton in a letter, the substance of which I communicated to your Board on Feb. 14th. should not be admitted free of duty.

I therefore refrain from making such request.

I avail myself of this occasion to renew to Your Highness the assurance of my highest consideration.

E. H. Conger

Envoy Extraordinary and
Minister Plenipotentiary of
the United States.

To His Highness, Prince of Ch'ing,
President of the Board of Foreign Affairs.

七

榷算司

呈爲咨行事。光緒二十八年二月初二日准羅大臣文稱，英館經費計可支用至明年三月杪止，將來交卸之後，所有應領歸裝川資爲數不貲，請電飭江海關道電滙庫平銀三萬兩以資應用等因。本部查上海道所收出使經費現在存款無多，應由美館收回款項内撥銀三萬兩轉交羅大臣收用，除電達外，相應咨行貴大臣查照，再上年收回美國還款存儲銀行生息，備撥各使館經費之用，應並由貴大臣開造四柱清册，咨送本部，以備查覈爲要。須至咨者。

出使伍大臣

光緒二十八年二月　日

八

敬啟者前泐美字第八十四號函諒邀
堂鑒十二月二十四日奉
軍機處来電咸電已進呈美外部交還美銀三十七萬六
千三百圓准留八萬元為興建駐美館之用其餘交外務
部聽候撥用樞皓等因二十一日奉
鈞署電開美廷交還款項具見公平允征盟誼感佩良深希即
向外務部致謝為要外務部艷等因當即親詣美外部致謝
並遵照將奉撥興建使館之美銀八萬元提出此外餘美銀二
十九萬六千三百元當交滙豐銀行滙兑北京驗收惟交還之款均
是美鈔若滙北京須合中國庫平紋銀方歸畫一該銀行謂由美

滙京祇能並公砝平核計若滙庫平難於申算廷芳因於漾電
陳請
鈞署示遵二十七日奉
來電漾電悉收款暫留美都銀行存儲生息備撥各使館經費
之用外務部宥等因祇聆之下足見
堂憲擘畫周詳不勝欽佩當即遵並辦理將前款美銀二十九
萬六千三百元存儲滙豐銀行列摺收存訂明並年息二厘
核算隨時可以提用統俟將來撥用完竣之日再行專款開
列細數報銷至興建使館事宜亦俟繪圖召匠核實估計另
函詳達

九

欽差出使美日秘國大臣伍　為

咨呈事。竊照上年收還美款，當經電達咨呈
貴部，在案。查此項美款叁拾柒萬陸千叁百圓，於光緒二十七年十二月二十
日承准
軍機處電開：咸電已進呈，美外部交還美款叁拾柒萬陸千叁百圓，
准留捌萬圓為興建駐美使館之用，其餘交外務部聽候撥用。樞皓等
因。二十一日承准
貴部電開：收款暫留美都銀行存儲生息，備撥各使館經費之用。務
部宥等因。各在案。當將此項美款除留捌萬圓興建使館外，尚存美
銀貳拾玖萬陸千叁百圓，遵照

電示存儲紐約匯豐銀行列摺收存訂明照年息貳釐核算隨時可以
取還嗣經陸續奉
貴部電飭匯撥均經隨時按照時價伸合庫平銀兩匯撥各處咨呈在
案計自光緒二十七年十二月十四日收還美款之日起至光緒二十八年八
月十六日止所有存款暨生息項下結存息銀業經全數支訖除興建
使館美銀捌萬圓俟工竣日另册造報外理合將收還美款收支數目開
列四柱清册詳細造報至迭次所支電費專為匯撥此項美款之用自應
歸入此項清册報銷以清款目而昭劃一合併聲明所有收還美款存儲
生息收支數目列册造報緣由相應備文咨呈
貴部謹請察照須至咨呈者　附呈清册一扣

右咨呈

外務部

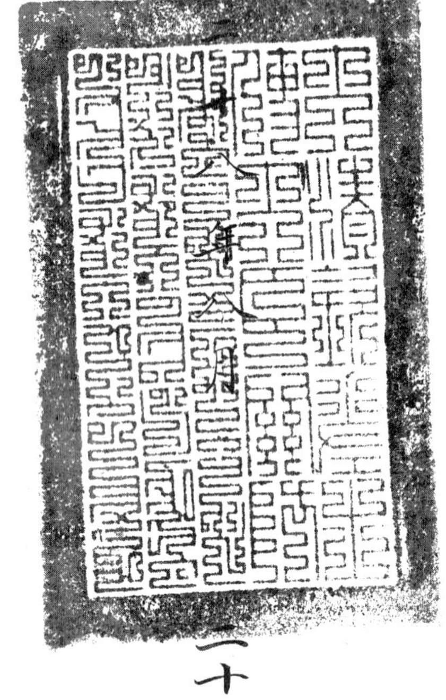

光緒二十八年八月二十日

咨署南洋大臣
兩廣總督
照會美領銜大臣莫非鴉合同在新約未定以前准於
劄復總税務司
六箇月限内值百抽五由

行　　行

署左侍郎那　十月　日

署右侍郎聯　十月　日

榷算司

咨行
照會
劄復
事光緒二十八年十月初一日據總税務司申稱新定税則莫非鴉每兩徵税三兩現據美德等國領事稱廣東上海等商多有已立合同應交莫非鴉若干係在未定商約以前未便抽收重税並經領銜大臣面向總税司言及此事查已立合同之貨亦有區別有係立合同後應交莫非鴉若干者有係立合同後於某月日限内交莫非鴉若干者未便含混擬以從前實立有合同者限三

日内赴關呈明挂號准自新則畫定之日起給限六箇月交清統

照舊則值百抽五逾限未交者即應每兩征銀三兩其限内不能

運到者設法將合同註銷請鑒核示覆等因應准照所擬辦理除

電飭粤滬等關照辦外相應照會
劄復總税務司查照轉飭遵辦可也須至劄者
咨行

貴領銜大臣查照轉達 各國大臣可也須至照會者

貴大臣
督查照轉飭遵照可也須至咨者

署南洋大臣

兩廣總督

美領銜大臣

右劄花翎頭品頂戴太子少保銜總税務司赫 准此

光緒二十八年十月 日

一一

欽差出使美日秘國大臣伍　為

咨呈事光緒二十八年八月初二日承准
貴部咨開本年六月十七日准户部咨稱准外務部咨出使美日秘國大臣伍咨
稱光緒二十五年八月承准總理衙門咨開户部咨飭將美日秘各署認繳昭
信股票庫平銀壹萬兩按照單開員名銀數自行填發實收分給收執將來
請獎到部核辦等因承准此經將發過實收員名列册咨呈總理衙門轉
咨户部備查在案查本大臣前報効昭信股票銀叁千兩本身無可請獎應
請移獎親子伍朝樞由監生報捐光禄寺署正例銀貳千捌百伍拾叁兩又駐美
二等參贊沈桐前認繳庫平銀捌百兩擬請移獎胞弟沈棻十成監生並雙月
候選縣丞駐秘二等參贊李經敘前認繳庫平銀壹千五百兩擬請移獎

親子李國洵十成監生並候選布政司理問嘉里約領事馮祖蔭前認繳庫
平銀貳百兩擬請移奬親子馮烺十成監生駐秘繙譯黎熺前認繳庫平銀
貳百兩擬請移奬親子黎宏業十成監生以上移奬均是親子胞弟籍貫三代
核與移奬之例相符核計所捐銀數與籌餉事例十成銀數均有盈無絀理
合開具履歷清單咨呈轉咨户部照單核發部照以憑轉發給領並請將
部飯照費核明若干示覆以便分別補繳再本大臣報効叁千兩之款並未
領到股票亦未領過實收前准户部文開壹萬兩總實收一張並未領到
無從呈繳經於光緒二十六年正月二十四日咨呈總理衙門在案至叁領各
員捐款前准部復由本大臣按照單開填發實收兹已逐名核驗與原捐之
數相符俟領到部照再將實收[illegible]等

因相應將清册一本咨送戶部[illegible]伍大
臣等因前來查光緒二十五年正月二十九日本部具奏京外文武各官報
効股票銀兩擬請按照例定十成監生銀數獎給實官翎枝等項並准移
獎子弟等因奏准通行遵照在案茲准外務部咨稱出使美日秘國伍
大臣等報効股票銀兩移獎子弟造具履歷清册咨部核辦前來本
部按照例章核算所有册開請獎捐生共計五名或應呈驗原捐執照股
票實收或應補交銀兩俟呈驗執照實收及補交銀兩到日再行核辦相應
開單咨呈外務部轉行該大臣等查照再查捐輸部飯照費銀兩凡請獎
實官銜封貢監等項應按每例銀百兩收部飯銀壹兩伍錢翎枝每正項銀
百兩收部飯銀叁兩每照一張收照費銀叁錢至股票請獎限期係扣至光緒

二十九年正月二十九日限滿應一併咨呈外務部轉行該大臣查照等因前來相應照鈔清單咨行查照核辦等因承准此當經札飭各員遵照辦理在案茲據捐生沈棻馮娘黎宏業三名呈繳股票實收補交銀兩計共實收三紙補繳欠銀及部飯照費等款共庫平銀貳拾柒兩陸錢伍分前來核與户部原咨粘鈔之數相符除伍朝樞一名俟赴部庫捐免保舉及補監銀兩再行請換執照李國洵一名實收自行赴京請換執照外所有沈棻等三名呈驗實收補繳銀兩理合備文咨呈

貴部轉咨

户部核辦須至咨呈者

附實收三紙　庫平銀單壹紙

右　咨　呈

外務部

光緒

日

一二

三月初四日

堂批 閱定

擬復美康使信

逕復者，昨准

函稱通接住檀香賀挪魯魯入美籍人電稱，該人執有中國電報局股分票一百二十張，每票值英洋二百五十元等因。查中國電報局早奉有另歸

官辦之

諭，應將此電函達查照等語。本部業已咨行督辦電報局大臣察核，相應函復

貴大臣查照可也。專此，順頌

時祉

堂銜

行

一三

逕啟者，適接住檀香賀椰魯魯入美籍人電稱，該人執有中國電報局股分票一百二十張，每票值英洋二百五十元等因。查中國電報局曾奉有買歸官辦之諭，相應將此電函達貴親王查照可也。特此，即頌爵祉。附洋文

名另具 三月初二日

康格

附件

F.O. No. 472

LEGATION OF THE UNITED STATES OF AMERICA,
PEKIN, CHINA.

March 30th. 1903.

Your Imperial Highness:- I have the honor to inform Your Imperial Highness that I am in receipt of a telegram from certain American citizens of Honolulu, H.I. saying that they own One Hundred and Twenty shares in the Chinese Telegraph Company and hold them to be worth $250.00 Mexican each.

I avail myself of the opportunity to renew to Your Imperial Highness the assurance of my highest consideration.

E H Conger

Envoy Extraordinary and
Minister Plenipotentiary of
the United States.

To His Imperial Highness, Prince of Ch'ing,
President of the Board of Foreign Affairs.

考工司

呈爲咨行事。光緒二十九年三月初二日准美康使函稱：適接住檀香賀挪魯魯入美籍人雷稱該人執有中國電報局股分票一百二十張，每票值英洋二百五十元等因。查中國電報局曾奉有買歸官辦之

諭。應將此電函達查照等語。相應咨行

貴大臣察核可也。須至咨者。

北洋大臣

光緒二十九年三月　日

一五

仁 三月十四日

欽加太子少保銜花翎頭品頂戴二等第一寶星總税務司赫德爲

申復事。奉到本年三月十一日

鈞劄内開：准美國康大臣照稱：准外部文稱，欽派本國人湛孫爲駐廈門副領事兼知事官，應請行知該地方官及税務司知悉等因。同日又奉

鈞劄：准德國葛署大臣照稱：駐上海總領事官克納貝

請假回國派博愛業署理又南京領事官請假回國
特派蓋薩特前往署理等因前來相應劄行轉飭各
該關税務司查照辦理等因奉此總税務司除劄飭
厦門江海金陵三關税務司查照向章辦理外理合
備文申復
貴部鑒查可也須至申呈者

右　申　呈

欽命全權大臣便宜行事總理外務部事務和碩慶親王

光緒貳拾玖年叁月拾肆日

一六

欽差大臣太子少保參預政務大臣督辦商務大臣電政大臣鐵路大臣兵部尚書都察院右都御史辦理北洋通商事宜直隸總督部堂袁　爲

咨復事。准

貴部咨開：光緒二十九年三月初二日准美康使函稱：適接任檀香賀

挪魯魯入美籍人電稱，該人執有中國電報局股分票一百二十張，每票

值英洋二百五十元等因。查中國電報局曾奉有買歸官辦之

諭，應將此電函達查照等語，相應咨行貴大臣察核等因，到本大臣。准此，查

電報續奉

諭旨，仍聽附入商股。此項電股如願歸官，應按照滬局訂定章程價值辦

理其仍願附股者亦聽除咨
會辦電政吴大臣暨行駐滬參贊楊道查照外相應咨復
貴部謹請查照施行須至咨呈者
右　咨　呈
外　務　部
光緒貳拾玖年十一月　陸　日

一七

咨北洋大臣滬局電報章程希飭抄送備案由

行

署右侍郎顧

三月廿一日

考工司

呈爲咨行事。前准美康使來函，援住檀香賀挪魯魯入美籍人電稱，執有中國電報局股票一事，昨准

貴大臣覆稱查電報續奉

諭旨，仍聽附入商股，此項電股如願歸官，應按照滬局訂定章程價值辦理，其仍願附股者亦聽等因。前來查滬局訂定章程價值未准咨部有案，

相應咨行

貴大臣飭將該局章程抄送本部爲要須至咨者

北洋大臣

光緒二十九年三月　日

一八

咨崇文門商税衙門美使函稱該國公理會瑞牧師運來家用食物等件在津領有税單崇文門不應重征請繳還原銀希查復由

行

署右侍郎顧（押） 三月廿九日

榷算司

呈爲咨行事光緒二十九年三月二十六日准美康使函稱美國公理會牧師瑞春熙函稟前數日有家用貨物食物等四十一包由本會甘牧師自津運京曾在津關納運往内地半税關平銀三十一兩八錢七分九厘領有税單二紙係免内地一切之税迨運至北京崇文門定欲納税銀三十七兩八錢一分方發與驗單如

此辦理實有悖約意請囑崇文門飭經管之員將所征瑞

牧師已納半税貨税銀三十七兩八錢一分如數繳還等因相

應咨行

貴衙門查核辦理仍聲復本部以便轉復該使可也須至

咨者

崇文門商税衙門

光緒二十九年三月　日

一九

榷算司

呈為咨行事案查美教會瑞牧師請繳還稅銀

一事本月初五日接准

來文當經函覆美康使去後頃復准該使函稱

詳查東洋約洋貨運往內地各款之第十一款內列

有日本臣民有欲將照章運入中國之貨物進售

內地倘願一次納稅以免各子口征收者則聽自便如係

完稅之貨則應照進口一半輸納如係免征之貨則按

值百兩征二兩五錢輸納時領取票據執持此票內

地各征一概豁免等語該牧師瑞春熙運京之貨在

津已納內地半稅領有票據按東洋約內之條內地

各征理應一併豁免該約內並未聲叙運京與運

往內地他處不同之語該稅務衙門於領有票據之貨復征落地稅實悖該約內所明列之意雖該衙門稱於進京有票據之貨歷經一律征收有案實亦不能以此辦法為所應行故必切請將瑞牧師不應復輸之稅即行繳還並嗣後凡領有票據之貨不得再行違約征收等因查京都征收落地稅前准咨覆凡各國商民運貨進京一律征收稅項歷經辦理有案惟各洋商所運貨物其已納內地半稅領有單據與未經完納內地半稅者如何分別征收未據聲敘明晰今美使援照日本約內第十一款所列各節斷斷爭辯於該牧師所納稅銀堅請繳還此事於稅課出入有關亟應詳慎辦理相應咨行

貴衙門將征收此項税課辦法及税則細數詳晰聲覆本部以便轉復該使可也須至咨者

崇文門税務衙門

光緒二十九年四月　日

二〇

欽差大臣太子少保兵部尚書都察院右都御史辦理北洋通商事宜直隸總督部堂袁　為

咨呈事。前准

貴部咨開：光緒二十九年三月初二日准美康使函稱：適接住檀香

賀椰魯魯入美籍人電稱：該人執有中國電報局股分票一百二十

張，每票值英洋二百五十元等因。查中國電報局曾奉有買歸官

辦之

諭，應將此電函達查照等語，相應咨行貴大臣察核等因。到本大臣。准

此，當經先行咨復暨咨請

會辦電政吴大臣察核兹准
吴大臣函稱自接辦電務以來商情悦服繳票領價者尚無一人
即香港各洋籍商人持有此項股票亦均情願附股毫無異議美
使所指美籍百二十股或即在港商之内等語並據滬總局籌議
辦法開具清摺前來查電報改歸官辦前經續奉
諭旨准商股照舊附入所有前項股票無論在何項商人之手如願領回股
本或仍照舊附股均應按照滬訂現行章程辦理相應照録清摺
咨呈

貴部謹請查核須至咨呈者

計照錄滬送清摺一分

右 咨 呈

外 務 部

光緒

拾肆 日

附件

謹將電報收歸官辦後與各総董籌議商股辦法章程開呈

憲鑒

一先經登明各報略謂電報收歸官辦一切仍照舊章凡各股商願附股者遵
旨仍准附股自三月初一接辦之日起至本年七月二十一届付息日止陸續隨帶股票揩到
局掛號即在原票揩上加蓋關防以昭信守等語

一登報後商情帖服此項股票市上買進賣出照常流通其有不願附股者
價儘可按市價自相售賣如必欲来局領取除前任二十一届派付官利並每
股加派公積附入萍鄉礦股十兩漢陽鉄廠股十两外原擬每股照票面給價
洋一百元嗣經仰体
憲台体恤商情之意每股加給一五成給還洋一百十五元以昭公允至各股商或在市
面自行售賣或向本局抽回股本悉聽自便

附錄登報稿

敬啟者本總董等現奉

吳欽憲面諭本大臣會同

袁宮保督辦電政凡各股商願附股者自應遵

旨仍准附股現定三月初一日接辦所有每屆官利公積及攤派額定報効一切悉照舊章辦理並諭各股商願附股者自接辦之日起至本屆七月派息時止陸續隨帶股票摺到上海電報總局掛號即在原股票股摺上加蓋關防以昭信守並奉

盛宮保面諭此次

吳大臣接辦凡各股商遵

旨附股一切既照舊章蒸蒸日上利息自必有盈無絀

朝廷体恤商情無微不至各股商自應一体遵照同沾利益電報總局總董謹啟

欽差大臣辦理南洋通商事務頭品頂戴兩江總督部堂[illegible]巴圖魯魏　為

咨復事光緒二十九年四月十二日准

貴外務部咨現准駐奧吴大臣駐美代辦沈參贊駐俄胡大臣駐比

楊大臣各電請撥經費前來本部已電飭江海關道撥吴大臣

經費壹萬兩撥沈參贊川裝銀貳萬兩撥胡大臣經費貳萬兩撥楊

大臣經費壹萬兩各在案相應咨行貴大臣查照並轉飭滬道遵照可也

等因到本大臣承准此查此案所撥

駐奧吴大臣俄胡大臣美沈參贊經費業據江海關道先後呈報遵電如數動撥分交號

商滙解均經咨明

貴外務部查照在案惟

駐比楊大臣經費現尚未據該關道呈報撥滙茲准前因除札江

海關照解報候另咨外相應咨復爲此咨呈

貴外務部謹請查照施行須至咨呈者

右　咨　呈

外　務　部

光緒貳拾

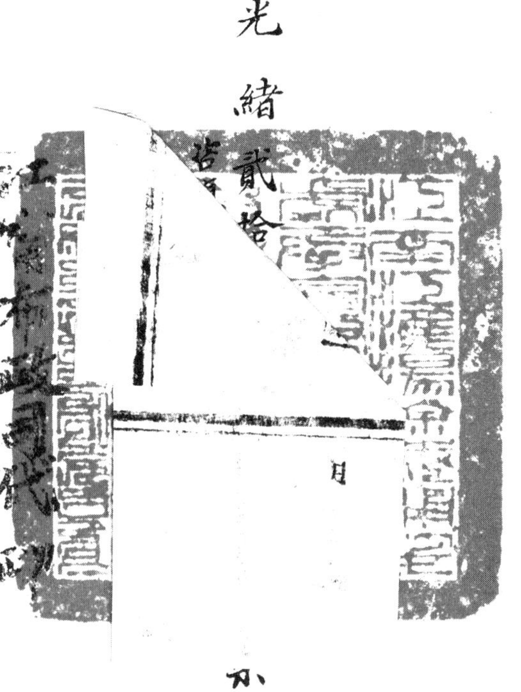

月

日

二二

逕啟者、前數日偕美國花旗銀行副總辦、及在滬分行總辦、同赴
貴部、曾面請
貴部允派紐約總銀行、為
貴國政府在美國收支銀款事務經理之人、當經
貴部大臣、請將此事備函聲敘明晰、本大臣已允回館即便照
辦、因此事係與中美兩為有益、是以請

貴親王將此在美收支銀款之事，即定爲由該總銀行經理，
並囑駐華盛頓中國出使大臣將
貴政府已派鈕約總銀行，爲經理中國在美收支銀款事務
之人，轉行知照，兹另將馬金泰腓倫所備洋函附送，該函
係將派其經理銀款之故，已經詳細聲明，即望
貴親王查照見復是荷，特布，即頌
爵祺，附洋文並洋件
名另具 五月初三日

附件一

F. O. No. 501.

LEGATION OF THE UNITED STATES OF AMERICA,
PEKIN, CHINA.

May 29th, 1903.

Your Highness:

Referring to the recent interview at the Wai Wu Pu with the Officers of the International Banking Corporation, and their personal request that their institution in New York might be selected as the financial agent of China in the United States, I have now the honor to prefer the request in writing, as I promised to do, and I therefore, in the mutual interest of China and the United States, ask that they may be properly notified, through the Chinese Minister in Washington, that the appointment has, in fact, been made.

I enclose a copy of a letter from Messrs. Macintyre and Fearon, which more fully sets forth most excellent reasons for their request.

Confidently awaiting your favorable reply, I improve the occasion to assure Your Highness of my highest consideration.

E. H. Conger

Envoy Extraordinary and
Minister Plenipotentiary
of the United States.

His Highness, Prince of Ch'ing,
President of the Board of Foreign Affairs.

附件二

Enclosure No. In Despatch No.

Messrs. Macintyre and Fearon to Mr. Conger.

********* ******

Peking, China, May 27th, 1903.

His Excellency,

Mr. E. H. Conger,

United States Minister,

Peking, China.

Sir:

Before leaving Peking we wish to thank you most heartily, both individually, for your exceeding kindness, hospitality, and courtesy to us, and officially for the great service which you have rendered to the International Banking Corporation in furthering the object of the mission which brought us to the Capital.

More especially do we desire to place upon record our thankfulness for having arranged a reception by the Wai Wu Pu, and for the assistance which you there afforded us in preferring our request to the Chinese Authorities that the International Banking Corporation should be appointed Bankers and Financial Agents of the Chinese Government in the United States of America.

Presuming upon your kindness, we respectfully venture to request that you will do us the favor of placing before the Chinese Government, in writing, the request which we preferred verbally; and should the necessity arise we would very much appreciate it if you would, from time to time, do whatever you may deem to be necessary for bringing the Chinese Authorities to a satisfactory decision.

As you are aware the International Banking Corporation was organized last year for the purpose of affording, through American channels, banking facilities to the rapidly growing foreign commerce of the United States. For this very necessary purpose are associated on our Directorate some of the wealthiest, most influential, and most representative capitalists of America.

The

The capital and surplus of the Corporation are now ten million gold dollars, of which amount eight million gold dollars has been paid up, leaving two million gold dollars to be called as occasion may require.

In addition to the head office in New York, we have established branches at Sanfrancisco, Mexico, London, Singapore, Hongkong, Shanghai, and Yokohama, and within a very short time we expect to have branches in operation at Bombay and Calcutta, having secured premises and Managers for these additions to our offices.

As you are also aware we have been appointed by the United States Government their financial agents in respect to the collection of the United states' share of the Chinese indemnity. We are also fiscal agents to the United States Government in, and the Insular Government of, the Philippine Islands.

In this connection we may mention that our agent at Shanghai is also the delegate of the United States on the Commission of Bankers.

It seems to us that should the Chinese Government comply with our request to be appointed their bankers and fiscal agents in the United States, that a great deal may be affected in the way of facilitating the settlement of any financial questions arising between the two countries.

In the event of China requiring to issue further loans, it may well be that our institution and the powerful capitalists assotiated with us might be able to do so with advantage in New York. As we pointed out yesterday to the Ministers of the Wai Wu Pu, the New York Market is now a very important factor in international finance, and this importance, we consider, is likely to increase.

Time does not permit of our elaborating the argument, but we think that very little reflection is required to show the posibilities of the International Banking Corporation's usefulness to the Chinese Government in the United States.

At

-3-

At the interview we did not touch upon any matters of detail, and we think that this reserve could, for t h e present, with advantage be maintained, but if we can get the Chinese Government's assent to the general proposition that we should be appointed their bankers and financial Agents in the United States, then any matters of detail arising in connection with this representation could be settled from tim e to time as they arise to the satisfaction of all concerned.

Again th anking you,

We have the honor to be,

Sir,

Your obedient servants,

(sgd) W. A. Macintyre,

Assistant General Manager,

Intnl. Banking Corporation.

(signed) J. S. Fearon,

Shanghai Agent,

Intnl. Banking Corporation.

二三

逕啟者，茲有一提醒之事，想

貴親王亦記憶本年西正月間，

貴國備有文件，囑中國出使美國大臣轉送美政府，請襄助現行銀幣之中國等，如何設法將銀幣定一和平市價，不致低昂無定，以免常生有不測之變價。茲接准本國外部來文，

囑轉達

貴國政府，美國現已簡派漢納、柯南、底簡克司三位大臣，

爲

伯理璽天德於西本年三月初三日簽押國會所議定例

之妥辦大臣、例內云、議政會議允

伯理璽天德、有按其於中國文內所請以為然者、允給襄助辦

理之權、並囑將所抄發給三大臣詳細命令權限敕書、轉

為函送等因、相應將該件洋文、特函附送、即希

貴親王檢收查閱、是荷、順頌

爵祺、附送洋文並洋文抄件

名另具 五月二十四日

附件一

F.O. No.514.

LEGATION OF THE UNITED STATES OF AMERICA,
PEKIN, CHINA.

June 18th. 1903.

Your Imperial Highness:-

I have the honor to recall to Your Imperial Highness' memory that in January of this year your Government sent to that of the United States through the Chinese Minister at Washington a note asking the coöperation of the United States in seeking a remedy for the evils growing out of the great fluctuations in the relative values of gold and silver. I have the honor to inform Your Imperial Highness that I am now in receipt of instructions from the Department of State at Washington, directing me to acquaint the Chinese Government with the fact that Messrs. Hugh H. Hanna, Charles A. Conant, and Jeremiah W. Jenks have been appointed by my Government a Commission to carry out the wishes of Congress with regard to this matter, as expressed in an Act approved March 3d. 1903, which provided that the Executive be given sufficient powers to lend the support of the United States in such manner and to such degree as he may deem expedient to the purposes set forth in the note of the Chinese Government.

I am also directed by the Department of State to transmit to Your Highness a copy of the instructions issued by my Government to the Commissioners above-named.

I avail myself of the opportunity to renew to Your Imperial

Highness

2

(F.O. No.)

Highness the assurance of my highest consideration.

E. H. Conger

Envoy Extraordinary and

Minister Plenipotentiary

of the United States.

To His Imperial Highness, Prince of Ch'ing,

President of the Board of Foreign Affairs.

附件二

COPY.

Department of State, Washington, April 21, 1903.

Gentlemen:

In carrying out the wishes of Congress, expressed in the act of March 3, 1903, which provided, in accordance with the recommendation of the President in concurrence with the notes of the Mexican and Chinese Governments, "That the Executive be given sufficient powers to lend the support of the United States, in such manner and to such degree as he may deem expedient," to the purposes set forth by these countries, you are instructed as follows:

The ever fluctuating rates of exchange between silver standard countries and gold standard countries is universally recognized to be a heavy tax upon international commerce. The marked benefits to all countries that would follow the establishment of stability in these rates is universally acknowledged.

The Mexican Government has asked the co-operation of the United States in an effort to ameliorate as far as possible these conditions. Your appointment is made in recognition of the desirability of accomplishing the end referred to, and to give evidence that the United States Government is anxious to co-operate with all silver standard countries, and with European powers to that end. In appointing this Commission, however, the United States does not commit itself to any particular plan or method. Neither the Executive nor the Legislative Department has sufficiently considered the many complicated questions involved to determine either definite recommendations or the acceptance of any plan.

You are, therefore, directed to confer with the Executive Departments of Mexico and China, and also with England, Germany, France, Russia, and such other European countries as time and opportunity will permit, for the purpose of formulating, if possible, some wise and feasible policy.

You are not authorized to suggest any specific changes in the currency systems of the gold standard countries, nor to suggest that any change whatever will be made in the present monetary standard of the United States.

China, the greatest of the silver standard countries, is at the present time suffering especially because of the depreciation in the price of silver bullion. A stable currency would be greatly to her advantage, and greatly to the advantage of the powers to whom this indemnity is due. You are to assure the Imperial Government that the United States will give its hearty moral support to any reasonable plan which may be agreed upon, to the extent of using its good offices in presenting such plans to the other powers interested, and to bankers and financiers whose aid may be desired in carrying them out. You are not, however, authorized to encourage in any way a belief that any financial support of any nature whatever will be given by the Government of the United States in aid of such plan.

After thus conferring with the countries indicated, you will make report, embodying such information as you may be able to gather, such assurances of co-operation as may be made by other countries, and such policies as may be recommended by the several Governments, together with your own recommendations as to the course the United States ought to pursue.

Very respectfully,

(Signed) John Hay.

Hugh H. Hanna, Esquire,
Charles A. Conant, Esquire,
Jeremiah W. Jenks, Esquire.

二四

片

户部為片呈事，現據美康使函詢光緒二十八年進出各口金銀各若干，其金條、金元、銀寶、銀元進出各口各數目，及由某國運來，與運往某國，均請詳復，前來查美康使所詢各節，本部均無案據，相應片呈貴部，即將前項各節轉詢總税

務司詳細片覆本部以憑查覆
可也須至片呈者
右片呈
外務部
光緒貳拾玖年陸月 初肆 日
員外郎瑞 璽

二五

欽差辦理商約事務大臣太子少保前工部左堂盛 工部大堂呂 外務部右丞堂伍 為咨呈事據隨辦商約事務賀

稅務司璧理戴稅務司樂爾申稱竊查當上年與諸國會商稅則之時法國

大臣即法總領事官亦在會議之列待經商定法國大臣突云接奉該國訓

條須將新定稅則呈送該國查核如果實係公平始行允准畫押以致未得

與各他國同時畫押嗣因已逾數月之久未准提及迨至貴大臣照請催辦

始於本年二月三十日接准法國大臣將遵照本國訓條所擬修改稅則節

畧函送前來當經稅務司等繕具節畧將其所擬改輕之稅數一一詳細辯

駁並送次面議延至三月二十八日法國大臣方允將前後會商各節呈請

該國政府察核電遵嗣後又將三月未見文函故請電催始於本月初七日

將訓條函送前來惟仍有不甚明晰之處故於初九日復行會商始行議結除將

此次會議詳細情形另備清摺附呈鈞鑒外茲將法國請改稅則之各物列後

一第十四糖酒菓食物類內載罐頭食肉之各類舌頭照則未改

一第四雜貨類內載之亞洲焦炭照則未改

一第一油蠟礬磺類內載之橄欖油照則未改

一第十四糖酒菓食物類內載之假奶油新則定稅每百斤一兩四錢現擬改定

假奶油凡裝罐裝瓶者每百斤納稅一兩四錢裝木桶者每值百兩納稅五兩

一第六顏料膠漆紙劄類內載之磨過印字紙新則定稅每百斤七錢未磨印字紙每百斤三錢寫字紙每百斤一兩二錢現擬改無論磨過未磨過印字紙及寫字紙一併每值百兩抽稅五兩

一第十二綢緞絲絨類內載之欄杆緶帶新則定稅每斤五錢五分現擬改為每值

百兩納税五兩又載綢緞無織花者新則定税每斤三錢二分五釐有織花者每斤七錢絲兼雜質綢無織花者每斤二錢五分有織花者每斤五錢現擬改爲不論有無織花之綢緞並有無織花之絲兼雜質之綢一併每值百兩納税五兩現在所擬改定新則之處是否妥協應請貴大臣酌核如以爲然即希照請已經畫押之英美德日本四國大臣准照迅速允准以便訂期與法國大臣眼同簽押以了其事緣該四國當議定新則時曾經聲明此後如有更改之處應先詢明願否此次法國既有更改自應照辦以省將來之唇舌等情據此本大臣等查法國請改税則之各物仍是按照和議大綱辦法請改爲每值百兩納税五兩尚屬可行惟前准英美德日本四國税則大臣照會聲明因

有數國尚未派大臣簽字所有新訂税則章程將來如有改動之處或有他
國更易必先知照本專員等各政府允行後方可以作准等因在案除照會
美德日本各國專員外至英國原議税則馬大臣業已回國相應咨呈
貴部謹請查照迅賜照會英國駐京大臣查照允准以便訂期與法國大臣
簽押可也須至咨呈者

計附呈漢洋文清單兩紙請以一紙備案一紙照送英使

右　咨　呈

外　務　部

二六

咨外務部

再，本年廣西左江一帶饑饉為災，兵荒
相繼，情形甚迫。經粵省會同廣東振捐局特派
員局委蕭協濟道廣勸紳商購辦米糧
運往賑濟，並經在樓駐廣州美國領事
照，西法支那函稱以憫念饑民倡集銀米
十八萬斤，匯赴被災各屬分別散放。茲據
告：本年因由紐約商會捐銀五千金圓匯粵
以助賑需。似此聯域之分，勇於為善，揆之救
災卹鄰之誼，誠有足多。查該總領事素
不憚勞，力倡協維和衷，往來贊助，陶模
貴給三等第一雙龍寶星，此次集款助賑，俾益
災區，允堪嘉尚，合無仰懇
恩施，俯准將廣州口美國總領事照加
賞換二等第三雙龍寶星，以昭觀感。除咨外務
部外，理合附片具陳，伏乞
聖鑒訓示。謹
奏。
光緒二十九年五月十六日奉
硃批：著照所請，外務部知道。欽此。

二七

慶親王鈞鑒敬啟者現將中國於辦理滿洲一事毫無善策且為勢所迫
不得不聽俄人在彼任意妄為又不得不哄瞞日本一也伏思太平洋
將成全球之要區誠為指顧間事現在日本業已改良中國亦宜
早圖振作倘能廣開礦產商務即可盛興此皆在
貴親王運籌之中者也如中國商務日興則今日之來華求利者即必
將大失所望行見外洋貨物無用於中國其中國所製造者
反得環徧天下然欲圖振作必先籌款款足方克有為僕具
有籌辦股票善策倘蒙不棄必將敬謹上陳若按僕策辦
理則不增民間之賦稅中國之國債即可償清西國人民
亦必樂購此種股票此誠理財之善策也如僕得蒙
錄用則必能贊襄一切使中國成天下最強之國否則中
國每有所需必須息借洋款深恐日後外國借此瓜
分中國僕之所以為此言者因見近來俄日之強逼中國
而中國政府竟無策以禦之也專肅敬請
鈞安

愛瓦魯德謹啟

由舊金山寄

附件

ED. EWALD, 1251-10th AVE
Sunset District, San Francisco, Cal

Prince Ching;

Dear Sir:

China is in a helpless condition. It has to humiliate itself by allowing Russia to do as it pleases in Manchuria, and has to deceive Japan regarding the matter — Wake up! In the near future the Pacific Ocean will play a dominating part in the world. The torpidity of China ought to soon give place to an awakening similar to that witnessed in Japan. The enormous resources of the Chinese Empire will then be developed and the result will be an expanding trade. Just what effect the development will have on the rest of the world is problematical. It lays with you. It may upset the calculations of those who have reckoned on exploiting the Chinese. It is not impossible that they may develop capacities we do not dream of at present if only shown the way, and, instead of receiving manufactured goods from us, they may attain a position which will enable them to invade our markets. But whatever happens, trade is certain to expand, and it will strain extraordinary dimensions if the existing low standard of living in China, under the influence of a prosperity which may be promoted by the opening of its rich mines of coal and iron, is raised to something like a parity ~~[illegible]~~ with that of the workers of the Western World. To make you and China inde ~~Very respectfully~~, pendent, and bring all this about you must have money — Send for me and I will show you a bond scheme — which will ~~(Incert Name of Petitioner)~~ give you the means, and pay of the Chinese national debt besides, without taxing ~~(Mail Address)~~ the people of China — but make all the Nations of the World buy the bonds and pay for their redemption — Through me you can make China a the most ~~HAYDEN PRINTING CO. 417 MONTGOMERY ST., S. F.~~ powerful empire in the world — without me the wants of the Chinese millions will be supplied by other Nations — who will finally divide the Chinese Empire among them, because China's government has not the means to withstand the ever growing internal complications, nor the onslaughts of Russia and Japan — Very Respectfully

Ed. Ewald

敬復者，奉到本月二十九日

鈞函，以准署兩廣總督電稱，美商雇用民船由梧州運柴往三水，據梧關阿税司電請飭沿途關廠免納税釐。查粤東本無柴釐，今美商出名攬運，圖免黄江廠税，此端一開，每年鉅萬餉源無着，聞阿税司擬具章釐等語，前來本部。查通商章程第二款内載柴薪進出通商各口准其免税，又上年續改通商進口税則

柴百斤徵銀壹分此項稅則既經彼此畫押自應照
行今署粤督電稱美商由梧州運柴往三水請免黄
江廠稅一節梧關阿稅司已否申呈即希酌核示復
以憑核辦等因奉此總稅務司查此事尚未據梧關
稅司呈報有案一俟該稅司申呈前來再爲達復理
合先行函復
貴部鑒查可也專是佈泐順頌
升祺
名另具 光緒貳拾玖年陸月叁拾日

二九

敬復者，前奉六月初七日

鈞函，以轉准美國康大臣詢問光緒二十八年分金銀

進出各口來往某國各數目

函飭轉行查明聲復等因。奉此，彼時因思正值各口貿

易册送往上海刷印之際，隨飭造册處稅務司逐款

查復去後。兹據該稅務司將往來外洋進出中國數

口金銀各數目列具二單送呈前來查此單内所列

不過係據各商在各該關報明之數合即備函附呈

查入以便轉復康大臣可也耑是佈復順頌

日祉

附單二分

名另具光緒貳拾玖年柒月初貳日

頭品頂戴兵部尚書署理兩廣總督岑　爲

咨呈事案照美商華豐洋行雇用民船販運柴薪經過沿途

關廠概免税厘流弊滋多餉源無着於税厘大局有碍前

經電請

貴部飭下赫德税務司力持駁阻以維大局在案茲據黄

江税廠委員沈令毓岱禀稱伏查卑廠於光緒十二年五

月經前督憲張

奏准改章試辦委員駐廠稽征有閏之年額征正税壹拾貳

萬兩有奇溯自西省梧州開爲通商口岸西江商輪絡繹

不絶舉凡牛皮沙紙青蔴草蓆茶靛等項概用三聯

照由輪船裝運所經税釐各廠鼓輪逕過並不報驗納
税實於税項大有妨礙雖經各前委員力圖補救酌量
減成征收亦僅能挽回萬一而近年卑廠征收復有起色
年長一年者揆厥由來蓋因東省百物騰貴柴竹木三項尤
為民間切要之需較諸他貨其價更增商人趨利如蟻附羶
恐後争先源源販運卑廠征税原以柴為大宗竹木次之就柴
一項而論每年約收銀陸柒萬兩不等加以叁陸平餘核計已
在拾萬兩以外故卑職接辦後於柴之一項尤為加意既飭
司巡人等認真查驗不任少有弊混又不敢稍事苛刻致
使商販不前兩月以來仰託憲台福庇比較上年征收數目

尚屬有長此卑廠征收之實在情形也月之初八日接到省
信法領事官因東莞王林兩姓之案謪約卑職來省商榷初
九日到省與法領事晤商後正欲遵批前赴東莞會訊林麗
生一案詎十三日接到卑廠來函據稱十一日有美商華豐洋
行雇用泗利民船一隻裝柴過廠繳驗税司執照一紙封口税
单一件正欲詰問而該船户不苔而行趾高氣揚羣商側目司
巡往詢該船已起椗駕回上遊追及詢據聲稱因避風雨且候
同封帋福利一船追至福利到後因無一照繳驗且未来廠報
知初亦疑其避風也及至十二日有美國人喀爾理來詢何以
不將柴船放行苔以泗利船户繳驗税司執照一紙封口税单

一件甫向詰問該船户不語遽行駕船轉回避風福利一船既無一照繳驗且未来廠報知似此未便放行喀爾理云兩船均有洋旂豈不足憑耶荅以西江民船運貨往往假冒洋商混用洋旂希圖瞞漏者不一而足若有洋旂即便放行又何以分別洋商華商之真偽喀爾理詞窮而去應否扣留抑即放行祈即電示遵行等情據此卑職竊思洋商以民船販運柴薪事属創始西江通商章程又未奉行有案事關交涉頗費躊躇旋即稟謁藩司備陳顛末奉諭即與洋務委員查照定章辦理遵即往晤高令望叅僉謂西江通商章程准由洋商僱用民船裝運貨物往來通商

口岸貿易但以有船鈔執照税司執照并封口税单為憑該
泗利福利兩船前經都城釐厰亦已放行自以放行為是
等語即於十三亥刻電知卑厰放行卑職復恐别有糾葛
亦即返厰料理詢悉電到之後曾屢催其繳驗照據即可
放行無如該船户有恃無恐置若罔聞直至十六黎明復
經卑職飭派司巡前往該船告以既不繳驗照據縱由領事
官照會前來定章具在亦不能不驗照據而可放行也諄
諄開導始據檢齊照據先後繳驗驗訖立即放行並無留
難阻滯此美國柴船過厰之實在情形也伏思卑厰征税
既以柴竹木三項為大宗若照新定西江通商章程准由洋

商雇用民船裝運貨物往來通商口岸貿易，卑廠之稅項
無著，比較難敷，固不待言。然其弊尤有大於此者，不敢不敬為
我憲台陳之。夫柴薪為民間日用必需之物，海關稅則本無
柴稅，經詢稅司馬士，始知於去年七月新定稅則甫行補入。目
下柴價之昂，每銀壹元所購不過壹百餘觔，窮民已不勝
其苦。若再准由洋商販運，如三水、廣州兩處皆為通商口岸，
設或乘機販運，屯積居奇，勢必柴價日高，稅項日絀。喀爾
理與肇陽羅李道面言，已在三水地方預備屯柴棧矣。似此
情形，上有碍於
國餉，下復感於民生。

外務部遠在京師外省情形未能深悉赫總稅司但求關稅有增盡彼責任亦不慮及稅釐所繫民生所關毅然定此新章未免諸多窒礙查洋商僱用民船自歸稅司辦理所經稅釐各廠祇能驗照放行西江上至梧州下達廣州迢迢數百里之遙沿途所經各府州縣以及村鄉市鎮不知凡幾章程雖有指定通商口岸之言誠恐非指定通商口岸亦難保商販船戶等於報稅司後不別滋弊端况領有照據之船稅釐各廠僅有驗照之權該船所裝何貨其貨若干稅單係屬洋文且又封口無由知悉究竟此照是否此船亦無從而辨且船有大小之分貨有多寡之別同行船戶彼此靡不熟識譬如甲船

小而貨少領有照據乙船大而貨多未領照據到廠之時甲乙兩船互換報驗稅項出入爲數不資過廠之後交還照據各歸各船比抵洋關其領有照據之船稅司但知驗其船照是否相符又烏能知其影射之弊其未領照據之船向章不由稅司查驗早已揚䭾而去矣現在創行伊始或不致公然敢爲日久弊生在所不免况乎船户奸商工於取巧更有思想所不及者若不亟圖挽救其弊何可勝言查新章聲明試辦一年若無窒礙定爲永遠遵行目前流弊滋多未敢安於緘默可否仰懇憲台咨商

外務部與赫總稅司竭力商議刪去洋商僱用民船裝運貨物一條實於稅釐兩項均有裨益即編户窮民亦食無窮之

惠卑職係為稅務民生起見用敢不揣冒昧特進狂瞽之言是否有當伏乞批示祇遵等由到本部堂據此查柴薪一項為民間日用必需之物與别項土貨不同向無洋商採運從前通商稅則均未載列前有德美兩國洋商請單採運均經各前部堂以有礙民間生計核駁並咨請

粤海關監督禁止有案自上年補入新添稅則以致洋商紛紛出頭販運黄江廠歲征額稅十餘萬專以柴為大宗苟不設法禁阻不特致有此次美商雇用民船裝運每年巨萬偷漏驟歸無着且恐他貨紛掛洋旂於稅厘大局尤多關礙據禀前情相應咨呈為此合咨

貴部謹請察照仍飭下赫總稅務司力持駁阻以維大

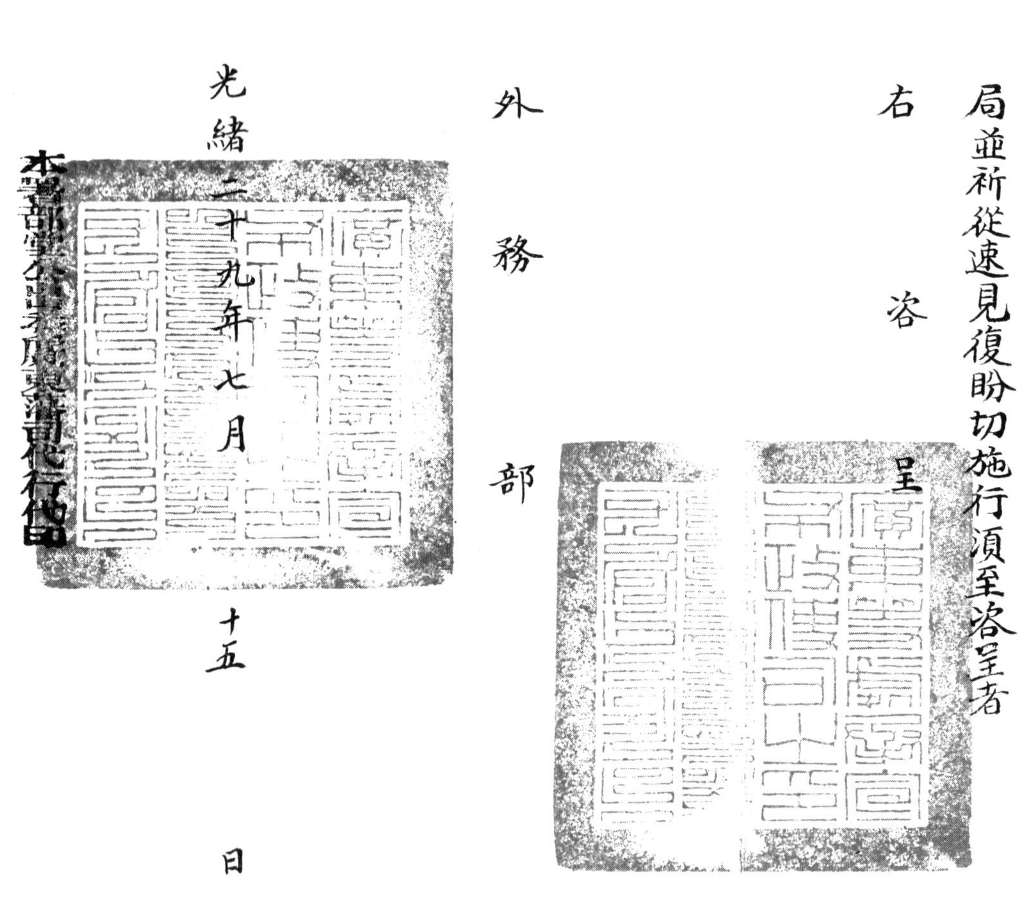

局並祈從速見復盼切施行須至咨呈者

右　咨　呈

外務部

光緒二十九年七月十五日

三一

敬復者美商運柴由梧州往三水一案奉到六月二十九日

鈞函以准署兩廣總督電稱美商雇用民船由梧州運柴往三水據梧關阿税司電請飭沿途關廠免納税釐查柴薪爲民間日用所需與他項土貨不同按通商章程第二款雖有柴薪一項然衹能洋商自用不應販運前有德美兩國商人請運迭經前督以有碍民間生計核駁粤東本無柴釐今美商出名攬運圖

免黄江廠税此端一開每年鉅萬餉源無著聞阿税司擬具章程申呈總税司核定請貴部飭總税司駁阻以保税釐等語前來本部查通商章程第二款内載柴薪進出通商各口准其免税又上年續改通商進口税則柴每百斤徵銀壹分此項税則既經彼此畫押自應照行今署粤督電稱美商由梧州運柴往三水請免黄江廠税一節梧關阿税司已否申呈尊處即希酌核示復以憑核辦等因奉此查此案梧關

阿稅務司已有申文請示前來現擬復以新約第六款内載所有向例免稅各貨均應列入切實值百抽
其照辦矣現奉前因理合函復
鑒查可也專此順頌
升祺
名另具 光緒貳拾玖年捌月初貳日

三二

欽加太子少保銜花翎頭品頂戴二等第一寶星總稅務司赫德爲

申呈事竊據粵海關稅務司詳稱准本埠英美紙煙

公司代理人稟稱本公司現擬於紙煙匣内藏有小

彩票如購煙人開看内有此票可向本公司兑取現

洋係爲暢銷貨物起見是否有違海關定章請酌核

示遵等因前來本稅務司當經復以各項彩票向干

例禁然所請不過令吸煙人有所希冀藉可暢銷貨

物如果彩不加增亦不致跡近賭博自可不必過問

等語去訖合特據情詳呈前來總稅務司接據前因

理合備文申請

貴部鑒查可也須至申呈者

右　　申　　呈

欽命全權大臣便宜行事軍機大臣總理外務部事務和碩慶親王

光緒貳拾玖年拾壹月拾叁日

三三

逕啟者，昨閱户部片奏内有出使大臣胡惟德條奏整頓
幣制，添鑄金幣等語。
康大臣因係與現所會商之事相關，急欲閱其原奏，奈
無處可尋，是以特請
閣下代爲分心尋抄一分送館，容當晤謝。泐此奉懇，即頌
升祺。
名正具 二月初一日

三四

王爺
大人鈞鑒敬肅者前接北洋來電傳述
尊諭以美國會議銀價精大臣所經各處務須
妥為接待等因當即遵照辦理並經電覆在
案嗣於正月二十九日精大臣同參贊斗倫
行抵汴城在省盤桓四日一切從優接待彼
此談論甚為浹洽二月初四日精大臣及隨
從人等啟程赴鄂由敝處派弁妥為護送至
許州火車站接替昨接渠漢口來電已安抵

鄂省兵知關

廑注特以奉聞所有連日督同司道與精大臣

酬論各節用特繕具簡明問荅送呈

尊處以備

考覈敬祈

詧覽爲荷專肅祗請

鈞安伏惟

垂鑒

河南巡撫陳夔龍謹肅

附件

謹將會晤美國大臣精琪問答紀錄如左光緒三十年二月初一初二等日

精琪問云中國維持圜法欲使其必有成效必須於京師設一處所總司其事并統管各鑄幣局否

答云户部擬定在天津設一鑄幣總局即係京師總局以供各省所用之錢幣一經出幣之後外省各局自當停止

精琪問云此總局擬照部署設數位官員以職其事乎抑應用一專門人總司其事如現在之總税務司乎

答云自應用一專門人總司其事較為相宜惟此人應歸户部節制遇有重要事件仍須禀商户部

精琪問云各省應由總局派員辦理抑應由各省大憲承辦

答云按理各省應由總局派員辦理惟開辦之初恐難全顧應由各省大吏暫行承辦惟須遵照總局章程

精琪問云創行新幣須立一官銀行否

答云創行新幣須有官銀行為國家代表以操此行用新幣之權俾得流行無滯

精琪問云假如中國欲設立此等銀行須成本若干

答云設立此項官銀行股本一千萬兩足矣

精琪問云須給此銀行以出票之專權否

答云必須予以出票之專權方可得行票之利

精琪問云此銀行當為國家辦何等事

答云應由此行經理償還國債賠款事宜

精琪問云由國家出本抑由商家出本辦理

答云應由國家出本開辦准商人入股惟須有一定限制
精琪問云准外國人入股否
答云外國人入股恐有碍
精琪問云中國有人能自已辦理此官銀行不用外國人相助否
答云亦可請外國人帮助辦理
精琪問云如僱用外國人辦理此銀行該銀行應以何等權限信託此人
答云可付管理銀行分内應有之權銀行既肯付託此人則外人自必信此銀行矣
精琪問云中國維持圜法如須借債開辦可籌辦何項捐稅指抵
答云如須借債開辦儲金之法應付之息除以本項存儲外國銀行生出應得之息相抵外或以海關餘款補之
精琪問云願聞豫省稅項度支詳細
答云豫省進款年約四百萬兩出款約四百五十萬兩故每年尚虧五十萬兩
精琪問云豫省行用泉幣必須若干方可週轉
答云豫省行用錢幣五百萬兩可以週轉
精云聞貴省丁漕一事有地丁錢漕之分其數目若干
答以本省丁漕年約二百餘萬較他省為多
精云其抽法若何
答云不過十分之一耳中國地丁向來甚輕
精云如以印度地丁而論幾至十分抽五然此在未為英

國所屬時現在必不若是之多矣貴省烟酒各税已
否辦理可得若干
答云此地之烟乃葉子烟類與外國情形不同外國係
制成烟捲可遍銷各國成本既重收税較多中國僅
以烟袋吸之散爲烟末積成一堆多不方便故獲利
少而種者亦希極力稽征所得亦有限也至於外國

各種酒皆以果子釀成酒亦不如外國品類之多中國
只黄酒白酒二種皆用米粱做成且做酒多則米粱必
形缺少尚恐有妨民食外國用酒富人居多然如紅
酒皮酒下等人飲者亦衆中國人吃酒者亦不多豫
省現在初辦尚難預定數目問以外國酒税如何收法
精云在外國辦法造酒之家裝以小桶此桶上貼以印

花税紙倘如不貼希圖混漏國家罰款甚重及賣酒之
家如各酒店各鋪家銷賣亦須納税
答以此即所謂出産銷場兩税之意也精唯唯又問鴉片
一項其抽税之法若何
答云此分生熟二貨有土捐有膏捐土即各行所銷膏
即各處烟館零售

精云均歸商人自辦不由官派總理乎
答云運銷歸商自辦由官稽查抽税在各國水路居多
扼要稽查自易防範中國陸地爲多頭頭是道稽查
稍鬆即慮偷漏
精云烟館出售之膏可以知乎
答云可以知之因其在城關集鎮爲多容易查考

精云在印度辦法乃歸國家總理商人辦貨均在國家總理處購買其稅更難偷漏

精又云以上所言各節事涉籌欵與創立新幣之法均有關繫故欲得知假如欲借洋債必須知中國之進款也

答云亦甚願與貴大臣詳談

精云創行新幣立官銀行一節總理人借用外人亦是一種難事因中國有許多人必不願意但如請外人辦理此事須此人本非官員與外國國政不必有干涉之事

答云中國辦理此事自以中人爲宜但現在中國人有不能辦者勢不能不借材異地似須有一學堂隨之將來可以自辦

精云此是自然須有中人學習大約須二十五年方可學成中國如用此銀行之總理人更須令此人有辦事之權知中國長用其才不致一二年更换不然彼必不能安心辦事

答以這是自然既用此人自應令其心安然此指其人一面而言若中國用此人果有何可令國家相信而能授以長久辦之事權

精云須有切實保舉必須能受國家調度方可

精又云再將官銀行事一談中國如欲設立官銀行可出股分一小半外國股分一大半總經理人歸衆股東公舉必如此外人方能信此銀行將來中國欲將外國各股買回仍可買回但必須全數買回

問以買回仍照原價否

精云或須加一成精又云德荷兩國銀行章程以六分為應得之利若再有盈餘則一半歸國家一半歸商股匀分

問以欵項最為緊要不知立此銀行欵易籌措否

精云中國如能籌有小半其餘大半亦可容易籌集此事外國均能見信但不知中國官民能接洽否

答云國家如有權力駕馭總辦及司泉等人方可信任

精云總辦司泉等有其權辦事然自不能在政府之上政府必有一人總攝之且可派之亦可辭之但中國如何可令司泉放心當差不致辭退請問何法

答以中國請其辦事視其能力必須給足其權但渠亦應使中國如何可以見信

精云如中國鐵路雖係中國借外國之欵而專權仍係外人然此銀行之設決不與彼相同蓋銀行所用之人與外國政府無干也若論此人如何能使中國見信渠必須有壓欵自然可信

答以照外國通例譬如經手銀錢之人擔一萬兩銀之保渠之權亦只做到一萬兩為止

精云外國大抵皆然即如我在美國亦有押欵也精云如有工夫願將呂宋圜法一談何如

答以甚願聽之

精云呂宋有戶部大臣一人又有司庫專掌一切出納此為總庫下至一縣一鄉皆各有一司庫入手之初先鑄一百萬元交總司庫分於縣鄉掌管收換各項又

定一律民間交錢糧等項須用新幣如無新幣者可
庫處可以换給惟此項新幣須將價稍抬高些以便
收買舊日票幣不久即一律盡是新幣呂宋惟京城
有各國銀行此各國銀行亦均可换新幣此外又有
維持金價章程四條第一即國家宜鑄新幣須有一
定限制數目第二即收錢糧等項永照金價不改價值

第三即定一律條款均須通行如甲欠乙之債無論還金
還銀均是一樣第四即存金在外國如人欲還外國之帳
國家可給滙票其買滙票之法先由司泉官發單與司
庫給票而至該國滙費亦須扣去以舊幣换新幣須
給些少利益
答云新幣價少大則人皆欲换矣

精云呂宋辦法閲一二月叅改一次價值以防過不及之
弊貴國户部是否總庫天下銀款均解往否
答以户部即是總庫每省亦有一省之總庫解部庫
之款歲有定額而在省庫出納之數户部亦必知之也
精云如此説來户部實爲總庫情形與呂宋亦不懸
殊但呂宋有司庫而無官銀行中國照此辦理亦可行否

答云中國照此辦理似亦可行
精云如以商民之意揣之二者孰優
答云商民或以有銀行更好
精云鄙見以爲銀行與商民更爲便當

三五

榷算司

呈爲咨行事光緒三十年二月十九日准河南巡撫函稱

美國會議銀價精大臣於正月二十九日行抵汴城彼此

談論甚爲浹洽所有連日與精大臣酬論各節繕具簡

明問答呈覽等因相應將該撫鈔送問答照録一分咨行

貴處查照用備考核可也須至咨者 附鈔件

財政處

光緒三十年二月　日

三六

大人鈞鑒敬禀者伏查煙台為通商口岸與租界情形逈不相同乃各國領事於十餘年前自立工部局一所各署原設巡捕二三人咸集於此凡領署左近及洋行街跕岡巡夜然燈清穢各事均歸料理遇有洋人酗酒鬬毆該捕緝拿各歸領署訊辦每思漸次開拓侵我主權嗣因甲國之捕緝乙國之人乙國不服以致各領事意見未協俄領事聲明概不與聞奥領事因商民稀少本未列名刻值領袖美總領事法勤回國德領事連梓暫攝領袖深恐各國訾其專營山東全省欲藉此公共事宜為粉飾彌縫之計遂創議向

監督索取執照給與捕頭無論何國之人便可一律緝拿日前面商此事　職道答以煙台現辦巡警一俟經費充足即當增設洋捕華捕兼理此項事宜以期畫一毋須各國分勞此通商口岸之主權本監督不敢絲毫遷就德領事云我等公設之捕專緝洋人若華人在場仍送歸華官懲辦並無侵越之意當時懇索甚堅職道答以如必需給執照固須寫明專拿洋人且須寫明暫給俟警局增設洋捕華捕即當撤銷德領事甚有難色云容再公議旋因美總領事回煙仍充領袖德領事即日交代不問刻下會議數次各

存意見不能從同且工部局經費不專捐助亦不平允 職道乘其
團體鬆懈之時仍申歸我自辦之說向商數次彼等均以十餘年
固有之利權不肯一旦輕棄仍執不允昨又會議據聞分別請示
駐京公使籌議辦理各駐使如何籌議揣其必向
鈞部申請 職道用特詳稟此事緣由並將與稅務司甘博所商辦法
臚陳於下東海關原設有華捕六人向由稅司管理現擬監督稅
司合力籌費推廣增設洋捕華捕妥訂章程與警局相輔而行專
理領署左近及洋行街站岡巡夜然燈清穢各事緝拿各國酗酒

關毆之人仍送歸各領署訊辦以中國收回治外法權之日為止如遇無領事國之人例歸監督自辦所有各領事公設之工部局及巡捕應即商請裁省免致紛歧蓋援照岳州杭州蘇州等處通商口岸一切工巡事宜由關自辦之成案也職道為保持主權起見是否有當伏乞

代回

堂憲俯賜采擇以備相機拒覆各駐使實為公便肅此祗請

台安職道彦昇謹禀

三七

逕啟者本國派來會議銀價精大臣茲已由漢口等處旋京

囑代函請

貴參議大人將中國派定整頓財政王大臣及添派之大臣與

已派出數位會議整理幣制之員共若干位開一銜名清單送

來本館容當晤謝特此即頌

升祺

名另具 四月二十五日

三八

欽差辦理商約事務大臣工部大堂呂
太子少保尚書銜前工部左堂盛

爲咨呈事。光緒三十年正月初五日承准
大部光緒二十九年十二月二十三日咨開：兹有美國所派會議銀價大臣精琪由英法俄德和日本等國會議後，於本年十二月十六日抵京，准該大臣函稱：尚欲至中國直隸、河南、南京、上海、廣東、漢口、福建各處考察錢幣情形先送到中國新圜法條議一書請爲分送等語本部查所送圜法條議於中國整頓財政大有關係相應將原書二本咨行貴大臣查收備考俟該大臣到境時照禮妥爲接待所有會議情形隨時聲復本部可也附條議二本等因承准此並據精使照會前來嗣該使到滬本大臣等照禮接待疊經會晤七次往返商論不厭精詳兹將問答暨精使先後交到説帖八件分別開單列明鈔呈

大部備核此次商定圜法事體重大本大臣等管見所及擬另行函達外並據華洋各員呈遞圜法節略頗多可採統容續行鈔送以資參攷爲此具文咨呈

大部請煩查照施行須至咨呈者

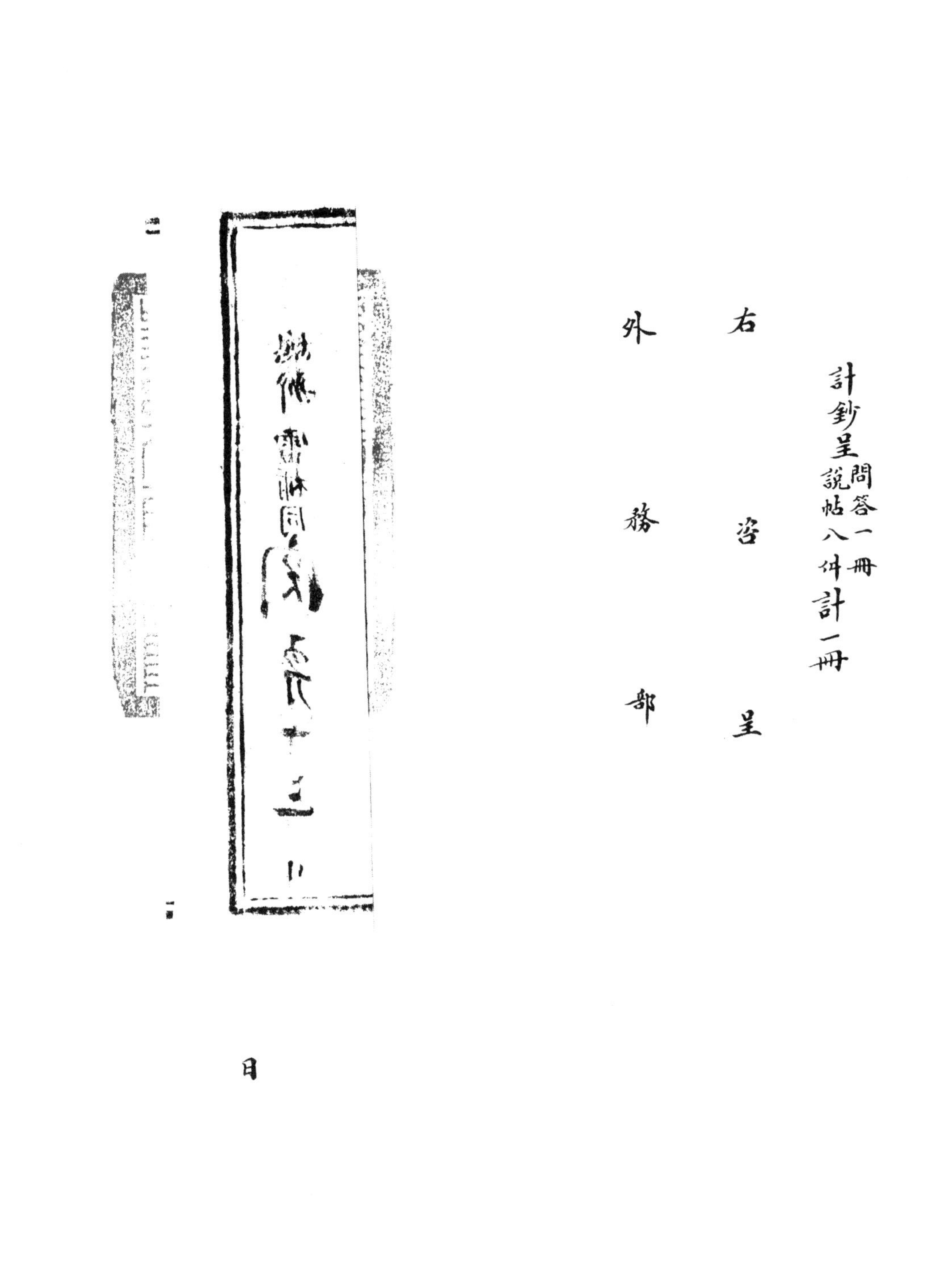

計鈔呈問答一冊
說帖八件計一冊

右　咨　呈

外　務　部

日

三九

欽差出使美秘古墨國大臣梁　　為

咨呈事竊照前辦昭信股票案内美日秘隨使各員認領股票經

前出使大臣伍　承准

總理衙門咨由使署給發實收收執赴部請奬並將發過實收存根

簿件繳送備查在案茲據布政使銜分省補用道前駐秘參贊官李經敘

呈稱前認捐昭信股票庫平銀壹千伍百兩蒙前使憲伍於光緒二十五

年十二月初五日給發信字第十一號實收因在外洋不便收存交由郵局

轉寄合肥縣原籍現查該實收業於郵遞之時中途遺失除報明地方

官查究外擬請比照内地成案補給實收俾得收執等情前來本大臣

復查無異當經補繕信字第十一號實收一張交給該道收執將來赴

部請獎即將現發實收送部查驗核辦並聲明前發實收查到之日
即行註銷以昭慎重理合咨呈
貴部請將補發昭信股票實收緣由咨行
户部存案備查爲此咨呈
貴部謹請鑒核施行須至咨呈者

右咨呈

外務部

光緒叁拾年陸月貳拾玖日

四〇

逕啟者，茲接據上海美商晉隆洋行來稟，稱有上海所造之紙烟捲運送出口，江海關索征值百抽五之出口稅，該行向其辯論，謂其不應征收，本大臣曾詢總稅務司此項索稅係因何故，彼云係奉一千八百九十七年及一千九百零三年前總理衙門與今外務部之分囑應征此稅云云，是以函達貴親王查照，希將此在上海自造紙烟捲征稅係按何條約及何別項律例明以示悉可也。特泐即頌爵祺。附送洋文

名另具 八月二十五日

四一

榷算司

呈為咨行事光緒三十年八月二十二日准駐美梁大臣咨稱竊照前辦昭信股票案内美日秘隨使各員認領股票經前出使大臣伍承准總理衙門咨由使署給發實收收執赴部請奬並將發過實收存根簿件繳送備查在案兹據布政使銜分省補用道前駐秘參贊官李經敘呈稱前認捐昭信股票庫平銀一千五百兩蒙前使憲伍於光緒二十五年十二月初五日給發信字第十一號實收因在外洋不便收存交由郵局轉寄合肥縣原籍現查該實收業於郵遞之時中途遺失除報明地方官查究外擬請比照内地成案補給實收俾得收執

等情本大臣覆查無異當經補繕信字第十一
號實收一張交給該道收執將來赴部請奬即
將現發實收送部查驗核辦並聲明前發實收
查到之日即行註銷以昭慎重理合咨請將補發
昭信股票實收緣由行知户部等因前來相應咨行
貴部查照備案可也須至咨者

户部

光緒三十年八月

四二

敬啟者，本月十五日肅上美字第五十二號函，言工約事，度邀
堂鑒。初十日奉
蒸電，飭以還金辦法三端切商美政府等因。誠遵往晤
海約翰，詳達
鈞意，海謂前經電屬康使按照各國一律辦理三端辦
法亦在其内，如各國均不照行，我美實難獨許美國
賠款最少，出入無甚大虧。誠答以賠款還金，中國受

虧已鉅所議三端沾利甚微不過羅掘維艱之際稍足以資彌補耳貴國前允用銀今改初議已出我政府意念之外此區區者而不遷就甚非我兩國邦交所宜出也貴國攤款雖小苟能首先見允他國迫於公義次第仿行我受實益不無小補分則見少合則見多不然我政府斷不為是斤斤也海躊躇久之乃云俟會議後再行奉復尊論亦殊近理十四日復謁外部外部言所議三端當電告康使令其極力設法

照辦以紓貴國財力惟各國辦法如何尚須探訪不
可歧異致礙國體此次辦法係一定之局與從前用
銀久暫不同不得不如是也當將情形先於即日咸
電奏
聞藉紓
廑念十七日接外部十六日來文畧言還金三端美政
府允照辦已電康使遵照惟聲明須照本月六號
電文辦理等語細繹所云仍有與各國一律之意本

欲再爲駁論惟不知他國意見如何如英日亦能照
允斷不虞美之爽諾如英日皆不照允恐難强美以
獨從但期美能倡首我得藉詞勸説他國措詞較易
收效可期當肅洽電上陳
鈞聽兹將美外部復文漢洋稿各一件録呈
冰案即希
代回
邸堂列憲詧核是荷肅此敬請
均安
梁誠頓首 光緒三十年十一月十九日
美字第五十三號
附漢洋文鈔件各一扣

附件

照譯美外部海約翰來文　光緒三十年十一月十六日　西一千九百四年十二月二十二日

為照會事陽歷本月十七日承

貴大臣面交

貴政府本月十六日寄

貴大臣電咨譯文一件查該件内開如所擬三端俱已照允

貴國即認賠款為金款等因本大臣當於本月二十日電咨本國駐京康公使飭令遵照辦理玆將電文節錄於後

查中國賠款用金一事華使接其外務部電畧言本部擬定辦法三端一金價按月折中合算二有須付之款按月扣還四釐息三以前鎊虧之數概免計息駐京各國公使意見不一等語以上三端我美國全行應允惟貴大臣仍須按照本月六日電咨訓條辦理

除電達康使外合即備文照會

貴大臣請煩查照須至照會者

四三

照復事。於西一千九百四年十二月二十六日

康大臣接准

來照，於上海晉隆洋行紙捲烟出口納稅一事，內稱今貴大臣往返辯論，必要仍照煙絲每百斤納稅銀四錢五分，本部亦無不可允從。惟既不納值百抽五之稅，即不能沾不再重征之利，益應照土貨常例出口納稅後，如復進他口，應納復進口稅，如再入內地，應逢關納稅，過卡抽釐。其前經江海關多收之稅項，如查該貨出口後，並未復進他口及再入內地，當令核明多收若干，以存票

發還該、商等因、本署大臣、茲接駐上海美國署總領事文稱、晉
隆洋行紙捲烟出口、江海關現仍令納值百抽五之稅、並接有該行
函稱此舉甚不喜悅、請轉由中政府行飭江海關仍、按一千八百
五十八年約章稅則、照煙絲每百觔納稅銀四錢五分、係遵照以上
貴親王照、會內所列之言辦理、所有該行已納值百抽五之紙捲烟稅、
其已經運進別口與、運往內地者、不請繳還、因已沾不再重征之利
益、惟此五箇多月運往韓國之紙捲烟、已經納過值百抽五之
稅項、請按照、
貴親王照、會內之意以存票發還等語、是以本署大臣、請

貴親王剋即行飭江海關官員嗣後每百觔按四錢五分銀納税，並請飭囑該關將晋隆洋行運往韓國紙捲烟納過值百抽五之税項，比較每百觔納銀四錢五分之税，核明多收若干，開具存票發還該行可也。須至照復者。附送洋文

右　照　會

大清欽命全權大臣便宜行事軍機大臣總理外務部事務和碩慶親王

一千九百伍　貳拾柒
光緒叁拾壹年正月　貳拾肆日

四四

榷算司

呈爲劄行事。案查江海關征收紙烟捲出口税一事，前准駐京英國大臣照覆允照本部所擬辦法，業于本年正月二十日劄行照辦在案。兹准駐京美國署大臣照復稱：接上海美國署總領事文稱，晋隆洋行紙捲烟出口，請由中政府行飭江海關仍按一千八百五十八年約章税則，照烟絲每百觔納税銀四錢五分，係遵照外務部照會所言辦理。所有該行已納值百抽五之紙捲烟税，其已經運進別口與運往内地者不請繳還，因已沾不再重征之利益。惟此五箇多月運往韓國之紙捲烟已經納過值百抽五之税項，請按照外務部照會之意，以存票發還等語。本署大臣請刻即行飭江海關官員嗣後每百觔按四錢五分銀納税，並飭將晋隆洋行運往韓國紙捲烟納過值百抽五之税項比較每百觔納銀四錢五分之税，核明多收若干，開具存票發

還該行等因前來查係應與前案一律照辦之件相應劄
行總税務司轉飭江海關税務司遵照辦理可也須至劄者
江海關道

右劄總税務司赫
江海關道　准此

光緒三十一年正月　日

四五

大清欽命出使美日秘古國全權事務大臣伍　為

照會事。茲接美國駐廣州總領事文稱：粤漢鉄路自用行車煤入口，粤海關令其納税，該公司當已交納，並聲明不應征收等因。查該關征收此税，實有違中政府與合興公司所立合同。按該合同十二款云：鉄路所用一切物料運入中國，應比照中國國家北洋鉄路辦法，准其免税。又續約十四款：築造修理及行駛幹路枝路所用各種料件進口運至工次，比照北洋鉄路辦法，准免關税釐金各等語。是以請

貴親王查照，行囑該關毋得征收該公司所運自用之煤税項，並將其已納之税如數繳還可也。須至照會者。附送洋文

右 照 會

大清欽命全權大臣便宜行事軍機大臣總理外務部事務和碩慶親王

一千九百伍年 叁 月 初叁

光緒叁拾壹年正月 貳拾捌 日

考工司

呈爲照復事。光緒三十一年正月二十八日接准

來照，以粤漢鐵路自用行車煤入口，粤海關令其納

税，有違合同第十二款暨續約第十四款，現應比照北

洋鐵路辦法，轉飭該關毋得征收，該公司運用煤税並

將已納之税如數繳還等因。請爲咨行前來。查中國各

項鐵路合同所載築路行車所用一切料件，均係專指

鐵木材料暨車輛機器而言，與煤斤本無干涉。北洋

鐵路所用煤斤向由唐山開平等礦購運，該煤出井

業經完納税厘，例不重征，並非因鐵路行車始行免

税。粤漢鐵路用煤多係來自外洋，仍應按照關章

完納進口税，粤關所收之款未便飭令繳還，相應照復

貴大臣查照可也。須至照會者。

美國署使

光緒三十一年二月　日

考工司

呈爲照復事光緒三十一年二月初十日接准

來照以粤漢鐵路行車煤斤入口納税一事深悉所復之意

係因原訂合同所譯漢文未甚清晰至於照北洋鐵路辦法

一言原係比喻之意豈能悉與從同向來各鐵路公司須用煤

價均列入行駛物料帳内貴政府謂煤斤不在行車物料内總因續

約十四款所譯漢文未能明晰應再請詳爲核奪仍照前次照

會所請即行轉飭該關辦理等因前來查粤漢鐵路續約第

十四款内載築造修理及行駛幹路枝路及合辦事業所需

各種料件或由外洋進口或由别省運至工次比照北洋鐵路辦

法准免關税釐金等語是粤漢鐵路所需料件應否納税自

應以北洋鐵路辦法爲斷現在北洋鐵路所用開平礦煤斤

於出井時已照納税釐粤漢鐵路所用煤斤自應比照北洋

辦法一律征收税厘該關令其納税並無不合相應照復

貴大臣查照可也須至照會者

美國署使𨻳

光緒三十一年二月 日

四八

大亞美理駕合衆國欽命駐劄中華便宜行事全權大臣康

照復事、本月十七日准

貴親王照復、以北洋鐵路所用開車煤斤、於出井時已照納稅釐、粵漢路所用煤斤自應比照北洋辦法一律征收稅釐、文內並引有合興公司合同續款所云、一切需用各種料件自應比照北洋鐵路辦法應否准免稅釐為斷各等言、據本大臣見解係以該續款之意、與

貴親王意見、決不相合、相應再行駁復、茲擬將此案彼

此往來全文，均必照抄寄送本國外務部查核，一俟

復到日再行照會

貴親王查照可也，須至照會者。附送洋文

右　照　會

大清欽命全權大臣便宜行事軍機大臣總理外務部事務和碩慶親王

一千九百伍叁年　貳拾五

光緒叁拾壹年　月　日　貳　貳拾

四九

敬啟者二月二十九日上美字第六十五號函計荷
堂鑒美國賠款商辦收回各節經於疊次函陳在案茲查
此項賠款除美國商民教士應領各款外實溢美金
二千二百萬圓自海約翰代陳 鄙意倡議減收文經 誠
運動勸說近來上流議論已覺幡然改變即固執如
戶部大臣蹟氏者亦不復顯然相拒觀其機兆似可
圖成美使柔克義於此舉尚表同情 誠 欲乘其未離
美之前與之商定大致俾承

鈞署詢及不至稍有隔閡而海外部銷假回任之後得
以相機切實商辦則面面承接更無枘鑿之虞連日
與桑及署外部等商榷辦法桑言總統以爲此項賠
款攤付之法中國早經籌定若果交還不知是否攤
還民間抑或移作別用　誠答以交還不應得之賠款
貴國義聲足孚遐邇減免之項如何用法則是我國
內政不能預爲宣告桑謂總統並非有心干預特欲
畧知貴國宗旨以便措詞請求議院耳　誠維今日列

强環伺莫不覘我措施定其應付不有非常舉動無由戢彼奸謀今美總統所言無論是否有心干涉均應預為之地庶免為彼所持尤應明正其詞庶彼心為我折似宜聲告美國政府請將此項賠款歸回以為廣設學堂遣派遊學之用在美廷既喜得歸款之義聲又樂觀育才之盛舉縱有少數議紳或生異議而詞旨光大必受全國歡迎此二千二百萬金圓斷不至竟歸他人掌握矣在我國以已出之資財造無

窮之才俊利害損益已適相反况風聲所樹薄海同欽中興有基莫或余侮其爲益又豈可以尺寸計耶且按年賠款各省攤定此二千二百萬圓者合則見多分則見少即使如數歸還民間未必獲益與其徒資中飽起交涉之責言何如移應要需定樹人之至計耶 誠衡量重輕莫善於此伏念

邸堂列憲目營八表智燭先幾常存遠大之謀不辭壤流之細用敢縷晣上陳敬請

酌裁迅賜訓示俾得稟承一切相機照會美外部辦理或能於秋間議院開會即行交議早日告成於大局不無裨益柔使抵京謁見儻蒙將此宗旨明白宣示俾得接洽則機軸愈緊成功愈易是否有當即希

代回

邸堂列憲鑒核訓示為荷專肅敬請

均安

梁誠頓首

光緒三十一年三月初四日

美字第六十六號

榷算司

呈為咨行事前准

咨稱華人葛起順販馬進口呈有駐津美總領事發給執照

希圖免稅一事當經本部咨復

貴監督照常徵稅並電飭津海關道查明聲復各在案

茲據該道電復遵經函准美領事復稱所發執照係望

沿途保護並非為免稅而發除函知該領事嗣後照向章

照會職關詳請核發護照外謹此稟復等語相應咨行

貴監督查照可也須至咨者

右翼監督

光緒三十一年七月　日

五一

直隸宣化府宣化縣為申送事竊照光緒叁拾壹年柒月初壹日據英國商人太古洋行來宣採買白羊皮馬尾伍百柒拾捌件羊腿皮馬尾肆百伍拾柒件青山羊皮口袋拾隻共拾陸包呈到聯單係於光緒叁拾年玖月貳拾肆日津海關道發給津字第肆千叁百陸拾伍號報單壹紙初貳日據俄國商人隆昌洋行來宣採買綿羊皮褥壹百包計叁千貳百條呈到聯單係於光緒叁拾年拾壹月初捌日津字第伍千壹百拾號報單壹紙仝日又買山羊皮褥壹百伍拾壹包計伍千肆百叁拾陸條呈到聯單係於光緒叁拾壹年肆月拾柒日津海關道發給津字第玖千肆百拾號報單壹紙初肆日據俄國商人隆昌洋行來宣採買綿羊皮褥伍拾包計壹千陸百條呈到聯單係於光緒叁拾壹年肆月拾柒日津海關道發給津字第玖千肆百拾壹號報單壹紙初柒日據英國商人普爾洋行來宣採買老羊皮褥貳千叁百陸拾捌條共柒拾肆包外包青山羊皮褥叁拾貳條呈到聯單係於光緒叁拾壹年肆月拾陸日津海關道發給津字第玖千叁百伍拾伍

號報單壹紙初拾日據英國商人太古洋行來宣採買綿羊皮褥壹千陸百陸拾肆
條計伍拾貳包呈到聯單係於光緒叁拾年玖月貳拾肆日津海關道發給津
字第肆千叁百陸拾肆號報單壹紙拾貳日據英國商人平和洋行來宣採買猾
子皮馬褂貳千零捌拾肆件羊腿馬褂肆百伍拾陸件共計叁拾包呈到聯單係
於光緒叁拾年拾月初叁日津海關道發給津字第肆千肆百陸拾捌號報單
壹紙拾叁日據德國商人禪臣洋行來宣採買白羊皮壹千伍百肆拾張猾皮馬
褂貳百貳拾件羊腿馬褂伍拾伍件羊皮渣馬褂貳拾件共計捌包呈到聯單
係於光緒叁拾壹年伍月貳拾壹日津海關道發給津字第肆百叁號報單壹
紙仝日據英國商人普爾洋行來宣採買灘羊皮肆千叁百貳拾張羊羔皮馬
褂叁拾伍件共計拾陸包呈到聯單係於光緒叁拾壹年貳月拾柒日津海關道
發給津字第柒千叁百叁拾肆號報單壹紙仝日據德國商人禪臣洋行來宣
採買灘羊皮伍千玖百張羊腿皮馬褂壹百捌拾陸件共計貳拾包呈到聯單係

於光緒叁拾年拾月貳拾叁日津海關道發給津字第肆千捌百肆號報單壹
紙拾伍日據德國商人興隆洋行來宣採買羊腿馬褂拾肆包計壹千零零捌件
呈到聯單係於光緒叁拾壹年伍月初壹日津海關道發給津字第玖千捌百
拾壹號報單壹紙仝日據德國商人禪臣洋行來宣採買白羊皮馬褂伍百伍
拾叁件花羊皮馬褂捌拾件花羊皮大袄拾件花白羊腿馬褂陸拾件共計拾包呈
到聯單係於光緒叁拾壹年叁月貳拾叁日津海關道發給津字第捌千陸百
貳號報單壹紙仝日又買白羊皮馬褂肆百拾玖件黑羊皮馬褂拾貳件花羊皮
大袄叁件白碎板馬褂捌拾柒件花白羊腿馬褂壹百玖拾貳件共計拾包呈到聯單
係於光緒叁拾壹年肆月貳拾日津海關道發給津字第玖千肆百柒拾玖號
報單壹紙仝日又買羊腿馬褂伍百柒拾陸件計捌包呈到聯單係於光緒叁拾
年玖月初拾日津海關道發給津字第肆千貳拾玖號報單壹紙拾陸日據德國
商人興隆洋行來宣採買老羊皮褥柒拾伍包計貳千伍百伍拾条外有護花山

羊皮褥壹百伍拾条襍色山羊皮褥叁拾捌包共計壹千伍百貳拾条呈到聯單
係於光緒叁拾壹年伍月貳拾壹日津海關道發給津字第叁百玖拾貳號執單
壹紙今日據德國商人禮和洋行來宣採買山羊皮褥壹百捌拾包計陸千肆百
捌拾条呈到聯單係於光緒叁拾壹年陸月貳拾柒日津海關道發給津字第
玖百玖拾捌號執單壹紙拾柒日據英國商人普爾洋行來[illegible]壹
千貳百張白黑花羊皮馬褂捌百貳拾件花羊皮褥貳件羊腿子皮[illegible]
只青羊皮褥子肆条共計貳拾包呈到聯單係於光緒叁[illegible]津海關道
發給津字第玖千叁百肆拾玖號執單壹紙今日又買毛羊皮褥叁千[illegible]聯
單係於光緒叁拾壹年肆月拾陸日津海關道發給津字第玖千叁百伍拾陸號執單壹紙
今日據德國商人禪臣洋行來宣採買白羊皮馬褂捌百伍拾玖件羊腿馬褂壹百柒拾貳件計拾
肆包呈到聯單係於光緒叁拾壹年叁月貳拾叁日津海關道發給津字第捌千陸百號執單
壹紙今日又買青白山羊皮褥壹拾肆包共計數肆百肆拾捌条呈到聯單係於光緒叁拾壹年

肆月貳拾日津海關道發給津字第玖千伍百拾陸號報單壹紙貳拾日據德國商人世隆
洋行來宣採買青白山羊皮褥壹百包計肆千柒黑山羊皮褥伍拾包共計貳千柒呈到聯單係於
光緒叁拾壹年陸月貳拾叁日津海關道發給津字第玖百肆拾肆號報單壹紙今日據
德國商人禪臣洋行來宣採買熟羊皮柒千捌百張羊皮馬褂伍百件羊腿皮馬褂壹千
肆百拾件青山羊皮褥柒拾貳條青黑白襍色猾皮馬褂陸百柒拾壹件共計陸
拾貳包呈到聯單係於光緒叁拾年玖月初拾日津海關道發給津字第肆千
貳拾柒號報單壹紙今日又買花白羊皮馬褂貳千伍百貳拾柒件白羊皮袍肆件
羊腿褂貳百玖拾玖件共計肆拾包呈到聯單係於光緒叁拾年玖月初拾日津海
關道發給津字第肆千伍拾壹號報單壹紙今日又買白羊皮馬褂壹千零
拾捌件花羊皮馬褂柒拾件羊腿馬褂玖拾陸件共拾陸包呈到聯單係於光緒叁
拾壹年肆月貳拾日津海關道發給津字第玖千伍百伍號報單壹紙貳拾貳日據德
國商人德義洋行來宣採買山羊皮褥壹百包計叁千陸百條呈到聯單係於光緒

叁拾壹年伍月初柒日津海關道發給津字第玖千玖百叁拾貳號報單壹紙仝日
據德國商人興隆洋行來宣採買青白山羊皮褥肆拾包共計壹千陸百柒里山
羊皮褥陸拾肆包共計貳千伍百陸拾條老羊皮褥拾包共計叁百肆拾條外護
花皮褥貳拾條呈到驗單係於光緒叁拾壹年陸月貳拾叁日津海關道發給
津字第玖百肆拾伍號報單壹紙貳拾叁日據英國商人平和洋行來宣採買青
白黑褥色猾子皮馬褂玖百零肆件計拾包呈到驗單係於光緒叁拾年捌月拾
肆日津海關道發給津字第叁千叁百柒拾叁號報單壹紙貳拾肆日據美國
商人德泰洋行來宣採買山羊皮褥壹百包計叁千陸百條呈到驗單係於光緒
叁拾壹年柒月拾伍日津海關道發給津字第壹千壹百肆拾號報單壹紙仝
日據德國商人禪臣洋行來宣採買熟羊皮叁千張羊皮褥叁拾條計拾包呈
到驗單係於光緒叁拾壹年肆月貳拾日津海關道發給津字第玖千肆百伍拾
玖號報單壹紙貳拾陸日據俄國商人隆昌洋行來宣採買山羊皮褥肆拾玖包計

數壹千柒百陸拾肆条呈到聯单係於光緒叁拾壹年肆月拾柒日津海關道發
給津字第玖千肆百拾貳號報单壹紙貳拾柒日據德國商人禪臣洋行來宣採
買白羊皮馬褂伍百柒拾件花羊皮馬褂貳百玖拾柒件黑羊皮馬褂貳拾肆件
羊腿皮馬褂捌拾肆件共計拾肆包呈到聯单係於光緒叁拾壹年肆月叁拾
津海關道發給津字第玖千柒百柒拾捌號報单壹紙仝日又買花羊皮馬褂壹百
叁拾肆件白羊皮馬褂捌百拾伍件黑羊皮馬褂拾捌件羊腿皮馬褂叁百零陸件共
計拾捌包呈到聯单係於光緒叁拾壹年肆月貳拾日津海關道發給津字第玖
千伍百拾柒號報单壹紙仝日據英國商人普爾洋行來宣採買熟白羊皮叁千
肆百隻青山羊皮口袋拾壹只羊腿皮馬褂捌拾貳件青山羊皮褥拾壹条共計拾
貳包呈到聯单係於光緒叁拾壹年肆月拾陸日津海關道發給津字第玖千叁
百肆拾捌號報单壹紙貳拾玖日據美國商人德泰洋行來宣採買山羊皮褥壹
百包計叁千陸百柒条呈到聯单係於光緒叁拾壹年柒月拾伍日津海關道發給津

字第壹千壹百肆拾壹號報單壹紙，今日據德國商人禪臣洋行來宣採買花白羊皮馬褂壹千壹百叁拾伍件，花白羊腿頭千張，馬褂壹百拾捌件，共計壹千貳百伍拾叁件，合計拾捌包，呈到聯單，係於光緒叁拾壹年肆月貳拾日津海關道發津字第玖千肆百柒拾陸號報單壹紙，均係運往津海關出口，各據填註原領津海關道叁聯土貨報單叁拾伍紙，呈送查驗換領運照前來，當經卑縣遵照定章，飭同該商驗明單貨相符，即將原單收回，換給運照叁拾伍紙，粘尾截明，飭令報津海關繳銷，准其運貨前往，並將收回叁聯原單，按照註載次第分晰存留卑縣備案，並蓋印申送津海關道查驗核辦在案。所有本年肆月分收回英國商人太古等洋行來宣採買白羊皮馬褂等貨數目原領天津海關道發給叁聯土貨報單叁拾伍紙，擬合具文申送大部查核備案。為此備由具申，伏乞照驗施行。須至申者。

謹申送

收回英國等商人太古等洋行所領天津海關道發給各牌土貨報單叁拾伍紙

右　　申

外務部

光緒叁拾壹年捌月叁拾日

知縣謝愷

五二

欽差大臣太子少保參預政務大臣會辦練兵大臣督辦電政大臣鐵路大臣兵部尚書都察院右都御史辦理北洋通商事宜直隸總督部堂袁　為

咨呈事據津海關道梁敦彦詳稱案蒙憲台札開七月二十七

日准

外務部咨開光緒三十一年七月二十三日准英薩使照稱

旗昌英行由秦王島裝煤運往牛莊關道令其特具保結方

出准单係限制英商貿易政府將受賠償之重累請咨行直

督轉飭關道勿再攔阻等因相應抄錄來照咨行查核聲復

以憑轉復該使可也等因到本大臣准此合行札飭札道酌

核具復以憑轉咨計抄单等因蒙此查抄单内開駐京英薩使文内謂職道於英商分内之貿易無端限制非止旗昌行煤斤一案另有領事署中運赴牛莊之西瓜美國木料之案等語遵即撿查原案本年六月十二日有仁記行運外國木料一千八百餘件由津分三次運交營口遠來洋行收用一事即經職道以該行所請似與各國領事官商訂准運東省吃食物件究有區别遂即函駁該領事飭遵有案又六月二十日仁記行運牛莊西瓜五千枚准英領事來函以新關稅

司視為禁貨不肯放行並准新關貴税司函述仁記行報運牛莊小雞雞子西瓜鹹菜食物甚夥查無貴署准運執照未便准運各等因惟仁記行所運食物雖未請領執照與各洋商運物辦法兩歧但英領事既經函請自可准其運往業經函復税司放行有案此仁記行運西瓜木料准駁之情形也至旗昌行由秦王島運送牛莊煤斤一案前准英領事致函到道當因煤斤係屬戰國禁品是否售與商人最難查悉職道前因各洋商運煤之事商經税司酌擬辦法正在禀報請

示之際是以未定准駁照復英領事查照並非攔阻旗昌行運煤之情形也職道職司交涉與各國領事辦事向係一秉大公旗昌行運煤之事亦係遵守中立訓条與各國洋商一律辦理並無輕重歧視之别英薩使何得謂之限制英商貿易將受賠償重累乎茲蒙札飭前因復經函准新關署稅務司費妥瑪復稱查煤斤運往牛莊一事不但旗昌英行郎德商瑞生行亦有擬運之煤已有信件交來當於八月初四日接准函復以洋商運牛莊煤斤前經本署稅司酌擬辦法函

由貴道稟蒙北洋大臣袁批開稟摺均悉查煤炭一物中立條規列入禁項不得售於戰國營既為戰地本應禁運惟該商聲明專售與該處官商并非接濟戰國姑准照辦仍應按照稅司所擬專章辦法仰即飭遵并知會稅司嗣後即查照此案辦理等因函布查照等因准此本署稅司即准瑞生洋行按此專章運煤并飭知旗昌等行准其援以為例已有立具保結請領特照運煤放行在案矣相應函復即希查照為荷等因前來伏查各洋商運送戰地煤斤皆係售與該處商民

之需既無接濟軍需情事在領事署書立保結有何不可現在各洋商均經遵照此章辦理英商旗昌行自不能不統歸一律免致兩歧所有職道核議緣由是否有當理合詳請憲台查核俯賜轉咨

外務部查照轉復寔爲公便等情到本大臣據此查前據該關道來稟與税司擬定各洋商運往牛莊煤斤保单辦法業經批示照辦在案據詳前情相應將該關道前稟並批照抄咨呈

貴部謹請查核轉復施行須至咨呈者

計抄津海關道前稟並批

右 咨 呈

外 務 部

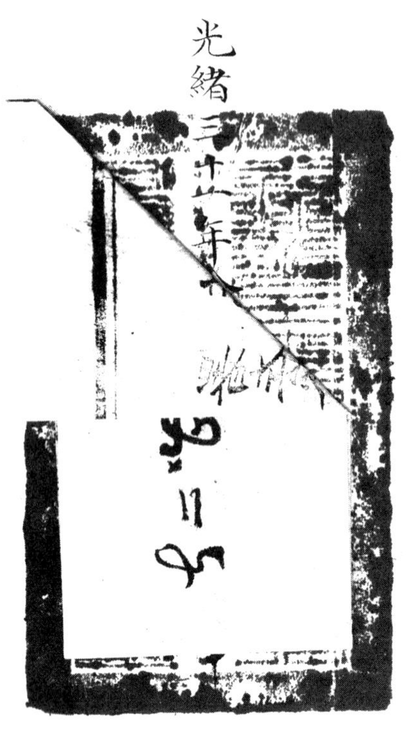

光緒三十二年 日

附件

照録津海關道來禀 並批

敬禀者現准新關署税務司費妥瑪函稱查瑞生洋行運煤至牛莊一事前於六月初三日接准來函請仍由本署税司妥籌飭遵等因今又據該行面禀牛莊一帶雖係戰地乃該處舖户商民仍需煤斤若似此禁運不但有碍商情且該口舖民恐亦有艱難之虞等情前來查該商所禀諒屬實情然嚴守中立亦

不可輕視是以本署稅司之意不如按前數月總稅務司須發
外務部核准運煤統章由本口另擬運往牛莊煤斤之專章辦
理嗣後不論何商欲運煤至牛莊應由該商在領事官署繕立
保結結内註明限六個月本關須接到山海關稅務司來文聲
明此煤實係全賣給與戰國無干某商民之據倘逾期未接此
據按照該煤原價五倍議罰等因除申呈總稅務司查核可否
照此專章辦理之處外相應函致即希查核見復為荷等因准
此查前准貴署稅司來函以德商瑞生行擬與礦務局訂立合
同承辦營口售煤之事每年約四萬噸之譜擬由秦王島出口
請核復等因當因煤斤一項軍需攸關現在中國嚴守中立營
口又係戰國駐兵之處似未便准其運往函復飭遵嗣准德國
署領事愛格特兩次來函以瑞生行仿照遠來行運煤五千噸

至牛莊專售於該處官商函致到道惟遠來行運煤係由稅司核准此次瑞生行所請煤數與遠來前運數目相同應否准其起運仍應由該稅司妥酌飭遵先後函復並函致稅司查照辦理各在案接准前因職道當以此事既經稅司申詳總稅務司核辦應俟接有復文示知過道以便詳請憲台核示函復查照去後茲准貴署稅司復稱現奉副總稅務司函復以煤斤係单辦法令先與職道籌商最妥函請查照轉詳憲台請示遵辦等因前來除函復外理合將德領事兩次來往信函並貴署稅司復函一併照錄清摺稟請宮保查核批示祗遵實為公便

批

稟摺均悉查煤炭一物中立條規列入禁項不得售於戰國營口既為戰地本應禁其運往惟該商瑞生洋行既係援照遠來

三

成案僅運煤五千噸為數無多且聲明專售與該處官商並非
接濟戰國始准照辦仍應按照稅司所擬專章辦法由該商在
領署繕立保結結內註明限六個月本關須接到山海關稅司
來文聲明此煤實係全賣給商民與戰國無干之據倘逾限未
接此據按照該煤原價五倍議罰仰即飭遵並知會稅司嗣後
即查照此案辦理仍將此項專章由該道妥商核定錄報查考缴

出使美秘古墨國大臣梁　為

咨請事據駐紐約領事夏偕復稟稱各國商人運貨前往外國銷售均於出口時將貨物清單送交駐在出口處所往之國之領事館設誓證明該單上所載價值各事是實此係預防詐騙緣買者賣者或串謀將貨價以多報少希圖進口時關稅減輕也該領事簽名蓋印將一分存案一分寄至該貨進口處之稅關其他一分則交還該運貨者華商運貨至美亦出具貨物清單送交出口處美領事館簽名蓋印以憑報關此間商人運貨至各國除英國外均送貨單至各國領事館簽名蓋印惟中國領事署向未有是章時有初次運貨到華之商家到署詢問知無是舉咸以為怪查凡商人運貨到某國須於出口時送貨單至某國領事署簽名蓋印為各國通行之舉所以防買者賣者隨意書寫貨物價值含混報關希邀輕稅且使領事

署容易稽查貨物之種類品質價值量數以及所產之地所向之地殊於稅務商務兩有裨益此項貨單簽名蓋印各國一律收費紐約各國領事署閒有無公款即藉此費為開銷者現在中國派駐各國領事似應仿照各國通例添辦是事以收應享之權且於將來添設各處領事時之籌款亦易可否懇請憲台咨商

外務部

商部轉飭稅務司嗣後遇有中國已設領事之國無論華商洋商由該國運貨到

華報關須有中國領事簽名蓋印之貨物清單為憑並擬照各國通例頒定章程通飭派駐各國領事遵照之處伏乞鈞裁等情到本大臣據此查外國商人運貨前往別國除英國外均有此項貨物清單送交領事館簽名存案寄關以憑稽察洋貨進口不至含混瞞稅而數目價值亦可瞭然於商政稅務均有裨益且領事館收入此項簽印費用補助館費則正項額支亦可稍資節省該領事所陳不為無見理合據稟咨呈

貴部咨商飭下訂定章程頒發施行再此事係屬領事職權各國通行此次仿辦並非創舉應請毋庸商詢各國致生阻力合併陳明為此咨呈

貴部謹請察核施行須至咨呈者

右　咨　呈

外　務　部

光緒叁拾壹年拾貳　初壹　日

五四

花翎二品銜江西廣饒九南道督理九江關稅務為呈復事光緒三十二年正月十五日奉
鈞部寒電內開美孚行請在棧前起卸火油事去臘接准電復經本部飭總稅司查明茲據復稱火油與常
貨不同總以距口岸較遠起卸為妥並與關務徵稅無碍應請照准惟在限外停泊應令照專章另付專
費等因本部已照會美國大臣應即給與准單並令繳專費等因奉此職道遵查九江關關章內載凡洋
商之船隻只准在大江九江城西門之西龍開河之東停泊起下貨物前年商經總稅務司核定推廣至龍開河迤西
銀管溝止又江海等關關章內載凡有商船只許在例准起貨下貨之界限內起貨下貨又津海關關章內
載洋船進口如帶有火藥爆竹等物務離關帝閣以外一洋里灣泊又江海各關進出口上下貨簡明專章內
載輪船有因停泊時迫報關准其下貨照章應交規費銀十兩又奉通行內開輪船如在向不停泊之處起下
貨物應由監督發給特准單各等語職道綜核章程推究義理似輪船行進江海各口應在指定之界限以
內下椗灣泊限外泊船不准起下貨物凡帶有火藥等引火之物應令離碼頭一洋里停泊所謂一洋里者當

指江海中流離岸遠近而言其所泊之處仍在指定之界內至於向不停輪之處起下貨物准由監督發給持
准單似亦因偶有要事暫一通融如江省運解官木准在湖口裝輪情事相類美孚行裝油輪船現有美
安美順等數艘往來九江月有數次並非偶一為之且該行油棧建在指定泊輪界外律以離碼頭一洋
里之定章似一係由岸至水一係由東至西情形各不相涉各關停輪界限既須禀定則界外推展
似應另定界限禀請立案倘隨意通融則界內界外絕無區別而所立之章亦等虛設惟煤油
為引火最易之物離市愈遠其害愈少該行建棧之處職道正擬開拓商埠將來商埠之界劃定
依舊仍在界內尚與定章不相違背自應遵照准予起下貨物以敦睦誼該輪船現在界外停泊應由
新關照章收取專費將來埠界劃定仍泊界內應照各輪船一律辦理免再繳納除分別照會並將開
拓商埠情形另文禀報外理合具文呈覆
鈞部俯賜查核為此備由具呈伏乞

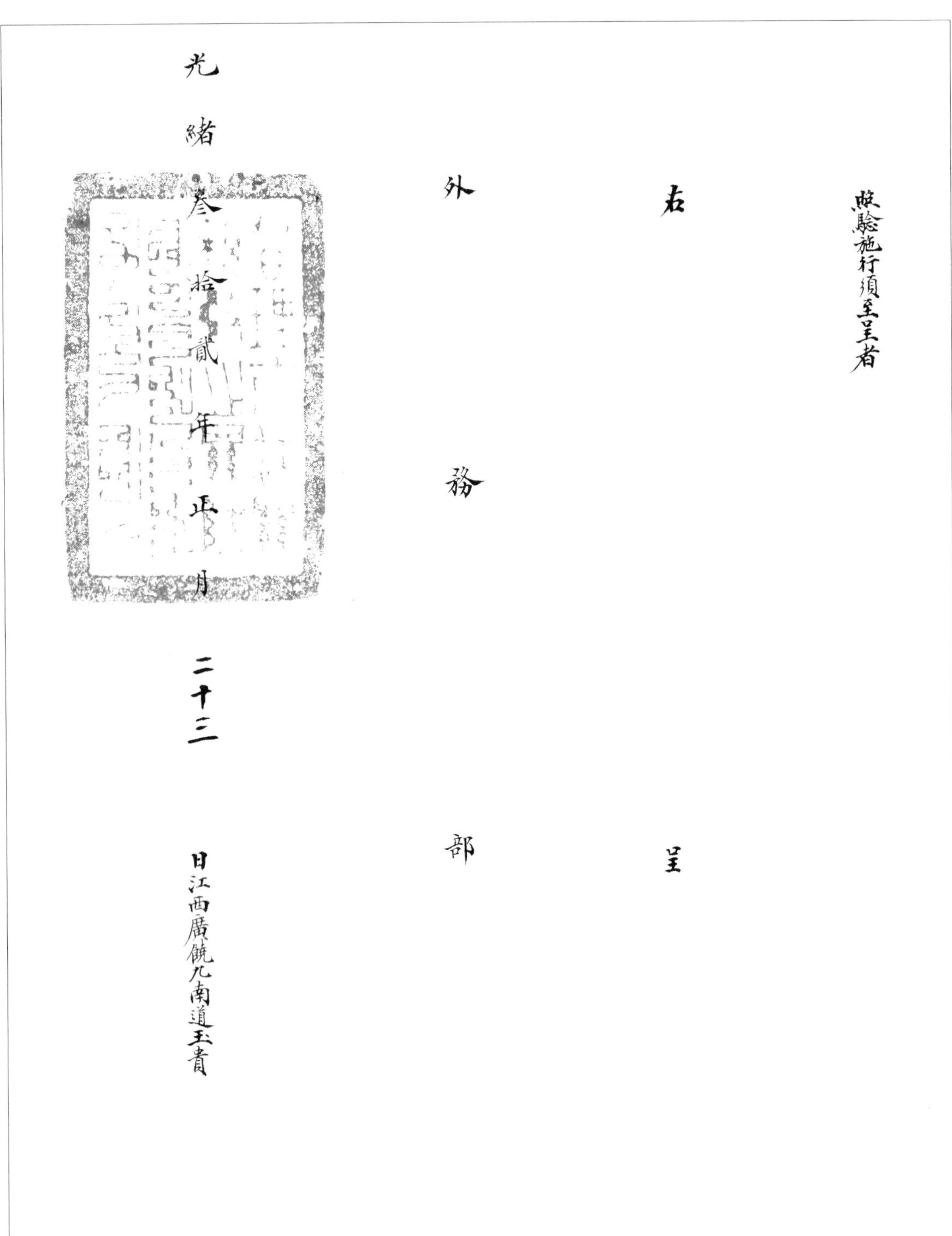

敀驗施行須至呈者

右　　呈

外　務　部

光緒叁拾貳年正月二十三日江西廣饒九南道玉青

五五

欽命兵部侍郎兼都察院右副都御史巡撫山西兼管提督鹽政印務節制太原城守尉張 為

咨送事據山西籌餉局司道會呈案奉准

總理各國事務衙門咨開洋商入内地買土貨經該

商呈報海關應給該商三聯報单俟到单内指定地

方買齊土貨運至海口下船該商即將三聯報单在

首經第一子口呈交該第一子口收下三聯報单即

將一单蓋印加封飛速移送該商所報出口海關查

驗又將一单蓋印按月呈交本衙門備查其餘一单

存留該子口即照单填發該貨運照給該商前往路

上各子口呈驗蓋戳放行等因歷經查照飭遵並按

月詳咨分送各在案茲查光緒叁拾壹年拾壹月分
據槐葦卡員候補知府王文員軍磧卡員候補直隸
州知州洪瑞甡東陽関卡員候補知縣張祖詒忻口
鎮卡員候補知縣周慶麟馬嶺関卡員候補通判李
滎震黑峪口卡員候補知縣郗銘新詳報洋商英國
湧鈺華泰仁記高林普爾德國瑞記興隆禅臣魯麟
世昌地亞士美國德泰法國立興各執持買土貨三
聯報单販運生棉羊皮草帽辮等貨過卡當即照章
辦理將報单留卡填發運照以便前途呈騐放行所
有扣留報单具文申送等情到局據此除將三聯報

單各戳留一單存局備查並以各一單蓋印飛移所
報出口之天津海關查收外理將其餘各一單蓋印
詳請查核咨送
外務部備查實為公便等情據此擬合咨送為此合咨
貴部請煩備查施行須至咨者
計送報單貳拾壹紙
右　　咨
外　務　部
光緒　　　　日

五六

榷算司

呈為咨劄行事光緒三十二年二月二十九日准美國柔大臣照稱接准廈門署領事官文稱現經美國卡奈及學會所屬之地理磁學局特派宴文士為觀測員測量中國磁石吸引理其應用之機器等件將運至廈當經本署領事請海關官員准其將所應用之測量機器等進口免稅該關復以除經外務部批允後方准免稅等情本大臣想貴國政府定願其所擬測量磁石之舉與有功成因此舉與中外各國均有增識見之益是以請轉飭該關准其將應用一切之器具免稅進口並出入他口亦均概行免稅等因前來本部查德國博士賀格爾游歷東亞一帶帶有各儀器以備考查格物曾經於三十年三月十九日咨劄行於進出口時均准免稅在案此次美國卡奈及學會特派宴文士測量中國磁石吸引理其所運一切器具等件係為測量磁石之用自應於進出口

時均准免其納税查驗放行除照復美國柔大臣外相應劄行總税務司

貴大臣查照轉飭各關道遵照

查照轉飭各関税務司遵照可也須至咨劄者

南洋大臣

北洋大臣

右劄總税務司赫 准此

光緒三十二年三月 日

五七

爲

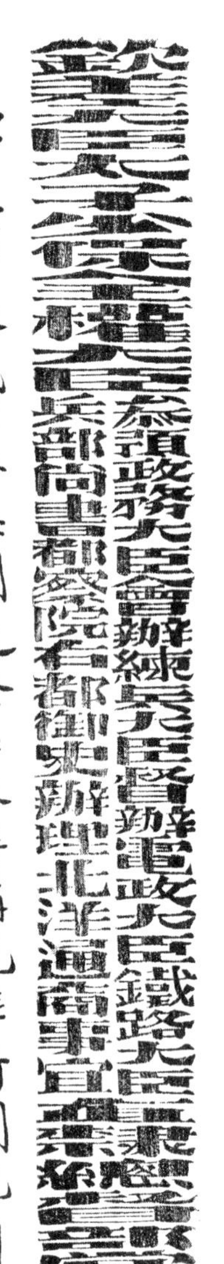

咨呈事據代理津海關道蔡紹基詳稱現准新關税司墨賢理函
稱兹據上海美國人蘇得利禀稱現派馬夫高起有赴蒙古一帶
買馬叁拾匹運津以備跑賽之用祈轉請發給護照等情前來據
此相應函致即希貴道查照轉詳北洋大臣核發護照一紙送關
轉交爲荷等因准此除函復外理合詳請查核飭繕護照一紙批
發下道以便轉給實爲公便等情到本大臣據此除給照並分咨
外相應咨呈

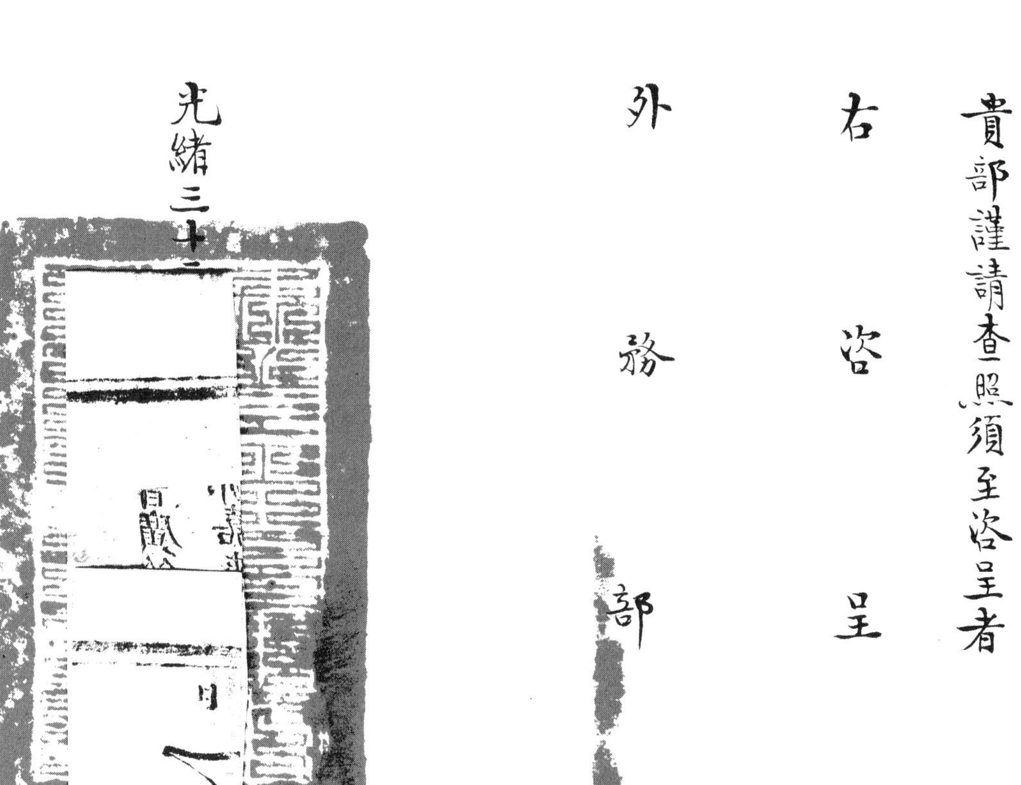

貴部謹請查照須至咨呈者

右咨呈

外務部

光緒三十二

日

劄江海關道三十一年分墊發出使各款由前撥舊金山賑款劃扣餘銀存部以備本年發付出使各款之用由

左侍郎聯

右侍郎唐

四月廿二日 四月廿一日

文 文

榷算司

呈爲劄行事案查光緒三十一年分所有本部墊發出使各員留支並整裝川資暨一切雜款等項共庫平銀一萬九千九百八十八兩三錢七分此項墊款應由江海關道於出使經費項下如數匯還惟查前由江海關墊撥舊金山賑款銀四萬兩業由户部解交本

部即將前項墊款劃扣以省周折下餘銀萬零零十一兩六錢三分仍存本部以備本年發付出使各員留支等項之用除俟該餘款付過結清後再行知照外相應鈔錄清單劄行江海關道查照備案可也須至劄者 附鈔件

右劄江海關道 准此

光緒三十二年四月 日

五九

敬啟者本月十五日肅布美字第一百十四號函

度邀

堂荅美國減收賠款一事商辦兩年頗有眉目適以拒
約事起彼中官紳不無疑沮或欲藉為要挾強我
遷就然 識運動謀維不敢少懈總統外部均有助
我之言事機雖非順手希望仍未就絕現在拒約
風潮已漸寢息工禁條例可冀更改則此事提議
當在冬春之間此時亟宜將一切詳情調查明確

賠收數目鈎稽清晰庶幾論議之際有所取裁不
虞闕誤足盡引徵敷佐之長以收推波助瀾之效
所有庚子賠款原派數目美國應得若干歷年已
還若干尚餘實數若干以及豫算交款分總清單
美館卷宗均無存案外間刊本恐不足靠擬請
飭
飭承將以上各件鈔錄一分核對校正由郵見寄俾
資參考不勝感幸至於如何減收詳細辦法應俟
屆期再行馳請
邸堂列憲訓示商辦專肅敬請
均安
梁誠頓首
光緒三十二年六月二十九日
美字第一百十五號

六〇

照復美柔使奉省不論中外貨物均征銷場稅一事已咨奉天將軍由

行　行

左侍郎　聯

郵傳部左侍郎兼署外務部右侍郎唐

十一月廿日　十一月廿日

榷算司

呈為咨行事。光緒三十二年十一月十四日准美柔使照稱：

照稱奉天將軍於該省所議之銷場稅係不問中外貨物運往何處均征銷場稅，查由外洋運來之貨已納進口稅者，無論該貨在何人手中，從此口運往彼口及沿途不再重征。奉天已開作商埠，該省亦應照辦，請行知奉天將軍不能於其所轄通商境内復令已征進口税之貨物再繳納銷場税並凡運來洋貨已交進口税再運往東省新開商埠必按税則章程准其執有三聯单到處免税甚望妥設善法等因本部業已轉咨奉天將軍相應照復
貴大臣查照備案可也須至照會者
抄錄咨文咨行
貴處查照
美案使 税務處
光緒三十二年十一月 日

六一

為咨呈事據江海關道瑞澂稟稱竊查美國保票正本壹分前經稟蒙簽印發還由道一律簽字蓋印轉送並將舊票壹分繳銷在案現據花旗銀行送到保票副本兩套壹套轉寄美國華盛頓外部壹套留存使署註明副本第二套第三套字樣請分別畫押前來當經職道在於票內畫押送還茲據該行來函以此項副票應照正本一律由南洋大臣一體畫押將原票送道請照正本辦理等語合將送到副票兩套並該行前次送道存案副票壹分一併肅泐稟送仰祈簽印發還俾職道一律蓋印存送等情到本大臣據此除分別簽字蓋印發還該道查收外相應將譯出漢文咨送為此咨呈

貴部謹請查照施行須至咨呈者

簽字蓋印發還該道查收外相應將譯出漢文咨送爲此咨呈

貴部謹請查照施行須至咨呈者

計咨呈 譯漢保票壹本

右咨呈

外務部

咨呈事

光緒叁拾貳年拾貳月十六日

附件

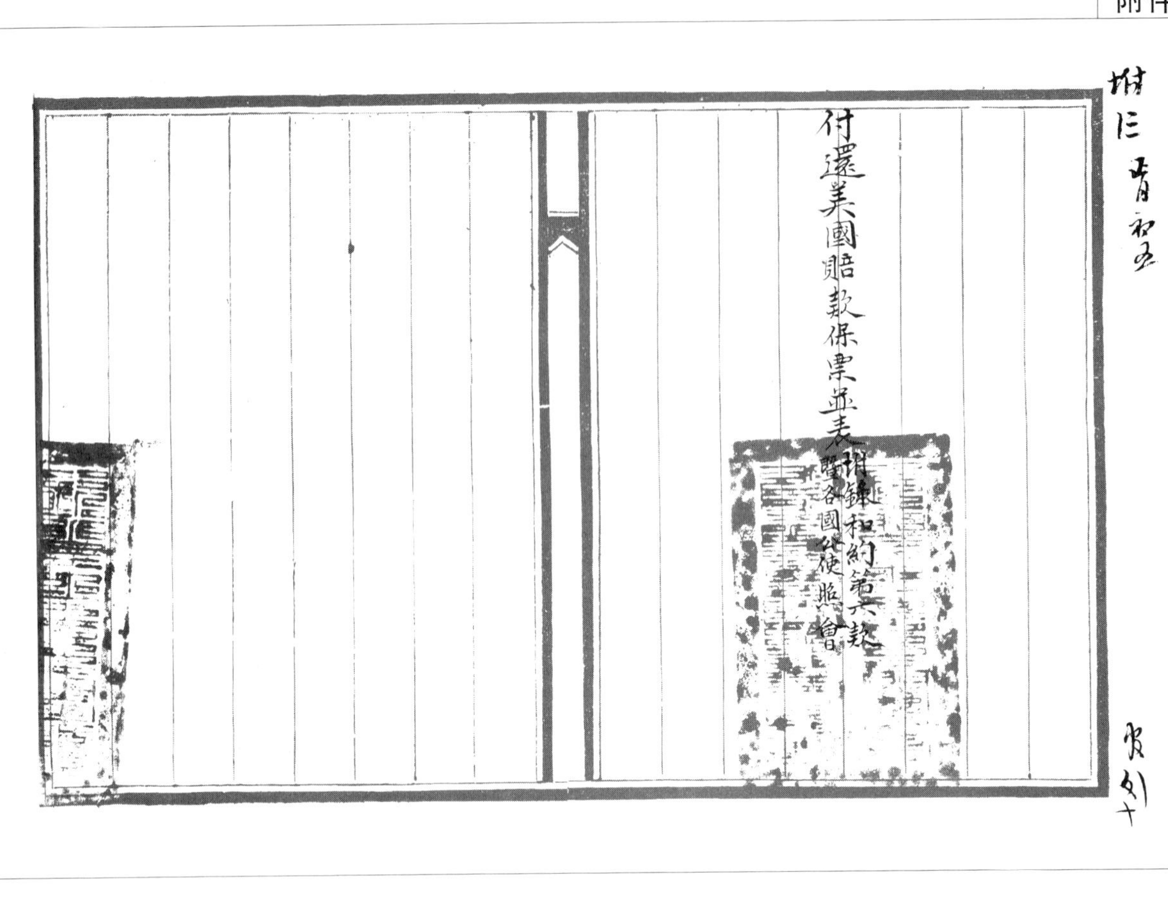

付還美國賠款保票並表 附錄和約第六款暨各國公使照會

一千九百零一年中國賠款保票

總數係美國金洋二十四兆四十四萬零七百七十八元八角一分

一此票總數美國金洋二十四兆四十四萬零七百七十八元八角一分係中國應償還美國之總數按照光緒二十七年七月二十五日北京議定和約第六款並光緒三十一年五月三十日北京議定改善付還賠款辦法

二此項正本由中國分三十九年攤還自一千九百零二年起至一千九百四十年止按照光緒二十七年七月二十五日北京議定和約第六款內之甲章並保票後附印還款之表辦理

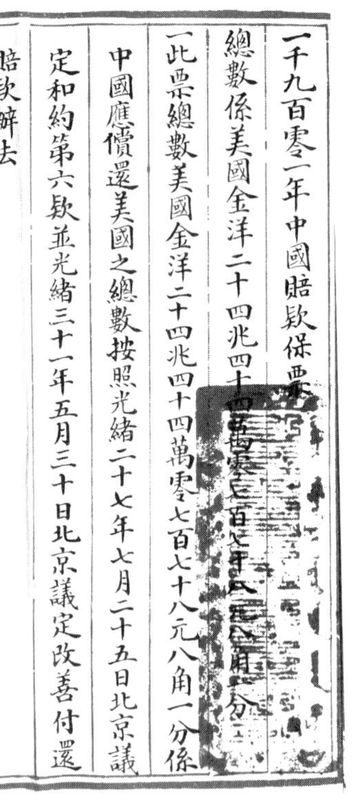

三此項應付本銀之利須按年息四厘計算於一千九百零一年七月初一日起每半年付一次

四每年應還之本利按月均分每逢月之末日付還惟中國國家可於六個月終將是年按月均分已還之款照每年四厘行息計算自還款之日起至六個月終之日止應息若干一概扣除

五此項應付本息須照美金按期電滙紐約交付美政府或美國代表之員

六此保票與其中所開利息永遠免完中國無論何項稅捐

七此保票將來無論何時如美國欲改分零票中國須即應允一切費

用由中國自備毋得延遲
八此保票如分零票中國駐美公使應為中國代表將分票簽押
九中國政府按照光緒二十七年七月二十五日北京議定和約第六款
特派官員於西歷一千九百零六年十一月十五日蓋印畫押為憑
兩江總督部堂　簽押
兩江總督部堂　蓋印
上海道台　簽押
上海道台　蓋印
美國特派經理賠款之銀行董　簽押

第六款
按照西歷本月五月二十九日即中歷四月十二日
上諭
大清國
大皇帝允定付諸國償款海關銀四百五十兆兩此款係西歷一千九百年十二月二十二日即中歷光緒二十六年十一月初一日条款內第六款所載之各國各會各人及中國人民之賠償總數 附件十二甲 此四百五十兆係照海關銀兩市價易為金款此市價按諸國各金錢之價易金如左
海關銀一兩

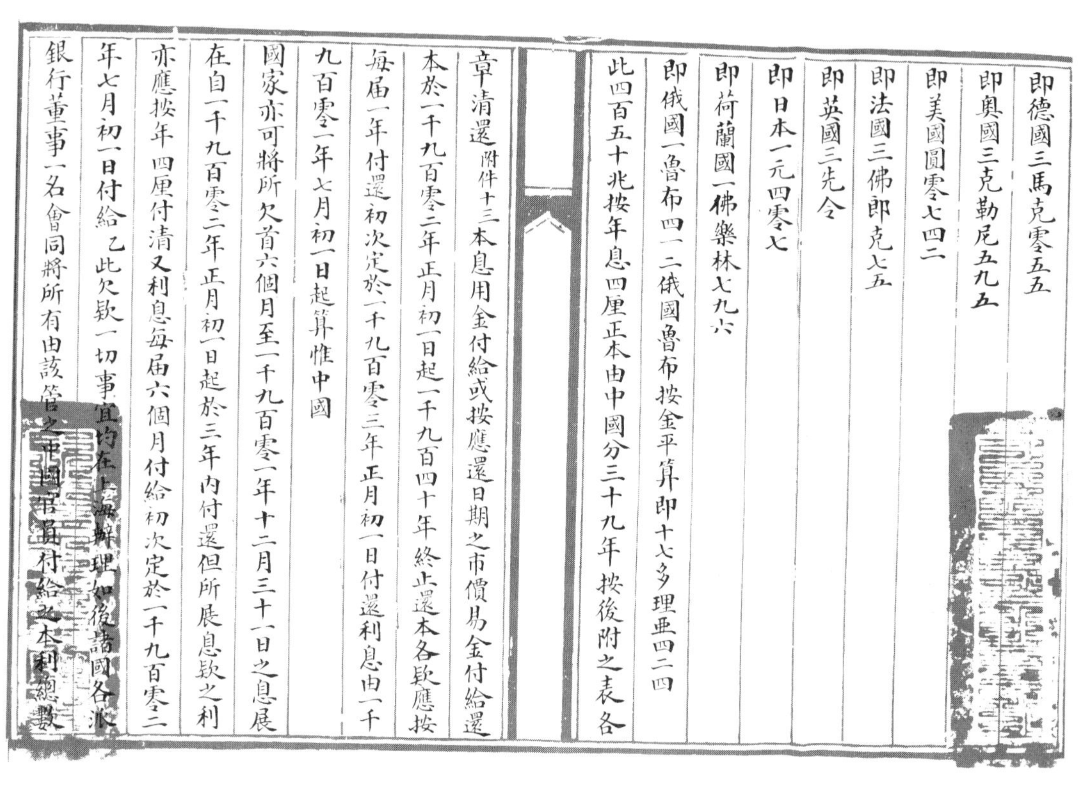
即德國三馬克零五五
即奧國三克勒尼五九五
即美國圓零七四二
即法國三佛郎克七五
即英國三先令
即日本一元四零七
即荷蘭國一佛樂林七九六
即俄國一魯布四一二俄國魯布按金平算即十七多理亞四二四
此四百五十兆按年息四厘正本由中國分三十九年按後附之表各章清還 附件十三 本息用金付給或按應還日期之市價易金付給還本於一千九百零二年正月初一日起一千九百四十年終止還本各款應按每届一年付還初次定於一千九百零三年正月初一日付還利息由一千九百零一年七月初一日起算惟中國
國家亦可將所欠首六個月至一千九百零一年十二月三十一日之息展在自一千九百零二年正月初一日起於三年內付還但所展息款之利亦應按年四厘付清又利息每届六個月付給初次定於一千九百零二年七月初一日付給 乙此欠款一切事宜均在上海辦理如後諸國各派銀行董事一名會同將所有由該管之中國官員付給之本利總數

收存分給有干涉者該銀行出付回執由中國
國家將全數保票一紙交付駐京諸國
欽差領銜大臣手内此保票以後分作零票每票上各由中國
特派之官員畫押此節以及發票一切事宜應由以上所述之銀行董
事各遵本國飭令而行 付還保票財源各進欵應每月給銀行
董事收存戊所定承擔保票之財源開列於後
一新關各進欵俟前已作為擔保之借欵各本利付給之後餘剩者
又進口貨稅增至切實值百抽五將所增之數加之所有向例進口免
稅各貨除外國運來之米及各雜色糧麵並金銀以及金銀各錢
外均應列入切實值百抽五貨内
二所有常關各進欵在各通商口岸之常關均歸新關管理
三所有鹽政各進項除歸還泰西借欵一宗外餘剩一并歸入

附一千九百零五年七月初二日各公使改善付還賠欵辦法之照復

為照復事付清賠欵一節前於去年六月十四日
各國大臣聯銜照會
貴親王嗣於本年五月三十日接准
來文内稱案查各國
欽差大臣所擬整頓付還賠欵各節即本部前於光緒三十年六月十四日

接准
各國大臣聯銜照會均已閱悉詳加查核籌辦與
比國大臣暨
他國大臣等迭次函商面議各在案茲本部特將議妥清還虧
欠及將來付欵辦法照送
各國大臣查照允行查本部允認和約第六欵所載四百五十兆兩
既以為金欵則中國欠
各國之每關平銀一兩應付還者即係第六欵所定當為一兩之
各國金數並擬定各條如左
一西歷一千九百零五年正月初一日以前中國因用銀欵付還以致虧
欠現擬以和約關平銀八百萬兩之總數一律清還此總數即照一
千九百零五年正月初一日所欠
各國之數分别劃撥至所撥之數應將每届六個月期限以和約關
平定數易金核算所欠之欵若干茲請
各國大臣各將應得之數從速開示以便此節允行後十五日内用
電滙票逕向各國付清未經付清以前此八百萬兩應按年行息
四厘其利由一千九百零五年正月初一日起至付清之日止
二本部所擬各節

各國允准後即將各國分票畫押
三每年應付之本利將來每逢月底末日按月均分照附於
各國分票後付還本息表內載明者付還惟請
各國允中國每屆六個月期限滿日於所付款內扣回按年四厘息
銀此息銀由付還之日起至六個月期限滿日為止所有應還各款
按照以上所載辦法將和約關平銀照依
各國金錢之價核定中國或按倫敦市面銀價用銀付還或以金錢
期票或以電滙票均聽
各國所願此項期票電滙票中國不拘在何處及何銀行均可任
便照最賤之價或照投票辦法購買惟所付之金款務須於應付
還之日還向
各國付清中國應擔保其電滙票及期票均能如數兌交無悞
本部現擬各節如
各國允行時應即各擇定以上辦法三端之一自擇定後照行至賠
款付清之日為止
四由一千九百零五年正月初一日起至改善付還賠款辦法開辦之日
止上海各國銀行董事已收之銀款現擬仍繳上海道由該道將應
付還

各國之款按照以上所指之辦法付清惟此款自照新定辦法付還
之日起至該期六個月限滿之日止須扣回四厘息銀本部所擬辦
法如此相應照請
各國大臣查照即將
各國允否之意從速
見覆為盼等因前來本大臣當將以上所擬各節轉達
各本國
國家去後茲承各本國和衷查閲允准辦理相應照復
貴親王以本大臣將五月三十日
來文內所擬整頓付還賠款各節均行照允茲特聲明第四款
內所定者須用公平之法辦理至八百萬之數如何分別劃撥之
法照
貴親王所請現將表單附送
查閲須至照會者
附攤還賠款表

附攤還照款表

附錄

付還本利表

年限	本	利	每年本利總數按年均分兩期攤還於六月三十日及十二月三十一日為期	每月攤還	附錄
	美國金洋	美國金洋	美國金洋	美國金洋	
一九零二	四五,〇五二,五〇	九七七,六三一,一六	一,〇二二,六八三,六六	此數項按照一千九百零五年七月	
一九零三	四六,八五四,六〇	九七五,八二九,〇六	一,〇二二,六八三,六六	初一日各公使公函內第一節所議辦理	
一九零四	四八,七二八,七九	九七三,九五四,八六	一,〇二二,六八三,六五		
一九零五	五〇,六七七,九四	九七二,〇〇五,七二	一,〇二二,六八三,六六	八九四四六八〇	
一九零六	五二,七〇五,〇六	九六九,九七八,六〇	一,〇二二,六八三,六六	八五二二三六四	
一九零七	五四,八一三,二六	九六七,八七〇,四〇	一,〇二二,六八三,六六	八五二二三六四	
一九零八	五七,〇〇五,七九	九六五,六七七,八六	一,〇二二,六八三,六六	八五二二三六四	
一九零九	五九,二八六,〇二	九六三,三九七,六四	一,〇二二,六八三,六五	八五二二三六四	
一九一〇	六一,六五七,四六	九六一,〇二六,二〇	一,〇二二,六八三,六六	八五二二三六四	
一九一一	一二三,二二七,六四	九五八,五五九,九〇	一,〇二二,六八三,六六	九〇〇六五六三	
一九一二	一二七,一一六,七四	九五三,六七〇,八〇	一,〇八〇,七八七,五四	九〇〇六五六三	
一九一三	一三二,二〇一,四一	九四八,五八六,一二	一,〇八〇,七八七,五四	九〇〇六五六三	
一九一四	一三七,四八九,四七	九四三,二九八,〇六	一,〇八〇,七八七,五三	九〇〇六五六三	
一九一五	三二六,七八三,七〇	九三七,七九八,四八	一,〇八〇,七八七,五三	一〇五三八一八五	
一九一六	四〇五,〇五七,六二	九二四,七二七,一四	一,二六四,五八二,一八	一一〇八一五四〇	
一九一七	四二一,二五九,九二	九〇八,五二四,八四	一,三二九,七八四,七六	一一〇八一五四〇	
一九一八	四三八,一〇〇,三二	八九一,六八四,四四	一,三二九,七八四,七六	一一〇八一五四〇	
一九一九	四五五,六二四,七三	八七四,一六〇,〇三	一,三二九,七八四,七六	一一〇八一五四〇	
一九二〇	四七三,八六〇,一二	八五五,九二四,六四	一,三二九,七八四,七五	一一〇八一五四〇	
一九二一	四九二,八一四,五三	八三六,九七〇,二三	一,三二九,七八四,七六	一一〇八一五四〇	
一九二二	五一二,五二七,一一	八一七,二五七,六四	一,三二九,七八四,七五	一一〇八一五四〇	
一九二三	五三三,〇二八,一九	七九六,七五六,五六	一,三二九,七八四,七五	一一〇八一五四〇	
一九二四	五五四,三四九,三二	七七五,四三五,四四	一,三二九,七八四,七五	一一〇八一五四〇	
一九二五	五七六,五二三,二九	七五三,二六一,四六	一,三二九,七八四,七六	一一〇八一五四〇	
一九二六	五九九,五八四,二二	七三〇,二〇〇,五四	一,三二九,七八四,七五	一一〇八一五四〇	
一九二七	六二三,五六七,五九	七〇六,二一七,一六	一,三二九,七八四,七六	一一〇八一五四〇	
一九二八	六四八,五一〇,三〇	六八一,二七四,四六	一,三二九,七八四,七五	一一〇八一五四〇	
一九二九	六七四,四五〇,七一	六五五,三三四,〇四	一,三二九,七八四,七六	一一〇八一五四〇	
一九三〇	七〇一,四二八,七四	六二八,三五六,〇二	一,三二九,七八四,七五	一一〇八一五四〇	
一九三一	七二九,四八五,八九	六〇〇,二九八,八六	一,三二九,七八四,七六	一一〇八一五四〇	
一九三二	一,三四八,八四七,六七	五七一,一一九,四四	一,九一九,九六七,一一	一一〇八一五四〇	
一九三三	一,四〇二,八〇一,五八	五一七,一六五,五二	一,九一九,九六七,一〇	一一〇八一五四〇	
一九三四	一,四五八,九一三,六四	四六一,〇五三,四六	一,九一九,九六七,一〇	一一〇八一五四〇	
一九三五	一,五一七,二七〇,一九	四〇二,六九六,九二	一,九一九,九六七,一一	一五九九九七二六	
一九三六	一,五七七,九六〇,九九	三四二,〇〇六,一〇	一,九一九,九六七,〇九	一五九九九七二六	
一九三七	一,六四一,〇七九,四三	二七八,八八七,六六	一,九一九,九六七,〇九	一五九九九七二六	
一九三八	一,七〇六,七二二,六一	二一三,二四四,五〇	一,九一九,九六七,一一	一五九九九七二六	
一九三九	一,七七四,九九一,五二	一四四,九七五,五八	一,九一九,九六七,一〇	一五九九九七二六	
一九四〇	一,八四五,九九一,一八	七三,九七五,九二	一,九二三,三七四,一二	一六〇二八一一八	
缺少	三,四〇七,〇二				
總數	二四,四四〇,七七八,八一	二八,九一〇,七七三,四四	五三,三五一,五五二,二五		

六二

堂批 閲定 三月四日

函復美柔使

逕復者：光緒三十三年二月三十日接准

函稱：美孚洋行在弋磯山下租地一塊，距瑞記行所

租之地不遠。美孚行租此地段已經年半，地方官

尚未准予稅契蓋印。該地方官不肯允准之故，似

係不准該行建造油池。但瑞記行所租之地亦同係特

為建池而租，請飭地方官即將該行之地稅契等

因。當經本部電詢蕪湖關道去後，茲接電復

稱：美孚行先在內地私建油機，經撫憲與美領

議定遷油機弋磯山下，勘定租地，又欲改建油池。撫

憲核與原議不符，駁詰，故未印契。瑞記一層，上

年英領以層教士將租地轉租英商洋油公司，請

立案。前道當以教堂租地無准私轉洋商之

文駁後並未承認等因前來查美孚洋行在弋磯山下祖地本議定為建造油棧之用乃又欲改建油池實與原議不符閱道未允税契蓋印不為無故至瑞記行賃地建池一節既經前閱道駁阻此次美孚行所請建造油池亦難照允相應函復

貴大臣查照轉飭知領事飭美孚洋行務遵

照原議辦理為要此復順頌

日祉

全銜

函復美孚使美孚行弋磯山祖地建油池與原議不符請飭遵照

原議辦理由

敬啟者初一日肅寄美字第壹百肆拾號公函計將

與此函同遞

堂鑒初五日晨誠以外部路提不日出外逭暑特約晤談

並探賠款消息路謂海陸軍各數均已送到經照貴

大臣意切實核減僅得十一兆有奇較之原議實讓

多半今日辦妥照會即當送交等語俟至傍晚果由

路提專差將照會送到大意謂當分派賠款之時美

國已有意將溢開之數歸還中國祇以時會未至不

便宣布現經核計不過十一兆六十五萬五千四百九十二圓六角九分奉總統諭俟國會開時即令授權會商中國將賠款原議更正減收等情誠查美國憲法事關兩國條約不論備改更正均由國會授權總統然後由總統派員辦理此次減收賠款必須由中美兩國大員將原定分付本利表額重行議定議定之後雖不由國會核准而派員之始則必令國會與聞所以不得不俟國會開時始索辦理此事之權

也既有外部正式照會又經總統明白宣布而所稱實支銀數亦已銖兩列明斷無再事翻悔之理至將來如何改訂數目更正表額之處應由兩國政府另行妥議大約至遲冬春之際必可舉辦此次美總統外部善於轉圜勇於趨義實非初料所及不可無以奬勵而鼓舞之以爲他國觀感誠謹於是日馳電

鈞部乞爲陳 奏請

旨嘉奬擬俟奉到後即恭録行知外部並親詣總統鄉居宣布

德意所有一切詳情經已專摺縷陳並將美外部照會鈔錄

譯漢另文咨呈

鈞部備案計荷

省覽即希

代回

邸堂列憲鑒核訓示是荷專肅敬請

均安

梁誠頓首

光緒三十三年五月初八日

美字第壹百肆拾壹號

六四

敬啟者本月初十日肅上美字第一百四十二號公函

度邀

堂詧十四日奉

鈞電内開初五日電悉減收賠款事美總統篤念邦交

義行獨倡實深欣感已奏

聞奉

旨傳旨致謝即欽遵譯達等因總統業赴鄉居逭暑當即一

面照會外部一面馳電約期謁見旋得復電訂十七

日午刻接見並邀午飯誠即赴紐約乘坐火車十七日晨抵蠔灣總統先遣馬車來迎既登廳事誠即恭傳

諭旨致謝總統肅立敬聽極道欣感旋入客座暢談時事持論極為通達尤以練兵興學兩端最為中原急務堅囑致意

政府並言德英諸國亦漸知中國之不可久侮對彼兩國交涉果能操縱得宜威海膠州皆有歸還之望又言工禁一節目前恐難刪除將來必與各國一律

現在日本工人已經限禁將來義大利等國工人亦在必限之列至於居美華人定必從優待遇等語詞意誠懇自屬可信其為人素性耿直與尋常政黨中人大有分別明年選舉果能聯任兩國交涉必有裨益誠相處四年甚覺其人之可敬而彼之於誠亦頗見推許也減收賠款事美國各埠著名報紙異口同聲極力贊助國會核議必不拒駁特將各報撮要譯錄用備

省覽誠定期本月二十三日啟程使事即派美館二等參贊周自齊代理除分別電達外謹再函布即希

代回

邸堂列憲詧核是荷專肅敬請

均安

制梁誠頓首

光緒三十三年五月十九日

美字第壹百肆拾叁號

附件

復墨胡署使函

逕復者：接准

函稱本署大臣現由美國購買獵槍二支、槍子六百粒，不日由上海進口運京使館，請轉飭各税關查照放行等因。此項獵槍子粒，本部已電滬道查驗免税放行。為此函復

貴署大臣查照可也。順頌

日祉

全堂銜

光緒三十三年六月 日

六六

東梁誠

〇 交外務部

七月十六日

前內閣侍讀學士出使美墨秘古國大臣臣梁誠跪

奏為美國政府允願減收辛丑賠款數目恭摺具

陳仰祈

聖鑒事竊查辛丑和約各國賠款美國原派美金二

十四兆四百四萬七百七十八圓八角一分按年

和息四厘計三十九年共和息美金二十八兆

九十一萬七百七十三圓三角四分分年攤還

本和兩項連落增減統計本和共美金五十

三兆五千五萬一千五百五十一圓一角五分

歷經按表如數交付在案臣抵美後訪聞

該國所開海陸軍費及商民教會損卸各項實

不及賠款之半因商承外務部指示面洽與前外

部大臣海約翰懇切磋磨動以大義感以邦交海
君遂商總統特諮內閣會議頗有減收之意旋
值日俄有事海約翰去世未及議行而工約既滿
續訂物議紛騰議員囂然爭幾中變經京寔使
來見我亦以磋磨速辦等詞向外務部奉告
本年春間臣復迭晤外部重申前說三月初旬總
統邀臣午飯乘間從容言及承允先議越十餘日總統
咨請國會特給款與外部大臣面定辦法旋以
海陸軍部冊報支費款目過鉅往返磋商妥案
核減於五月初五日接外部大臣路提文稱
公私支部各項核實計算不過美金十一兆六
十五萬五千四百九十二圓六角九分本總統
諭即協國會授權將中國賠款除照更正數
減收等情臣竊維辛丑賠款我國所關總數
四百五十兆兩之多本利併計千有餘兆
報洋關實取不免然事寔際恐徒託空言
而務為速議尤難責之一國乃其總統外部一經劃
切剖陳即能翻然迴合時閱三年屢經波折卒

能力挽犀議賑鄉然議院有正式照會交來作為
允願實據並允飭該國會援權更正原議其
為出於至誠確有把握因先將其計款減讓本
和卅六計美金二千七百九十二萬餘圓約合華
銀三千三百五十萬兩有奇當此財政支絀
一分之出款即紓一分之國用即紓一分之民
力未嘗不無小補而各國聞此舉動爭相勸勉
次第減收亦在意計之中是皆我
皇太后
皇上交鄰有道德業覃敷故能感格至神至於如
此而美總統趨慕義聲顧全睦誼能人之所不
能以為各邦矜式亦實有足多也除由電馳奏
並譯錄來文咨呈外務部備核外所有美國
政府允願減收賠款緣由理合恭摺據實具陳
伏乞
皇太后
皇上聖鑒訓示施行謹
奏
光緒三十三年七月十六日奉
硃批該部知道欽此
五月初十日

六七

劄順天府府尹美使請將美公理分會在灯市口所置房地各產稅契並將應納稅項數目聲復由

交　交

左侍郎聯 七月廿日

右侍郎汪 七月廿九日 交

榷算司

呈為劄行事光緒三十三年七月十五日准美柔使照稱茲有住京美國公理會之分會在燈市口地方有由庚子年前後所置房地各產大概均有紅契間有庚子後所置之產尚未稅契蓋印現將其前後所置房地之新舊契紙五十四封送請

本大臣轉請貴部行該管官員查核請爲總税
一契紙送還其中數契尚未納税應交税項若
干開明數目示復以便行知補納等因前來相
應將原送之新舊契紙共五十四封劄行順天府
府尹轉飭查明准子税契其應交税項若干
即開明數目聲復本部以憑轉復該使飭
知該會補納可也須至劄者 附原送契紙共五十四封

右劄順天府府尹准此

光緒三十三年七月 日

照會美公使美公理分會在燈市口所置各房地總契税銀轉飭照納并見復由

行

行

左侍郎聯　八月十二日

右侍郎汪

署右侍郎梁　八月十二日

榷算司

呈爲照會事。前准

照稱：住京美國公理會之分會在燈市口地方，有由庚子年前後所置房地各產，大概均有紅契，間有庚子後所置之產尚未税契蓋印。現將其前後所置房地之新舊契紙共爲四封，轉請囑該管官員查核，請爲總税一契，紙送還。其中有數契尚未納税，應交税項若干，並希開明數目示

復以便行知補納等語當經劄行順天府查復去後現
准復稱據大興縣詳稱税契為報部正款契尾填註價
銀必須與應納税銀相符今奉發契紙五十四封内有空
號四封實買房地五十處共契價銀兩萬捌千叁百
捌拾貳兩伍錢其中業經税契者三十一處計價銀壹萬
貳仟肆百叁拾伍兩未税十九處計價銀壹萬伍千玖百
肆拾柒兩伍錢今擬總税一契自應將已税未税之房間
價銀數目並賣主姓名歸併照錄一契粘連成套其契
尾填註價銀當仍按兩萬捌千叁百捌拾貳兩伍錢之
數方能符合既按兩萬捌千叁百捌拾貳兩伍錢填寫
則税契即應按數照納照則核算應納税銀壹千肆百
零肆兩玖錢叁分肆釐又契尾銀肆錢共計庫平足銀
壹千肆百零伍兩叁錢叁分肆釐惟查來文内有其中數

契尚未落稅應交稅銀若干開明數目行知補交等語是該會但知補交未稅契價之稅銀勢必與總契價銀應納之稅不符大興縣照此報解必干部駁將來部中責令大興縣賠繳實屬無詞可託應請照會美國駐京大臣轉飭該會按照此次總契價銀數目照則交納以免參差至該會既稅總契所有前此已稅之契自必重複應行批明作廢等情請查核迅予見復等因前來相應照會

貴大臣查照按照以上各節飭知該會遵照將應納稅項庫平足銀壹千肆百零伍兩叁錢叁分肆釐如數繳納並望見復可也須至照會者

美署使

光緒三十三年八月　　日

六九

大亞美理駕合眾國欽命駐劄中華便宜行事全權大臣柔 爲

照會事茲有通州坐糧廳不按約征稅一案本大臣將指明一切
簡畧情形列下 西本年三 四月本國美孚洋行將火油裝鉄油
車三輛由津運至通州該三車火油均領有子口稅單係三月十
三四月初四二十三等日由海關發給運至通州該處坐粮廳令
其納稅當由駐津美總領事函達津海關道經彼此往來函復
有案因該廳固執迄今仍未辦妥查六月二十日津海關梁道復美
總領事函稱已將此事分別咨飭查復去後茲准坐粮廳咨稱查有
祁客前後報過煤油三次每次各六百箱係由北京改販到通之貨

所有已征前項銀兩碍難繳還美總領事接此函後復函致海關道云查此事本總領事向不認識祁客該廳征收美孚行由鉄油車運通領有子口税單之火油税係與祁客運油到通之事無干等言復經津海關道再咨該廳將美孚行運通火油征税一事查明辦理不得將祁客運油之事混合在内該廳不過仍重述祁客不相干之語决不肯查辦美孚行運油征税一事現將津海關道末次函件抄録附送想

貴親王一經查閲便悉本大臣所言為不誣緣此案有純然明顯情事自無所用其辯駁是以請

貴親王查照迅即轉飭通州坐粮廳惟速查美孚行一事即將以上所列該行領有子口單用鉄油車運通所征之火油税銀繳還可也須至照會者附送洋文並抄件

右照會

大清欽命全權大臣便宜行事軍機大臣總理外務部事務和碩慶親王

一千九百柒年拾貳月貳拾肆日

光緒叁拾叁年玖月拾柒日

附件

照錄津海關道覆美總領事函一件

敬啟者：案查美孚行運通煤油被坐粮廳征税一事，前於七月初九日接准

來函，當經咨會

戶部坐粮廳查明辦理見復去後，茲准復稱：查前經貴道咨查美孚洋行鐵罐煤油一節，本係指定北京，復經祁容以六百箱分販到通，所有已征前項銀兩，碍難繳還，移復在案。今復以鐵車號數咨查，照數將税銀繳還等因。查

通關征收貨稅，向以關道發給商人運貨印單爲憑。前已粘单咨復在案。今准咨查前因，通關無從查核，相應咨復查照施行等因，相應函致，即希貴總領事查照爲荷。順頌升祺。

津海關道梁如浩敬啟　八月初二日

七〇

榷算司

呈為咨行事本年八月十七日准美柔使照稱本國美孚洋行將火油裝鉄油車三輛由津運至通州均領有海關發給之子口税單該處坐粮廳令其納税當由駐津美總領事函達津海關道咨飭查復去後准坐粮廳咨稱查有祁客前後報過煤油三次每次各六百箱係由北京改販到通之貨所有已征前項銀兩碍難繳還等語美總領事復函致海關道云查此事本總領事向不認識祁客該廳征收美孚行由鉄油車運通領有子口税單之火油税係與祁客運油到通之事無干等言復經關道咨查該廳仍重述祁客不相干之語决不肯查辦美孚行運油征税一事現將津

關道未次函件抄送查閱請迅即轉飭通州坐粮
廳速查此事即將所征税銀繳還等因前來查洋
貨運入內地如由海關領有子口税單經過各關卡查
驗單貨相符自應免納他項税捐茲美使照稱美
孚行由津運通之火油均領有子口税單與祁客運
油到通之事無干等語究係如何情形相應抄錄
美使來照暨所送津關道致美總領事之函咨行
貴部查照轉飭查明速覆以憑核辦可也須至
咨者 附抄件

度支部

光緒三十三年八月　日

七一

榷算司

呈為照復事美孚火油由津運通領有子口单該處坐
粮廳令其納税一事前准
貴大臣來照以所有已征税銀請轉飭繳還等情當
經本部咨行度支部轉飭查復去後兹准復稱據該
坐粮廳詳復稱本年二月初七日二十三日三月十三等日
有祁客販運美孚行煤油共三次持有子口单三張指
定北京城外繳銷有不得運至非所指地方之戳記
通州既非所指地方又非津東經過之路是以祁客將
美孚行子口单火油按六百箱呈報納税職廳因其
非所指地方亦照征税銀二十餘兩在案此後該行子
口单内載明運通之火油共計四次職廳均驗单照

章放行概未征收分毫此前三次火油征税後四次火
油放行之實在情形至美領事函稱與祁客向不認識
與祁客無干職等不得而知總之前次所運之火油
既非单内所指之地所征税銀實無不合等因前來
相應照復
貴署大臣查照可也須至照會者
美費署使
光緒三十三年九月　日

七二

大亞美理駕合衆國欽命駐劄中華便宜行事全權大臣康　爲

照會事。兹有美商柯查理日昨來京，帶有貨物，曾領津關道所發子口半税单，已繳税項銀四十八兩七錢五分。按照條約，凡持有已納半税之税单，到處不再重征。乃該商運貨到京，崇文門分局將該貨估價值三千元，照值百抽三征收税銀合洋九十元。該商謂此係不應納之税項，兹不過暫行交納。該分局當給該商收條一紙等因。查崇文門税關征收已納子口税之貨，係違一千八百九十六年中日條約第十一款，内載日本臣民有欲將

照章運入中國之貨物進售内地，倘欲一次納税，以免各子口
征收者，則聽其便。如係應完税之貨，則應照進口一半輸納；如係免
税之貨，則按值百兩征税二兩五錢，輸納時領取票據，執持此票
内地各征一概豁免。惟運進鴉片烟不在此條之内。相應請
貴親王查照，轉飭該分局將不按約所征九十元之税項繳還
美商柯查理收領，兹將海關道所發半税單及崇文分局所
給之驗票附送
查閲，甚盼按前數年崇文門誤征繳還之辦法，速將該商所

不應征税項繳還可也須至照會者 附送洋文並单二件

右

照

會

大清欽命全權大臣便宜行事軍機大臣總理外務部事務和碩慶親王

一千九百柒拾壹

光緒叁拾叁年玖月貳拾陸

月初壹

日

附件

AMERICAN LEGATION,
PEKING, CHINA.

To F. O. No. 319

H. October 31, 1907.

Your Imperial Highness:

I have the honor to inform Your Imperial Highness that an American merchant named Charles P. Kelly today brought some goods to Peking under a transit pass showing that he had paid inland transit duties thereon at the Native Customs in Tientsin to the amount of Tls. 48.75. This payment should clear the goods from all other inland duties whatsoever, yet, upon their arrival at Peking the Octroi office here levied further duties to the amount of $90.00, or 3% on an appraised value of $3000.00, which amount was paid under protest and a receipt given.

This action of the Octroi officials in Peking is, as Your Highness knows, contrary to Treaty regulations Article XI of the Treaty of 1896 between China and Japan says:

> " It shall be at the option of any Japanese subject desiring to convey duly imported articles to an inland market to clear his goods of all transit duties by payment of a commutation transit tax or duty, equal to one-half of the import duty in respect of dutiable articles, and two and half percent. upon the value in respect of duty free articles; and on payment thereof a certificate shall be issued, which shall exempt the goods from all further inland charges whatsoever

To His Imperial Highness, Prince of Ch'ing,
President of the Board of Foreign Affairs,
etc. etc. etc.

whatsoever. It is understood that this Article does not apply to imported opium."

It becomes my duty, therefore, to request that orders be issued directing that the $ 90.00 illegally collected from Mr. Kelly be refunded at once; and I enclose for Your Highness' examination the half-duty certificate issued by the Native Customs in Tientsin, and the receipt for the extra duty collected by the Octroi officials.

Feeling assured that the duty will be refunded in this instance as promptly as it has been on several similar occasions in the past, I avail myself of this opportunity to renew to Your Imperial Highness the assurance of my highest consideration.

Henry P. Fletcher

Charge d'Affaires.

七三

榷算司

呈為咨行事光緒三十三年九月二十六日准美貴
署使照稱茲有美商柯查理日昨來京帶有貨物
曾領津關道所發子口半稅单已繳稅項銀四十八兩七
錢五分按照條約凡持有已納半稅之稅單到處不再
重征乃該商運貨到京崇文門分局將該貨估價值
三千元照值百抽三征收稅銀合洋九十元該商謂此
係不應納不應納之稅項茲不過暫行交納該分局
當給該商收條一紙等因查崇文門稅關征收已納子
口稅之貨係違一千八百九十六年中日條約第十一款
內載日本臣民有欲將照章運入中國之貨物進售
內地倘欲一次納稅以免各子口征收者則聽其便如

係應完稅之貨則應照進口一半輸納如係免稅之貨則按值百兩征稅二兩五錢輸納時領取票據執持此票内地各征一概豁免惟運進鴉片煙不在此條之内請查照轉飭該分局將不按約所征九十元之稅項繳還美商柯查理收領兹將海関道所發半稅单及崇文分局所給之驗票附送查閲甚盼按前數年崇文門誤征繳還之辦法速將該商所不應征稅項繳還等因前來查美署使所稱各節究係如何情形應否將該稅項繳還之處相應將原送稅單驗票咨送貴衙門查照酌核辦理聲復並將稅单驗票送還本部以便轉繳可也須至咨者 附稅單驗票

崇文門監督

光緒三十三年十月　日

七四

欽命督理崇文門商税事務衙門 爲

咨呈事。准外務部咨，准美貴署使照稱，茲有美商柯查理日昨來京，帶有貨物，曾領津關道所發子口半税單，已繳税項銀四十八兩七錢五分。按照條約，凡持有已納半税之税單到處，不再重徵。乃該商運貨到京，崇文門分局將該貨估價值三千元，照值百抽三，徵收税銀合洋九十元。該商謂此係不應納之税項，茲不過暫行交納，該分局當給該商收條一紙等因。查崇文門税關徵收已納子口税之貨，係違一千八百九十六年中日條

約第十一款請轉飭該分局將不按約所徵九十元之稅項繳還美商
柯查理收領茲將海關道所發半稅單及崇文門分局所給之驗票
附送查閱甚盼按前數年崇文門誤徵繳還之辦法速將該商
所不應徵稅項繳還等因查美署使所稱各節究係如何情形
應否將該稅項繳還之處應將原送稅單驗票咨送查照酌核
辦理聲復並將稅單驗票送還本部以便轉繳等因前來 查本
稅課司所徵之稅向係落地貨稅光緒二十七年八月間經前任監督咨請
貴部照會各國駐京領銜大臣轉照各國駐京大臣嗣後若非使館

並衛兵運來自用之物無論何號洋商販運何項貨物但在本地銷售
者皆一律到崇文門納税等因在案相沿日久均悉照案辦理此次美
商柯查理運貨到京在前門分局估價納税九十圓一節仍係照
向來辦法辦理並非誤徵自未便發還相應咨呈
貴部照復駐京美大臣並將原送税單驗票一併送還轉繳
可也須至咨呈者
右　咨　呈
附税單壹紙驗票壹紙
外　務　部
光緒叁拾叁年拾月　　　日
拾壹

榷算司

呈為照復事前准

照稱茲有美商柯查理帶有貨物曾領津關道所發子口半税單已繳税項銀四十八兩七錢五分按約凡持有已納半税之税單到處不再重征乃該商運貨到京崇文門分局將該貨估價值三千元照值百抽三征收税銀合洋九十元係違一千八百九十六年中日條約第十一款請轉飭該分局將不按約所征九十元之税項按前數年崇文門誤征繳還之辦法速將該商所不應征税項繳還等情當經本部咨行崇文門監督核辦聲復去後茲准復稱本税課司所征之税項係落地貨税經前任監督咨請轉行照會有案相沿日久

均係照案辦理此次美商柯查理運貨到京在前門
分局估價納稅九十元一節仍係照向來辦法辦理並
非誤徵自未便發還咨呈照復等因前來查崇文門
所徵落地稅項按照值百抽三征收前經本部於光緒
二十七年九月照會
領銜奧國齊大臣轉行知照
各國駐京大臣在案茲美商所納九十元之稅項係屬照章
辦理自應毋庸繳還相應將原送稅單驗票一併送
還為此照復
貴大臣查照可也須至照會者 附稅單一紙驗票一紙
美貴署使
光緒三十三年十月 日

七六

大亞美理駕合衆國欽命駐劄中華便宜行事全權大臣費 爲
照復事。美國公理會稅契一事，西本月五號准
來照，稱轉准順天府據大興縣詳稱，美公理會契紙應納稅
庫平足銀一千四百零五兩三錢三分四厘，請飭該會將應納稅
速納等因。本署大臣當即照録前後照復，轉達該會查照去後，
茲據復稱，原擬將所置新舊之產總稅一契，稍爲便當，不料
稅項須出如此之鉅。按西九月十九號
貴部所來之照，該會所買之地業經稅契者三十一處，價銀
一萬二千四百三十五兩，另有未稅者十九處，計價銀一萬五千
九百四十七兩五錢。既係稅一總契，須如此鉅款，請本署大臣轉

請將已經税過之紅契先行送還轉交該會其未税之十九處即請税一總契至該十九處應納税項若干俟接有來照時即便如數備款交納云云相應照復貴親王查照望即如此辦理以符來意並希見復可也須至照復者 附送洋文

右照會

大清欽命全權大臣便宜行事軍機大臣總理外務部事務和碩慶親王

一千九百柒年拾壹月貳拾伍

光緒叁拾叁年拾月貳拾貳日

附件

AMERICAN LEGATION,
PEKING, CHINA.

To F. O. No. 329
H. November 23, 1907.

Your Imperial Highness:

I have the honor to acknowledge the receipt of Your Highness' note of November 5, 1907, with regard to the deeds for the property of the American Board Mission, in which you transmitted the request of the Magistrate of Ta-hsing Hsien that I direct the said mission to forward the amount of Tls. 1405.334, which sum is due as the fee for the issuance of a single deed to cover the whole of their property.

In reply I have the honor to state that a copy of this note, and one of your note of September 19, 1907, were duly forwarded to the American Board Mission, and that in reply I am informed that the Mission does not desire to go to such a large expense for the comparatively small advantage of having a single deed to cover all its property

According to Your Highness' note of September 19, 1907, the fees have already been paid on thirty-one pieces of land, the total cost of which was Tls. 12,435.00 but there remain nineteen pieces, purchased for Tls. 15,947.50, for which the fees have not been paid. I have the honor to request, then that the deeds which have

already

To His Imperial Highness, Prince of Ch'ing,
President of the Board of Foreign Affairs.

already been stamped be sent back to me to be returned to the mission, and that a blanket deed be made out to cover the remaining nineteen pieces of property for which the deeds have not been stamped. As soon as I am informed of the amount of the fee which will be payable for the stamping of the said deed, I will ask the mission to send me a cheque for that amount for transmission to Your Highness' Board.

Trusting that this arrangement will meet with Your Highness' approval and that I may have an early reply, I avail myself of this opportunity to renew to Your Imperial Highness the assurance of my highest consideration.

Charge d'Affaires.

七七

榷算司

呈爲劉行事美國公理會契紙應納稅銀一事當經本部照會美費署使轉飭從速繳納去後兹准該使照稱據公理會復稱原擬將所置新舊之産總稅一契稍爲便當不料稅項須出如此之鉅按西九月十九號貴部所來之照該會所買之地業經稅契者三十一處價銀一萬二千四百三十五兩另有未稅者十九處計價銀一萬五千九百四十七兩五錢既係稅一總契須如此鉅款請本署大臣轉請將已經稅過之紅契先行送還轉交該會其未稅之十九處即請稅一總契至該十九處應納稅項若干俟接有來照時即便如數備款交納云云望即如

此辦理以符來意並希見復等因前來相應札行
順天府府尹查照轉飭查核辦理並聲復本部
以便轉復該使可也須至劄者
右劄順天府府尹　准此
光緒三十三年十月

七八

片復度支部美國減收賠款仍須俟國會議准議覆學部一摺應由本部主稿由

左侍郎聯　十月廿日　行

右侍郎汪　十月廿日　行

署右侍郎梁

榷算司

呈爲片復事。准

片稱：准學部咨，本年十月十四日具奏大學分科經費請

撥立案一摺，奉

旨：該部議奏。欽此。抄録原奏咨行到部。前件是否由貴

部主稿會同本部辦理至美國減收賠款一節應於
何年月日起減收每次減定數目若干另行列表以便
臨時撥給應核定知照以憑辦理等因前來本部查
美國減收賠款一事本年六月間准出使美國梁大臣
將美外部照會譯錄咨明本部備案該照會内稱本
大臣奉總統諭為實行改正起見俟下期國會飭令
授權將與中國所訂賠款辦法會同更正等語並准梁
大臣函稱查美國憲法事關兩國條約不論修改更正
均由國會授權總統然後由總統派員辦理此次減收
賠款不得不俟國會開時始索辦理此事之權將來如
何改訂數目更正表額之處應由兩國政府另行妥
議等語是此事雖經美外部奉美總統諭允更正仍

須俟國會開時衆議允准方能將如何減收之處會商妥議此時未能將數目核定列表亦未便於該國國會未經議定之案將款項預行指撥所有議覆前件應由本部主稿俟擬定奏稿即咨送

貴部會同辦理可也須至片者

度支部

光緒三十三年十月　日

七九

大亞美理駕合衆國欽命駐劄中華便宜行事全權大臣費　為

照復事。西十一月二十號准
貴親王照復本館十月三十一號照會，以崇文門征收落地税一
事據云光緒二十七年九月間本部已經照會領銜奥國齊大臣
轉行知照各國駐京大臣有案。兹該分局征收美商柯查理按
值百抽三估價所納九十元税項，係屬照案辦理，自應毋庸繳還
等因。查崇文分局征收落地税，本館從未照允。在一千九百零三
年四月二十二號及五月五號　康前大臣先後指明此税寔係有違
條約等言。當由
貴部將已征税項繳還本館轉交在案。此次所征税項，該商不欲向

税務分局堅請繳還，是以本署大臣毋庸再行為之堅索，惟必須聲明凡已納子口税領有單照之貨運至崇文門復征落地税，本館决不能照允。嗣後不得援此案為例，以冀美商按約應得之利權稍有退讓也。為此照復

貴親王查照，須至照會者。附送洋文

右　照　會

大清欽命全權大臣便宜行事軍機大臣總理外務部事務和碩慶親王

一千九百柒年拾貳月初伍日

光緒叁拾叁年拾壹月初壹日

附件

AMERICAN LEGATION,
PEKING, CHINA.

To F. O. No. 331

H. December 3, 1907.

Your Highness:

I have the honor to acknowledge the receipt of Your Highness' note of November 20, 1907,, in reply to my note of October 31, last, with reference to the collection of a "laying down" tax by the Octroi officials of Peking on goods brought to the capital by Charles P. Kelly, an American merchant.

Your Highness states that notice of the imposition of this tax of 3% ad valorem by the Peking Octroi was sent to His Excellency Baron Czikann, the Doyen of the Diplomatic Corps, in the ninth moon of the 27th year of Kwanghsu with the request that he would transmit the information to the various Foreign Ministers and that the collection of the $90.00 from Mr. Kelly is according to precedent, therefore, and the money need not be returned.

In reply I have the honor to state that this Legation has never admitted the right of the Peking Octroi to levy this tax; on the contrary, as pointed out by Mr. Conger in two notes dated April 22 and May 5, 1903, to which I beg to refer Your Highness, the collection of this tax is in plain violation of treaty provisions. In the case referred to the money so collected was refunded.

In

To His Highness, Prince of Ch'ing,
President of the Board of Foreign Affairs.

In this case, however, Mr. Kelly does not care to insist on the money being refunded and the Legation therefore will not reopen this particular case, but wishes, however, that it be clearly understood that the present case cannot be considered a precedent, inasmuch as it does not acquiesce in principle in the collection of this tax on goods which have duly paid the import and transit duties, and reserves all rights under the treaties.

I avail myself of this opportunity to renew to Your Highness the assurance of my highest consideration.

Henry P. Fletcher

Charge d'Affaires.

八〇

大亞美理駕合衆國欽命駐劄辦理全權事務大臣貴　為

照會事、茲有順德府屬地方官、令出賣美國火油商、於每箱多抽稅項六十文、此為不按一千八百九十六年、中日商約第十一款、茲經所報本館案情如下、

順德府邢臺縣、近日出示云、照得教育以女學為先、而女學尤以師資為急、是女師範學堂實有不可稍緩者也、但設立學堂、尤須先籌的款、茲據民人郝天福稟請設立牙紀抽收煤油捐款、以充學費等情、前來、察核尚屬可行、惟牙抽捐不免舞弊、現議定煤油每箱抽收京制錢六十文、暫由皮毛局代為征收、其捐出自買主、由各鋪代收、在該買

主所捐有限，而女師範學堂得此一款，寔屬不無小補，誠恐商民難以週知，合行出示曉諭。為此示仰閤邑軍民人等知悉，自示之後，爾等凡有購買煤油，務各遵照後開章程納捐，倘有隱匿偷漏，察出定行照章議罰，决不稍寬云。其議罰之法，即係所定抽捐章程第五條内列，由外運来洋油，即將發票送局蓋用驗訖戳記，方准銷售，否則即按偷漏論，月終核對存售件數，倘有隱匿偷漏，一經查出，即按十倍議罰云云。現此項捐已由地方官令油商交納，查示内雖云其捐出自買主，此不過為藉詞遮飾之計，因不論如何代收，油商均擔有抽收該捐之責，此尤顯明於已納正税與子口税美貨，例不重征外，復多抽收税項，從前遇有此等案件、地方官每謂此、捐係屬於子口单已繳銷之貨、則與洋商無涉、地方官可隨意抽稅等言、以上所云、本館决不照允、本署大臣茲再指明、以上提及中日商約第十一款內列、日本臣民、有欲將照章運入中國之貨物、進售內地、倘願一次納稅、以免各子口征收者、則聽自便、如係完稅之貨、則應照、進口一半輸納、如係免征之貨、則按值百兩征二兩五錢、輸納時領取票據、執持此票內地各征一概豁免等語、並再請

貴親王查閱本館　柔大臣於一千九百六年九月二十六號照會

貴親王之一語云、無論貨物已否賣與華商、及已運至華棧、內地各項稅捐概免征收、如有洋貨已納內地半稅、再有別項厘捐征收稅項者、即係違背

商約條款、故應禁止征收云云、現今中國內地所用火油日多、乃為美國運入中國最大之商業、是以此案所關甚鉅、如火油在內地各處、多抽稅捐、不久內地火油生意即行銷滅、及中外條約所訂稅則、惟於美國火油一項子口單之益、亦將潛銷、此案駐津美總領事、已同津海關道往復照會、迄今尚未議結、相應照會

貴親王甚望與表同情、不論如何立有最能可抽捐之善舉、總係不按條約、並不能保全中美商務之睦誼、是以即請

貴親王查照、迅飭該管地方官、不准在內地各處、令已按約征稅之洋

貸復出捐款可也、須至照會者、附送洋文

右照會

大清欽命全權大臣便宜行事軍機大臣總理外務部事務和碩慶親王

一千九百柒年拾貳月初伍日

光緒叁拾叁年拾壹月初壹日

附件

AMERICAN LEGATION,
PEKING, CHINA.

To F. O. No.333
H. December 3, 1907.

Your Highness:

I have the honor to call Your Highness' attention to the imposition at Shun Te Fu of a tax of sixty cash a case on American oil, which in the opinion of this Legation is in violation of Article XI of the Commercial Treaty of 1896 between China and Japan.

The facts of the case as reported to the Legation are as follows:

The local magistrate at Shun Te Fu has lately issued a proclamation to the effect

> "That whereas the establishment of Girls' Schools is very important, and whereas there are no funds on hand to meet the expenses of such schools, the Magistrate has decided to levy a tax of 60 cash upon all persons who purchase a case of oil, or sixty cash for each case he purchases; the said tax, moreover, to be collected by the seller of the oil and turned over to the local tax office which collects the

To His Highness, Prince of Ch'ing,
President of the Board of Foreign Affairs,
etc. etc. etc.

the tax on skins and furs; further in order to prevent any mistake in the collecting whereby full returns would not be made, the seller is ordered to produce his invoices for each consignment of oil which he may receive, have them stamped at the local tax office, and then each month pay to this office the 60 cash which he has collected from the purchasers of oil; and if his tax receipts show any shortage, he is to be fined ten times the amount of such shortage."

and has proceeded to levy the tax mentioned. While the tax is stated in the first part of the proclamation to be on the purchaser, this seems a mere subterfuge as the seller is made entirely responsible for the amount of the tax, and in any event it is clearly a tax on American goods which have already paid the import and inland transit charges, and are therefore exempt from all further taxation.

In similar cases which have arisen the argument has been brought forward by the local authorities that after the transit passes have been produced and cancelled the interest of the foreign merchant ceases and they are at liberty to impose whatever taxes they may choose to levy. This position cannot be agreed to by the Legation.

It is hardly necessary to recall to Your Highness the provisions of Article XI of the treaty above referred to, reading as follows:

"It shall be at the option of any Japanese subject desiring to convey duly imported articles to an inland market, to clear his goods of all transit duties by payment of a commutation transit tax or duty, equal to one half of the import duty in respect of dutiable articles, and two and one half per cent. upon the value in respect of duty-free articles, and on payment thereof a certificate shall be issued which shall exempt the goods from all further inland charges whatsoever."

As stated by Mr. Rockhill in his note to Your

Highness

Highness dated September 27, 1906,

> "It is plain from the above language that it makes no difference whether or not the goods be already sold to a Chinese firm and delivery of them taken: the goods are free of all further inland charges whatsoever after the inland transit tax has once been paid."

The growing use in the interior of kerosene oil, one of the principal American imports to China, gives the question a more than local importance, for if this article is singled out for taxation locally the trade in it will soon be extinguished at all non-treaty places and the transit pass provisions of the treaties with respect to this important item of American trade will be rendered useless and void.

This case has been taken up by the American Consul General with the Customs Taot'ai at Tientsin without result, and it now becomes my duty to bring the matter to the attention of Your Highness and I do so with the earnest hope that Your Highness will agree with me that this taxation - no matter how laudable the object to which the revenue derived therefrom is applied - is not according to treaty nor consistent with the good trade relations which we hope to see maintained between our respective countries and that Your Highness will give the necessary instructions that the local authorities concerned shall cease to tax locally goods which have already paid the full charges stipulated in the Treaties.

I avail myself of this opportunity to renew to Your Highness the assurance of my highest consideration.

Charge d'Affaires.

八一

榷算司

呈為咨行事光緒三十三年十一月初一日准美使照稱茲有順德府屬地方官令出賣美國火油商於每箱多抽税項六十文此為不按一千八百九十六年中日商約第十一款邢臺縣出示曉諭倘有隱匿偷漏察出定行照章議罰不論如何代收油商均擔有抽收該捐之責此尤顯明於已納正税與子口税美貨例不重征外復多抽收税項此案駐津美總領事已同津海関道往復照會迄今尚未議結是以照請迅飭該管地方官不准在內地各處令已按約征税之洋貨復出捐款等因前來此事究竟如何情形相應抄録美使

來照咨行

貴大臣查照轉飭查明速復以憑核辦可也

須至咨者 附鈔件

北洋大臣

光緒三十三年十一月　　日

八二

崇文門商稅事務衙門為片呈事本月初二日准
貴部片開據承修新外務部衙署美國工程師
詹美生稟稱現有運到新署應用洋釘十九箱經
前門車站扣留稟請核辦等情前來查該工程師
所稱運到洋釘十九箱實係承修本署應用之件
相應片行轉飭放行以利工做可也等因准此查前
項洋鐵釘十九箱既係
貴部修署之用除飭前門分局查驗放行外相應片呈

貴部查照，至嗣後如再購運修署材料，希先期將件數知照本衙門，俾便飭局查驗，以杜影射可也。須至片呈者。

右片呈

外務部

光緒叁拾叁年拾壹月　初捌　日

順天府爲咨送事前准

貴部文開美國公理會契紙應納税銀一事當經本部照會美費署使轉飭從速繳納去後茲准該使照稱據公理會復稱原擬將所置新舊之産總税一契稍爲便當不料税項須出如此之鉅按西九月十九號貴部所來之照該會所買之地業經税契者三十一處價銀壹萬貳千肆百叁拾伍兩另有未税者十九處計價銀壹萬伍千玖百肆拾柒兩伍錢既係税一總契須如此鉅款請本署大臣轉請將已

經税過之紅契先行送還轉交該會其未税之十九處即請税
一總契至該十九處應納税項若干俟接有來照時即便如數
備款交納云云望即如此辦理以符來意並希見復等因前
來應請查照轉飭查核辦理併聲復本部以便轉復該使
等因到府准此當經本衙門札飭大興縣查明該會已經税
過之紅契先行送還其未税之十九處即行税一總契具文申
送應納税項若干迅速查明禀覆以憑咨請
貴部轉復該使如數備款交納去後兹據該縣詳稱遵飭將

該會未稅十九處之白契粘連成套[illegible]價銀壹萬伍千玖百肆拾柒兩伍錢應納稅銀柒百捌拾玖兩肆錢貳釐又契尾銀肆錢共計庫平足銀柒百捌拾玖兩捌錢貳釐將稅妥十九處總紅契並原發跟隨老契及已稅三十一處紅契一併詳送到府請查核轉咨將應納稅銀飭發下縣以便轉報等情前來本衙門復核無異除詳批示外相應將送到各契

咨送

貴部查照並希將應納稅銀照數咨送過府以便轉發具領

報解可也須至咨者

計咨送 新税紅契一套 原發紅白契五十四封

右

咨呈

外務部

光緒叁拾叁年拾壹月 拾壹 日

附件

總契粘連

左翼移文執照一 卅四

賣房租庫執照一

聶邦禮賣契一

崇省溪一

馬文輝一 又一

田錫九倒契一 又一

又賣契一 又一

高福一 又一

李國臣一 又一

董隸臣一 又一

孔繼裕一 又一

林嘉帆一 又一 又賣契二

夏陳謨租契一 又一

榮雨亭一 又一

萬松林一 又三

莊起鳳一

白雲路一

楊子明

戎鳳喜一

庚字壹号 紅 王嗎氏賣子乙張 一百十兩 跟隨紅白契四

紅 那興河賣子乙張

又白契乙張

白 台牲賣子乙張

白 薛朱氏賣子乙張

又紅契乙張

庚子貳号 紅 王英奎賣子乙張 三百廿兩

白 王德順賣子乙張

庚子叁号 紅 何東臣雅亭賣子乙張 三百七十兩

白 吳培志賣子乙張

白 徐玉泉賣子乙張

紅 又買子乙張

白 侯文興賣子乙張

白 達什札木蘇賣子乙張

白 張宝善賣子乙張

白 賴馬氏賣子乙張

白 吳振典子乙張

白 郭振文典子乙張

白 王錫齡賣子乙張

紅 常有陞賣子乙張

白 又白契一張

白 又 一張

紅 又紅契一張

庚子肆号 紅 李慶陞賣子乙張 六百五十兩

白 黄福全票子乙張

红 馬際泰票子乙張

红 又 一張

红 七十一票子乙張

红 四傑票子乙張

白 又 白票子乙張

白 王大票子乙張

白 王自貴票子乙張

白 瑞明典票子乙張

白 馬什抗阿典子乙張

庚子伍号

红 耿繼善票子乙張　七十兩

红 又票子乙張

白 史永寬票子乙張

白 清文票子乙張

白 李奎氏票子乙張

白 王鎮票子乙張

白 高桂軒票子乙張

庚子陸号

红 克什东票子乙張　三百卅兩

白 李大恒典子乙張

白 史永寬票子乙張

白 同倫票子乙張

白 李元善票子乙張

红 李十票子乙張

白 又 一張

红 又補稅一張

庚子七號 红 李均賣子乙張 二千二百兩

庚子八號 红 富德氏賣子乙張 一百廿五兩

红 僧錄司執照乙張

庚子九號 红 李瑞賓賣子乙張 六百五十兩

红 張琪賣子乙張

红 又官房租庫執照乙張

白 廣興賣子乙張

红 又紅契一張

白 劉孟匯白子一張

白 又一張

庚子十號 红 閆榮福壽賣子一張 三百五十兩

白 趙吳氏賣子一張

白 韓俊賣子一張

白 張茂蘅賣子一張

白 李繼昌賣子一張

红 孫電傑賣子一張

白 红 富廉賣子一張

庚子十一號 红 永福賣子一張

红 王電卿賣子一張 八百五十兩

白 堯繼清一張 又一張

白 高常馥一張 又一張

白 張王氏一張

白 楊濟匯一張

白 宋植一張
白 紀汶清一張
白 段文瑞一張
白 李元祐一張
白 王庭桄一張
白 孟金玉一張
白 莊世傑一張
白 武中阿一張
白 趙生楷一張
白 山海一張
紅 瑪隆阿一張
白 佟包氏一張

白 董玉麟一張
白 張古丑一張
白 閆義成一張
白 高明一張
紅 雲曉岳一張　又白一
白 雲金楷一張
庚子十二號 紅 梅季五奏一張　四百五十兩
白 楊吉泰一張
紅 王茂一張
白 王松齡一張
白 劉筱亭一張
紅 楊福壽一張　又白一張

紅盧金橋二張　又一張白

十三年　紅李寶廷賣字一張　四百五十兩

白孫子麟一張

白徐華春一張

白李芳榮一張　又一張白　又一張紅

白劉文元一張

白景新一張

十四年　紅謝榮賣字一張　弍百五十兩

白賈永禧一張

紅慶立泰一張

白白起一張

白白廷瑞一張

二

白李鳳山一張

白李孝一張

十五年　紅謝榮賣字一張　弍百廿兩

紅曹廷錀一張

白畢連芳一張

紅廣積一張　又一張白

白索倫泰一張

白富昌一張

白孟德昌一張

白李文錦一張

白宋祥一張

紅李端一張

崔馬氏一張

十六号董紫筠一張　四百八十兩

宋玉琳一張

王廷瑞一張

匡洪順一張

又一張

十七号垣幼鶴貴子一張　四百兩

海瑞一張

烏什岭一張

闫華峯一張

牛錦氏一張

賈春立一張

白宋玉琳一張

紅逢望一張

十八号紅劉長田貴子一張　一百廿兩

紅耿永祥一張

白程明山一張

十九号紅錦春泰一張　一百六十兩

白又一張

二十号紅王亭有一張　四百三十兩

白夏姓一張

白霍恩慶一張

白李廷耀一張

紅王共祥一張

又白一張

白 連明阿一張

廿一號 紅 唐業興一張 一百五十兩

白 李勝一張

白 楊壽峯一

白 李文義一

紅 國慧仁一

紅 劉李氏

白 木桂全一

白 王紹文一

紅 戴国治一

紅 佟世業一

廿二號 紅 孫進壽一張 二百廿兩

白 吳瑞一

紅 又二張

紅 李義歡一 付合同一

白 李佳成一

廿三號 紅 張瑞林一張 五百兩

白 楊壽峯一

白 王景一

白 張喜一

白 楊熙載一

白 高瑞一 拼單一

廿四號 空

廿五号 红 包佳壽一張 二百廿兩
红 馬洪氏一
白 又二張
白 翟福非二張
廿六号 红 李啟齋一張 四百兩
红 王文光一 白 又一
红 曹杰行一 白 又一
红 廖趙氏一 白 又一
廿七号 红 陸竹年一張 四百兩
白 陸姓一
红 长布一
廿八号 红 陸竹年一張 一百兩

川

廿九号 空
三十号 空
卅一号 红 勝符一張 六百兩
白 佳祥一
白 奎光一
红 札隆阿一
白 延齡一
白 吳有峯一
白 田文錦一
白 田瑞一
白 鄧文祥一
白 萬成一

白傅恒安三張　红又一
白陈明儒一
红魏那秀一
卅二号
卅三号　红佳裕一張　三百两
红光裕一　白又一
红王海一
白張瑞芝一
红張赵凤一
红文光一
白芎氏一
白佳鈫一

白恒昌一
卅四号　红希敬荃一张　二百五十两
白许朗斋一
红爱山一
红宋福一
卅五号　红臧相臣一张　三百两
卅六号空
铁掌一
卅七号　红崇有溪一张　四千四百两
红金祥　王继　王永顺　各一
白姜心泉一
白吴仕元一
白佳保一　红又一

白 全祥 一
白 李文秀 一
白 安修真 一
紅 許撫卿 一
白 張安 一
紅 崇義 一　由庚一至七號四號已號共卅二封
鵲鴒市 紅 又一號 台大緣 十 索子 白 又一
仝上 白 台布 二
仝 白 額尔佳蒙額 二
瓜子店 白 吴俊亭 一
仝 紅 廣有財 一
仝 紅 張関氏 一

瓜子店 白 佳克佳額 一
仝 紅 海明 一 白 又二
瓜子店 白 董雲池 一
仝 白 王鴻勳 一
仝 白 張関氏 一
仝 白 張趙氏 一
紅 成福 一 满文
瓜子店 白 和尔錦 二
瓜子店 紅 恢住 一
灯市口茶館 白 二號 郝先忠 一
仝 白 董阮氏 一
白 三號 張姓 一
又

陸致　二
四号　白那宅　一
白魏素昌　二
白樊維鋒　一
白匡廣玉　一
白王守全　一
白張文達　一
白王永貴　一
白王四　一
白劉榮山　一
白趙貴氏　一
白慶　一

[illegible]

紅王元京　一
白又　一
五号　白于姓　一
白于國臣　二
白鹿壽　一
白佳森　一
紅又　一
六号　白王玉亭　一
白王石圃　一
白于世傑　一
紅又　一
白又　一
白巴克唐阿　一
白宋國泰　一
白周廷瑚　一
七号　無

八号 红台姓一

九号 红楊盛文一 白又一

红李迎忠一 白又一

红孙三一 白又一

红李蘭馨一

白艾陞一

白国三一

白国宣一

白馬祥一

白刘大用一

十号 無

十一号 白李萬年一

白郭大二 红又一

红李永慶一 白又一

红俞明遠一 白又一

十二号 红佳樹廷一

红韩邦遠一

红徐名遠一

红胡明禧一

十三号 白劉萱一 白又一

红李天來二

十四号 白萬松林倒子一

白陈艾氏一 白又一

红潘玫祥一 红又一

紅 陈恭善 一
白 桂成 一
白 恆通 一
白 業泰 一
白 趙揆莊 二
白 代信 一

白 金大 一
白 劉鳳隆 一
白 馬定國 一　牛衙
紅 王永泰 一　仝
白 十五号額勒渾太 一
白 王庭棟 一

白 曹永祥 一
白 張国太 一
白 李天秀 一
白 承宅 一
白 張保善 一
白 德錢 二　紅 又 一

紅 和碩色 一　满文
白 富惠 一
十六号 白 海姓 一
白 連李氏 一
白 王德玉 一
白 吳鍾山 一

台
白 郭美太 一
紅 劉姓 一
白 徐姓 一
白 朱氏 一
白 賈桂林 一
白 慶 一

白 李文太 一
白 何琳 一
白 陸棟 一
白 劉玉 一
白 朱福 一
紅 諾尔布 一

八四

欽命督理崇文門商稅事務衙門 爲

咨呈事。本月初七日准

貴部咨稱，查美使照請繳還美商柯查理在崇文門所納稅銀一事，前准咨覆所徵稅項係落地貨稅，經前任監督咨請轉行照會有案。此次美商在前門分局估價納稅九十元一節，仍係照向來辦法辦理，未便發還等語。當經據復美使去後，現准照稱崇文分局徵收落地

税本館從未照允在一千九百零三年四月二十二號又五月
五號康前大臣先後指明此税實係有違條約當將已
徵税項繳還本館轉交在案此次所徵税項該商不欲向税
務分局堅請繳還是以本署大臣毋庸再行爲之堅索惟
必須聲明凡已納子口税領有單照之貨運至崇文門復
徵落地税本館决不能照允嗣後不得援此案爲例以冀
美商按約應得之利權稍有退讓等因咨行核復前來

查北京地面不在内地通商之列故本衙門所徵落地貨税暫按值百抽三徵收經前任監督咨請轉行照會有案歷經照辦多年各國大臣均無異詞至從前偶有發還税款之事或因本非經商之人攜帶家用食物或因本非在北京落地之貨是以分别辦理自不得援此等事件以爲常例所有美使聲明各節本衙門實屬礙難照辦相應咨呈

貴部查照轉復美使可也須至咨呈者

右咨呈

外務部

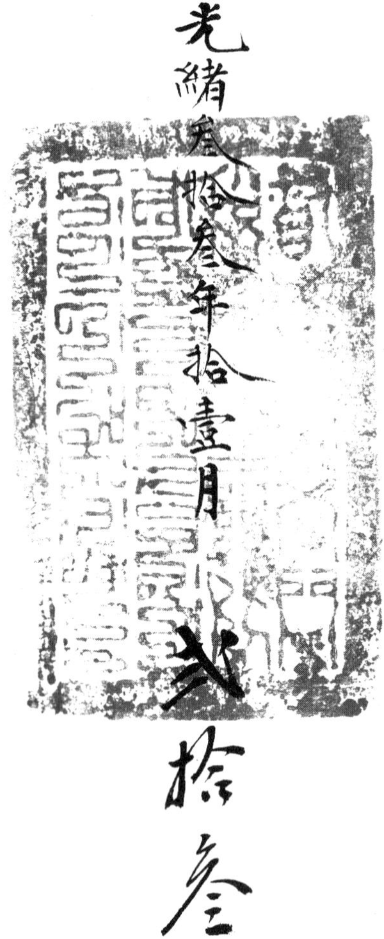

光緒叁拾叁年拾壹月貳拾叁日

八五

榷算司

呈爲照覆事本年十一月二十六日接准

照稱金陵厘捐總局征收火油捐一事本署大臣

劄行南京美領詳查准覆稱江甯縣將因不肯

繳納油捐之華商馬姓房姓拘禁縣監覓保開

釋該商不敢再販美國火油以致美商因而受

損按上月六號照會内所列凡美貨完納税項

以後無論再立何項捐名及洋貨或在外人手

内或入華商店内亦不論税單已否繳銷不能

允從再納何等捐項請飭該管官員不可征此

籍名捐款等因前來此事本部業經函達南洋

大臣矣相應照復

貴署大臣查照可也須至照會者

美費署使

光緒三十三年十二月　日

八六

農工商部爲咨呈事接准

咨稱據駐美代辦使事參贊周自齊

電稱旅華英美商要我用英度量衡美

外部據商稟飭度量衡局核議該局允

為我助宜遣理化畢業生赴英德美考察
辦法美國允我派人入局研究若就留學
中遣派尤妙等因咨行查照核辦前來
查此事前據駐英李大臣咨送英國
度量衡會代遞英商禀稱中國各處擬
用之度量衡若能畫一與英國所用者相同
或與之相等比例而無零數之須計則不獨
中英商務從此可期日增即中英人民往

來亦可益形親睦又曼德斯商務會園
稱本會總董惟望將來行用之度量
衡與我兩國商務場中現今所用者相同
或與之有比例而便於合算庶兩國已有
之極大商務不致因而窒礙各等語是英
國商人及商會但望將中國與彼國之度
量衡有一比例便於合算即於商務有益
美商當亦表同情中國舊制習慣已久

本難改從他制現擬仍用舊日營造尺漕
科庫平之制實行畫一不使參差并與中
國舊制應行暫留之他種用器及與各國所
用之度量衡定一極新極準之比例使彼此
皆便於計算即可中外通行均無窒礙
至遣派學生赴英德美考察辦法一節當俟
將來考定制度之後再行酌辦相應咨呈
貴部請將以上各節電復駐美代辦周參

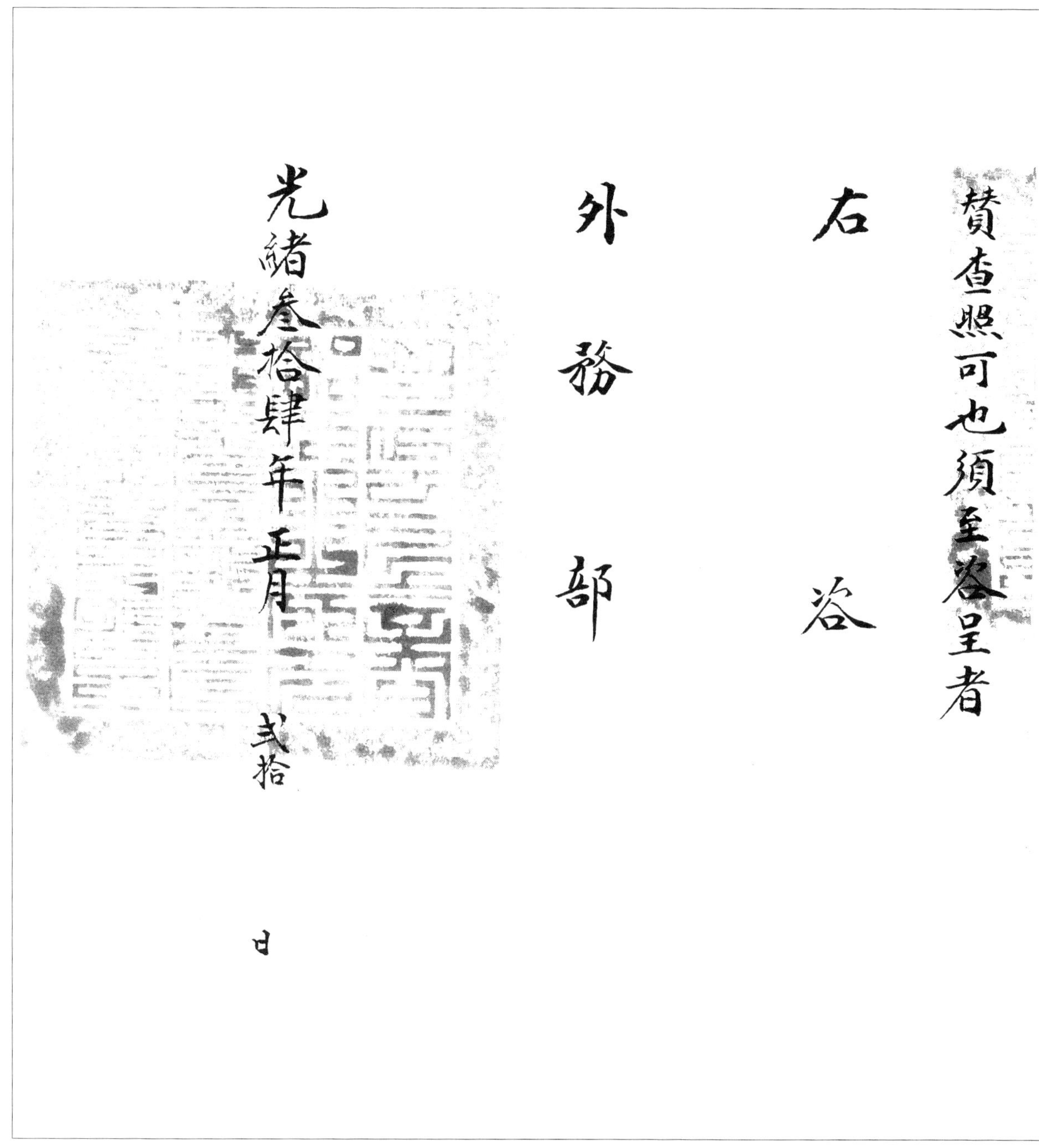
賫查照可也須至咨呈者

右　咨

外務部

光緒叁拾肆年正月　貳拾　日

八七

敬啟者竊 廷芳於正月初三日由滬放洋率同參領
各員乘坐美公司西伯利亞輪船取道日本檀香山
赴美當將放洋日期電陳
大部代奏在案正月廿一日抵檀香山該島總督派兵
接迓中西人士頗極歡迎念七日抵舊金山沿途風
浪不驚幸托平順抵岸之頃美税司親詣舟中接
迓所有隨帶各員暨隨赴美國留學諸生均已即
時登岸相待甚優金山為華旅聚處之區少憩
數日接晤工商士庶詳察華僑情形一一慰問以副
大部保衛僑氓之至意嗣於二月初一日乘坐火車初

四日到詩家谷埠畧駐數時即夕登車逕赴美都
初五日抵華盛頓初六日接任視事所有關防文
卷暨一切事宜均由代理使事周道自齊移交前
來業經接收清楚初七日往晤美外部大臣訂
期謁見美總統旋准來文定於初九日午刻偕赴
白宮晉見容俟呈遞
國書後再行詳達謹將抵任情形縷陳一切伏祈
代回
堂憲鑒詧是所切禱肅泐敬請
勛安
伍廷芳頓首
美字第壹號
光緒三十四年二月初八日

敬再啟者美國減收賠款一事前經美外部照會梁前大臣來文内開此項賠款美國派得美金二十四兆四十四萬七百七十八元八角一分至西歷一千九百零七年六月止承貴國交過本利共計美金六兆一萬九百三十一元九角一分當賠款初定之時美政府已定意候賠卹各項呈報齊全軍費支用核算明白即將派定數目改正除本國政府國民應得之數外所有溢數願請中國毋庸擔任以表睦誼茲由各部將各項核計改正前來奉總

統諭實行改正，俟下期國會飭令授權將與中國所訂賠款辦法會同更正，俾照收美金十一兆六十五萬五千四百九十三元六角九分，仍按原定利息計算，其餘原單所開之數概行減免，毋庸貴國擔任付給等語。廷芳查梁前大臣去年曾將美廷減收賠款數目奏明在案，茲廷芳抵美查悉原因，美政府所定減收之數本未經國會議准，梁大臣亦經聲明俟下期國會飭令授權更正。此次國會開議，上議院已無異議，惟前此旅華美商所報損失之數有改府以為浮冒指駁不准賠償者現向下議院紛紛具控下議院正在磋商有准其報失之意前此所定減收之數恐未能作實聞下議院擬將政府所定應收之美金十一兆六十五萬五千四百餘元約加二三兆元左右以備社會公司商人等續行索償之用現時仍未定議　廷芳據美京即密託友人運動以圖駁減商人浮索之款容俟下議院核議如何再行詳達專此再請

勛安

廷芳又頓首

八八

東三省總督徐世昌

致外務部

三月初六日

副都統銜吉林巡撫臣朱家寶
欽差大臣東三省總督兼管三省將軍事務臣徐世昌
頭品頂戴副都統銜奉天巡撫臣唐紹儀跪
副都統銜署黑龍江巡撫臣程德全

奏為遵
旨籌議借款辦法恭摺具陳仰祈
聖鑒事竊臣等前以東三省籌辦要政需款孔殷擬議
借用外債以資接手歷經臣等陳明在案
硃批着度支部籌借東省辦理欽此仰見
朝廷籌念東陲力圖振作之至意下懷欽感莫可
言喻第茲事重大非反復推求勢難斟酌盡善
非公同籌畫未由得所折衷臣等於本年正月在
奉天省城將借用外債一事詳加會議竊以借
款歷辦成案應先籌定的款預備抵還再行
酌定借數之多寡但借款者用途於抵款又

必須預籌有著之項，爲將來備還本利之計。
伏查辛丑賠款項内，計美國應攤二千四百萬金
圓有奇。嗣以不償該國商民加爲賠償一千一百六
十五萬圓，以現時鎊價合算，約在一千五百萬兩。
聞美國議院先將此款歸還，已有成議。該項
似按年與和，析之則爲數甚微，殊不甚大宗，
撥注於目前，未必有裨；合之則積少成多，藉
作分償抵償，則刻日可籌鉅款。又寫再四思維，
擬向美國借銀二千萬兩，美國因美國與我睦誼
久敦，今以美國退還之款指作抵押，易取
信，且使磋商至應還本利一層，擬按年在於
籌辦續款項下照數提出撥償歸還，僅指抵
之數，覈借用之數，約得五百萬兩，加以利息
等項，爲數亦復不少，須應由三處預籌有著之款
以備抵撥。以上兩節，均須從目前盡心籌議，明於時
可籌辦，庶幾出路尚可稍作別用，環不同大
批該款可以隨時動撥，來資開辦，繫係要緘不

以指抵借款磋商有頃，今於本月二日曾與大

局裨益不淺。臣等詳議並將情形詳晰面陳，荷蒙

霽照，俯察請令會同樞臣妥商籌辦法，並任盛株遂與軍

機王大臣等詳慎籌商，意見相同，合無仰懇

天恩俯念東三省要政，將美國賠款抵東省借款之用，以蒙

俞允，應俟接到美國電覆之文，即由臣等商借美款指明

抵還之處，應還本利及預籌的款，以備不敷辦法，

應隨時由臣等奏明辦理。所有遵

旨籌議借款辦法緣由，謹合詞恭摺具陳，伏乞

皇太后

皇上聖鑒訓示。謹

奏。

光緒三十四年三月初五日

硃批：著照所請，該部知道。欽此。

三月初二日

八九

致山西巡撫函

湘石中丞閣下密啟者茲准美費署使照稱本署大臣曾以直隸順德府征收煤油稅有違條約等情照知在案茲山西太原府又有此等違約抽收稅項之案即係美孚行運美國煤油至太原府交與華商義聚公司行銷此油系已經納過子口等稅地方官令其每箱復納六分並於格外多收銀二分作為差役經費每箱共計多抽稅銀八分此項征抽實違中美約內所列之字句與其中之實意等語查此等內地加抽洋貨稅捐之案各使屢以違約為言各省地方官或謂子口單已經繳銷貨件已入華商之手抽捐與洋商無涉或謂所抽捐款係為地方善舉屢經本部照此答復各使皆堅持不允近來各處煤油抽捐之案亦既層見迭出若不另籌辦法不惟外交徒滋辯論

且於各省籌款之舉不無牽掣如果抽捐辦法或作
為牙捐按户按月征收或令該業衆商彙總認繳
報効銀兩但係出自商人樂輸並非按貨抽捐則各
使來言較易措詞拒駁晋省抽收煤油税捐究係
如何情形能否變通辦理亟應飭籌妥善辦法相
應抄録美使來照并録順德一案照會函送
冰案希即酌核速復以便轉復美使可也專此密
達順頌
勛綏 附抄件

全堂銜

光緒三十四年三月　日

九〇

三

大亞美理駕合衆國欽命駐劄中華便宜行事全權大臣康　爲

照復事。本月十五號接准

來照，以中國官員無權擬借洋款一事，並聲明中國

官員欲借外債之辦法，請本大臣轉飭在中國美國

商民均悉云云。本大臣兹已將來照抄録通行駐華

之各美領事官，俾其轉知有關於此事之美商矣。相

應照復

貴親王查照須至照會者。附送洋文

右照會

大清欽命全權大臣便宜行事軍機大臣總理外務部事務和碩慶親王

一千九百捌年伍月貳拾日

光緒叁拾肆年肆月貳拾壹日

九一

敬啟者前上美字第七號函諒蒙

鈞鑒竊查美國減收賠款一事上年梁震使奏稱美政府僅照收美金十一兆六十五萬五千四百九十二元六角九分當時本未經議院議准廷芳於是年二月抵任之初探聞下議院於政府減收之數未能作實業於美字第一號函附陳在案查下議院開議之初原議除政府所定收之數再加收二三兆元以備旅華美商人等續行索賠之用經廷芳密託友人設法駁減現議院議定實

加二兆元凡從前呈報損失數目政府駁斥不准賠償者從寬准其報明惟必須裁判所官員審實確在應賠之列者方准給領並聲明續行賠償之數如逾於二兆元之外不得再問中國倘應賠之數不及二兆元仍將其餘歸還中國統計美國減定實收賠款共美金一十三兆六十五萬五千四百九十二元六角九分實減讓本金一十兆零七十八萬五千二百餘元查一千九百零七年六月以前照原表算已還之本二十四萬四千

零十八元八錢五分已付之利四兆八十六萬九千三百九十九元四錢按現時減定本金十三兆六十五萬五千四百九十二元六角九分年息四釐計算已付之息共溢交二兆一十五萬餘元此項自應作為本金較之議院所加二兆元儘可相抵又一千九百零七年七月一日八年正月一日兩次付過息金實溢交四十三萬一千七百餘元亦應作為本金統計共溢交二兆五十八萬餘元除付過此項應作本金及一千九百零八

年正月以前表内已還之本共二十九萬九千餘元此外實應付賠款本金一十兆零七十萬元若按此法計算核之原表所列本年以後實可少交本金十三兆四十一萬餘元並可少交息金十五兆餘元計共省賠款二十八兆四十餘萬元至將來還款時期及分別減收一切辦法議院授權總統作主廷芳再三向外部探詢外部允為通融電飭柔使與

大部商議如有應與外部婉商之處乞隨時

電示祇遵伏祈

代回

堂憲鑒察是所至禱兹將美外部照會一件譯呈

鈞鑒專此敬請

勛安

伍廷芳頓首 光緒三十四年五月初一日 美字第八號

附送譯件

九二

廿一

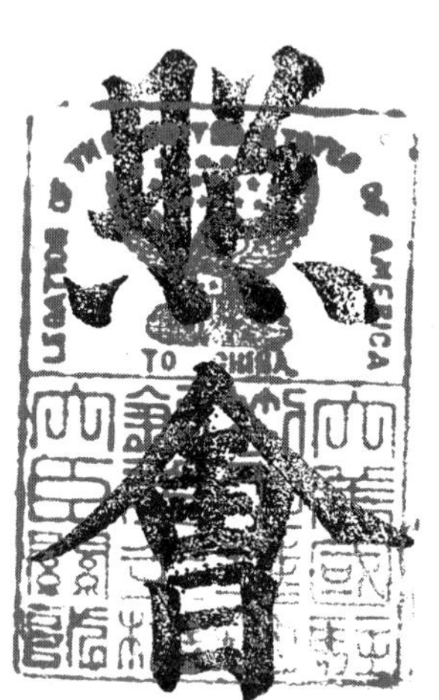

大亞美理駕合衆國欽命駐劄中華便宜行事全權大臣田　爲

照會事西去歲十二月三號及本年三月三十號本館曾以山
西太原府直隸順德府地方官抽收已納子口之煤油
釐金一事當將其違約情形已照會
貴親王查照並請行飭嗣後於已納子口稅之洋貨
不得再抽稅項隨於四月七號經
照復以已咨晉撫直督查復云云此後本館未再照會
迨至四月二十四號本大臣與
那中堂會晤提及此事當蒙允許行查速復至五月
五號及十二號迭赴

貴部言及此事深惜迄未見復查此事理應從速妥辦如不即行禁止恐他處亦將援以效尤是以即請

貴親王查照照會内所提之言行飭該各地方官應按約將已納子口税之洋貨不再重抽可也須至照會者附洋文

右 照 會

大清欽命全權大臣便宜行事軍機大臣總理外務部事務和碩慶親王

一千九百捌年陸月初肆日

光緒叁拾肆年伍月初陸日

附件

AMERICAN LEGATION,
PEKING, CHINA.

To F.O. No. 403.
P.

June 4, 1908.

Your Highness:

On December 3, 1907, and again on March 30th of this year this Legation had the honor to address Your Highness on the matter of the levying of likin at T'ai-yuan-fu in the Province of Shansi and at Shun-te-fu in this province, on certain shipments of kerosene oil covered by transit passes. The Legation submitted to Your Highness at the time evidence showing the illegality of the collection of this impost and requested that orders be given that collection of likin upon such shipments under transit passes should cease.

On April 8th, last, a note was received from Your Highness stating that these cases had been referred to the Governor of Shansi and the Viceroy of Chihli, but other than this the Legation has received no communication regarding them. I therefore called the attention of Grand Secretary Na-t'ung to the matter on April 24th, last, and he kindly promised that he would enquire into it and send an early answer. On May 5th and again on May 12th, when calling at the Wai Wu Pu, I mentioned

To His Highness
Prince of Ch'ing,
President of the
Board of Foreign Affairs.

tioned the subject, but to my regret I have so far been unable to elicit a reply.

The question appears to this Legation one requiring prompt settlement, the more so as it is but too likely that similar irregularities will occur in other places unless at once checked. I therefore request Your Highness kindly to have the cases complained of inquired into and to issue orders in accordance with the treaty provisions relating to foreign imports under transit passes.

I avail myself of this occasion to renew to Your Highness the assurance of my highest consideration.

W. W. Rockhill

九三

榷算司

呈為照復事光緒三十四年五月初六日准

照稱去歲曾以山西太原府直隸順德府地方官抽收煤

油釐捐一事照請行飭嗣後於已納子口稅之洋貨不得

再抽稅項隨接照復已咨晉撫直督查復云此後迭赴貴

部言及此事迄未見復理應從速妥辦等因查此事前已

迭經本部咨行各該省督撫接准前因又經分電催

詢去後咨准直隸總督覆電稱飭據津海關道查覆

稱前項捐款現已停收等語除俟山西巡撫查覆到日另

達外相應照復

貴大臣查照可也須至照會者

美國柔使

光緒三十四年五月　日

九四

敬肅者三月二十七日復奉
鈞函以太原抽收煤油稅事與各國條約不符碍難拒駁仍應變通辦法以免交涉為難等因當飭太原楊守妥速籌議去後茲據該守稟復此項油捐業已遵照　部諭免其按貨徵收另議定變通辦法係出於衆商自願樂輸按月認繳與約章已無窒碍等情據此覆查該守所議定變通辦法既與約章無碍似尚可行應即准如所請辦理即祈
鈞部衙酌答復美國公使為禱專肅覆陳祇請
台安

寶棻謹肅

九五

榷算司

呈爲照復事前准

照稱山西太原府直隸順德府抽收煤油捐一事應從

速妥辦等因本部業已准直隸總督覆電以順德

府現已停收前項捐款照復

貴大臣在案茲接准山西巡撫復稱飭據太原守稟

復此項捐款奉部諭後已免其按貨徵收現在辦

法係聽衆商自願樂輸按月繳款等語本部查

中國官吏自有遇事可勸商民捐款之權其所捐

之款如出自商民樂輸並非指定某貨徵收即與某

貨無涉今太原府煤油捐已免其按貨徵收即係

已將此抽捐之法停辦其另行勸諭商民按月樂輸

捐款以供地方公益之用本部自可准其酌量辦理

相應照復

貴大臣查照可也須至照會者

美柔使

光緒三十四年五月

九六

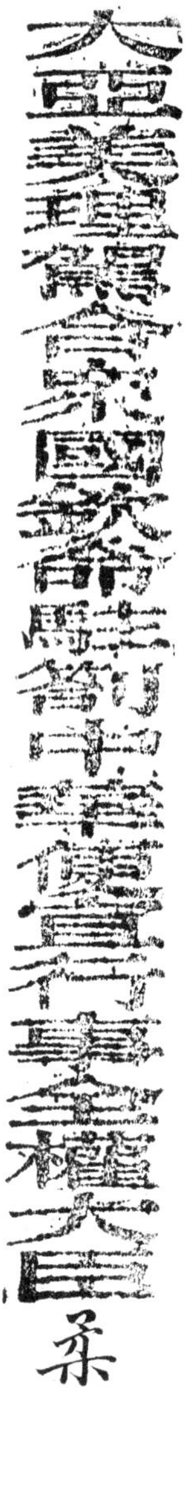
大亞美理駕合衆國欽命駐劄中華便宜行事全權大臣康　為

照會事、接奉本國外部大臣飭知、議院議准請

大伯理璽天德將一千九百零一年九月七號所訂約章第六款、中國所償美國賠款、由貳千肆百肆拾肆萬減至壹千叁百陸拾伍萬伍千肆百玖拾貳元貳毛玖分、利息週年肆厘在外、此款扣留二百萬美金、應俟一年内所有私家賠款、俟償索公堂判定後、由外部大臣將所盈餘款項、亦一併歸還

中國此項款目應自何時及何樣還法，應由外部
大臣核定，此次議院議定請
大伯理璽天德退還中國賠款，係因兩國友誼所致，本
大臣復奉外部訓條，詢問
貴親王於何時交還款項，如何辦法兩節，有何意
見，務請早日
照復，以便轉達本國政府，不勝企盼之至，須至照
會者。附送洋文

右照會

大清欽命全權大臣便宜行事軍機大臣總理外務部事務和碩慶親王

一千九百捌年柒月拾壹日

光緒叁拾肆年陸月拾叁日

附件

AMERICAN LEGATION,
PEKING, CHINA.

To FO No. 420.
T.

July 11, 1908.

Your Highness:

It is with great satisfaction that I have the honor to inform Your Highness, under direction of the Secretary of State of the United States, that a Bill has passed the Congress of the United States, authorizing the President to modify the indemnity bond given the United States by China under the provisions of Article VI. of the final protocol of September 7, 1901, from Twenty-four Million, Four Hundred and Forty Thousand dollars ($24,440,000.00) United States gold currency, to Thirteen Million, Six Hundred and Fifty-five Thousand, Four Hundred and Ninety-two dollars and Twenty-nine cents ($13,655,492.29), with interest at four per cent (4%) per annum. Of this amount Two Million dollars ($2,000,000.00) are held pending the result of hearings on private claims presented to the Court of Claims of the United States within one year. Any balance remaining after such adjudication

To His Highness
Prince of Ch'ing,
President of the
Board of Foreign Affairs.

- 2 -

adjudication is also to be returned to the Chinese Government, in such manner as the Secretary of State shall decide.

The President is further authorized under the Bill to remit to China the remainder of the indemnity as an act of friendship, such payments and remissions to be made at such times and in such a manner as he may deem just.

I am also directed by the Secretary of State to request the Imperial Government kindly to favor him with its views as to the time and manner of the remissions.

Trusting that Your Imperial Highness will favor me with an early reply to communicate to my Government, I avail myself of this occasion to renew to Your Highness the assurance of my highest consideration.

W. W. Rockhill

榷算司

呈為照復事光緒三十四年六月十五日准

照稱接奉本國外部大臣飭知議院議准請

大伯理璽天德將一千九百零一年九月七號所訂約

章第六款中國所償美國賠款由二千四百四十

四萬減至一千三百六十五萬五千四百九十二元二

毛九分利息週年四厘在外此款扣留二百萬

美金應俟一年內所有私家賠款俟償索公

堂判定後由外部大臣將所盈餘款項亦一併歸

還中國此項款目應自何時及何樣還法應由

外部大臣核定此次議院議定請

大伯理璽天德退還中國賠款係因兩國交誼所致本

大臣復奉外部訓條詢問貴親王於何時交還款項如何辦法兩節有何意見務請早日照復以便轉達本國政府等因本爵大臣閱悉之下深紉

貴國政府於賠款一事力持公允之辦法益敦友睦之邦交實為欣感至何時交還及如何辦法兩節中國政府並無成見實體

貴國政府友誼之誠當擇極妥辦法辦理中國政府乘此機會願表明實感美國之友誼且念近年

貴國

大伯理璽天德提倡中國學生來美分授高等教育

此事徵之往事入美國學堂結果甚善而裨益中國者良非淺鮮中國政府現擬每年遣送多數學生至美就學至遣送辦法本爵大臣亦願向

貴大臣妥善詢商望

貴大臣協助一切為此照復須至照會者

美菜使

光緒三十四年六月

九八

榷算司

呈爲咨行事。所有美國議定減收辛丑賠款一事，現准美柔使來照，經本部照復，並將派遣學生赴美游學大概辦法函致美使，各在案。除先行電達外，相應抄録此案文函，咨行

貴大臣查照可也。須至咨者。粘抄

駐美伍大臣

光緒三十四年六月　日

九九

榷算司

呈爲照會事。光緒三十四年六月二十二日奉

上諭：外務部奏美國減收賠款請遣使致謝一摺。美

國與中國立約以來，邦交素篤，此次減收賠款，尤徵

友誼敦睦，允宜遣使致謝，用酬嘉意。奉天巡撫唐

紹儀著賞加尚書銜，派充專使大臣，前往美國

致謝。欽此。相應恭録

諭旨照會

貴大臣查照轉達

貴國政府可也。須至照會者。

美柔使

光緒三十四年六月

一〇〇

大亞美理駕合衆國欽命駐劄中華便宜行事全權大臣柔 為

照復事接准

貴親王照會内録送

上諭一道係以中美立約以來邦交素篤欽派奉天巡撫

唐紹儀賞加尚書銜充專使大臣前往美國致謝

所減收賠款一事本大臣已將

諭内大意電知美國政府茲奉訓電囑轉達

貴親王美國政府茲聞欽派唐大臣赴美甚為欣

悦並囑本大臣將美政府深願於唐大臣此次來

美歡迎接待之意轉知本大臣辦理此等洽意之事

宜深欣悦也爲此照復

貴親王查照須至照復者　附送洋文

右　照　會

大清欽命全權大臣便宜行事軍機大臣總理外務部事務和碩慶親王

一千九百捌年柒月貳拾叁日

光緒叁拾肆年陸月貳拾伍日

附件

AMERICAN LEGATION,
PEKING, CHINA.

To FO No. 425.
P.

July 23, 1908.

Your Imperial Highness:

I have the honor to acknowledge the receipt of Your Imperial Highness' despatch in which you transcribe for my information and for transmission to my Government an Imperial Edict testifying to the uniformly sincere relations that have always subsisted between China and the United States, and appointing His Excellency T'ang Shao-i, Governor of Feng-t'ien, who is given the Brevet rank of the President of a Board, Special Envoy to proceed to America for the purpose of expressing the thanks of China for the action of the United States Government in remitting a portion of the indemnity.

Upon receipt of the polite note of Your Highness I telegraphed the information therein contained to my Government and have now received its instructions to express to Your Highness' Board the gratification

To His Imperial Highness
Prince of Ch'ing,
President of the
Board of Foreign Affairs.

- 2 -

gratification of the United States Government on learning of the mission of His Excellency T'ang Shao-i to the United States and to say that he will be most welcome.

In discharging this pleasant duty I take the opportunity to express my own personal gratification and to renew to Your Imperial Highness the assurance of my highest consideration.

咨

知照

吏部爲知照事光緒三十四年六月二十四日内閣

抄出光緒三十四年六月二十二日内閣奉

上諭外務部奏美國減收賠款請遣使致謝一摺美國與

中國立約以來邦交素篤此次減收賠款尤徵友誼敦睦

允宜遣使致謝用酬嘉意奉天巡撫唐紹儀著賞
加尚書銜派充專使大臣前往美國致謝欽此相應知照
可也須至咨者
右 知 照
外 務 部
光緒叁拾肆年陸月 廿拾柒
[illegible]

一〇二

榷算司

呈爲咨行事光緒三十四年六月二十二日本部具奏美國減收賠款請遣使致謝一摺同日奉

上諭外務部奏美國減收賠款請遣使致謝一摺美國與中國立約以來邦交素篤此次減收賠款尤徵

友誼敦睦允宜遣使致謝用酬嘉意奉天巡撫唐

紹儀着賞加尚書銜派充專使大臣前往美國致

謝欽此相應恭録

諭旨刷印原奏咨行

貴部 督撫查照欽遵可也須至咨者 附原奏

各部 大臣 督撫

光緒三十四年六月 日

一〇三

照復美柔使美孚行煤油運至河南等處勒索釐金事准豫撫咨復各節請查照由

行　行

外務部左侍郎聯　十一月

外務部右侍郎梁　十一月

十七日　行

榷算司

呈為照復事光緒三十四年八月初五日准

照稱天津美孚行領有子口單之煤油行銷內地運至河南道口山東臨清館陶德州直隸獨流龍王廟各等處均行勒索釐金實與約章不符請迅飭各內地釐卡不准有違中美兩國所定約章等因當經本

部電致直隸總督河南山東巡撫去後嗣准山東巡撫電復各節業經本部於八月二十八日照復在案茲又准河南巡撫咨復稱道口楚旺各局卡抽收貨捐悉按約章辦理並無重徵子口單稅由天津運貨至道口先臨清館陶次龍王廟始抵楚旺而道口凡道口局暨楚旺分卡抽收貨捐必以臨清完過稅捐有大票為憑方敢照章抽收從無重徵有子口單貨稅惟近日走私之輩動輒藉口謂有子口單後到而當時並不呈驗以冀偷漏影射得售其技迨至查出飭令報捐乃復另辦子口票以相抵制豈知單貨若不齊到則律以單貨相離之罰亦無可置辯除隨時嚴飭遵照約章辦理外理合咨復等因前來相應

照復

貴大臣查照可也須至照會者

右

美柔使

光緒三十四年十一月　日

注

照復事光緒三十四年十一月十七日接准
來照內稱據河南巡撫咨以美貨入境並無不按約
條抽稅等因本大臣當抄録來照轉知駐津美總領
事官去後茲准詳復據云河南巡撫以入境貨物必
以臨清完過稅捐有大票為憑與並無重徵有子口
單之貨兩事曾於西八月二十五號詳文內提及所
有繳稅票單皆在 敝總領署內收存稅單內有臨清

發給之大票一張，上列收銀三十兩零六錢八分，云照美孚行所論河南巡撫致辯並無重徵有子口單貨税及徵税均照條約之言，甚不符合，更暗指以係偷漏影射，查出方另辦子口税單，藉口抵制等情。據想此係甚不合理之言，因其所論之貨物子口單票現均存於本處，且已於關道處聲明，該蓋印子口單係西六月初四號所發，臨清大税單係中歷六月十五日，即西七月十三日所發云云。

茲以該總領事所論之言寔與本大臣意見相同其

解釋此案情形如是明晰想

貴親王必轉飭查照辦理也相應照會

查照須至照會者 附送洋文

右

照

會

大清欽命全權大臣便宜行事軍機大臣總理外務部事務和碩慶親王

附件

AMERICAN LEGATION,
PEKING, CHINA.

To FO No. 479.

December 21, 1908.

Your Imperial Highness:

I have the honor to acknowledge the receipt of Your Imperial Highness' note of December 10, 1908, containing the reply of the Governor of Honan in the matter of illegal taxation of American goods.

I have sent a copy of the despatch under acknowledgment to the American Consul General at Tientsin who now sends me the following reply:

> "Referring to the statement of the Governor of Honan to the effect that if goods have paid taxes at Lin Ch'ing 'they will have a large certificate as proof' and 'that a second collection has never been made' etc. I have the honor to report that the original receipts for all sums mentioned in my letter of August 25th last are in my possession. Among these is a large certificate issued by the Lin Ch'ing office, acknowledging receipt of taels 30.68, as stated by the Standard Oil Company, and the statement of the Governor that no second collection of transit dues has been made is inexact, as is his statement that collection was made in accordance with treaty regulations. His insinuation that there was attempted smuggling and false representation, and that the obtaining of a transit-pass was an afterthought to get revenge appears to me to be outrageous, in view of the fact that the transit-passes, as I reported to the Taot'ai, are in my possession and bear the stamped dates of the Custom House. The first was issued on June 4th, 1908, and the Certificate issued at Lin Ch'ing, covering the same goods, is dated the 15th of the 6th Moon, that is, July 13, 1908."

I fully concur with the view of the Consul General, whose presentation of the case is so clear that I have no doubt but that Your Imperial Highness will take immediate action in the matter.

I avail myself of this opportunity to renew

to

to Your Highness the assurance of my highest considera-
tion.

To His Imperial Highness
Prince of Ch'ing,
President of the Board of
Foreign Affairs.

一〇五

榷算司

呈為咨行事美使照稱美孚行煤油運至河南等處勒索厘金一案前准電稱該行販運煤油既有海關子口單內地關卡自應免收稅厘如有未將子口單隨貨呈驗或指運之地不符經過關卡則應完稅厘以重課款而杜影射嗣後該商販運貨物一切須與單內相符隨時呈驗關卡無不按照約章辦理等情當經本部照復美使在案嗣准河南巡撫咨稱道口楚旺各局卡抽收貨捐悉按約章辦理並無重徵子口單稅由天津運貨至道口先臨清館陶次龍王廟始抵楚旺而道口凡道口暨楚旺分卡抽收貨捐必以臨清完過稅捐有大票為憑方敢照章抽收從

無重徵子口單貨税惟近日走私之輩動輒藉口謂有子口單後到而當時並不呈驗以冀偷漏影射得售其技迨至查出飭令報捐乃復另辦子口票以相抵制豈知單貨若不齊到則律以單貨相離之罰亦無可置辯等因亦經本部照會該使去後茲准該使照復稱據駐津美總領事復云所有繳税票單皆在總領署内收存税單内有臨清發給之大票一張上列收銀三十兩零六錢八分照美孚行所論河南巡撫致辯並無重徵有子口单貨税及徵税均照條約之言甚不符合更暗指以係偷漏影射查出方另辦子口税單藉口抵制等情此係甚不合理之言因其所論之貨物該蓋印子口單係西六月四號所發臨清大税單係中歷六月十五日即西七

月十三日所發云云以該總領事解釋此案如是明晰
請轉飭查照辦理等因前來本部查所有美孚行販運煤
油於六月十五日經過臨清之貨既領有子口稅單該
處稅關何以復徵收銀三十兩零六錢八分並發給大
票相應咨行
貴撫查照轉飭查明聲覆以憑轉復美使可也須
至咨者
山東巡撫
光緒三十四年十二月　日

一〇六

譯電

西歷一千九百八年十二月二十八號

美總統以減收賠款事降諭由一千九百九年正月一號起將原賠款之數改作美金一千三百六十五萬五千四百九十二元六毛九分該數應從一千九百九年七月一號起算常年四釐息將中國前已還過款數在所改之數内扣除

按原定合同正月一號應還八萬五千二百二十三元零四分將前已還之款連西零九年正月一號還數減出尚應還美國金洋九百六十四萬四千三百六十七元六毛此項減收賠款若分年攤還至一千九百四十年清完每年應還美金五十三萬九千五百八十八元

七毛六分是以自零九年正月一號以後中國應仍按零六年十二月十五號改還賠款之約籌辦美政府僅按五十三萬九千五百八十八元七毛六收受所餘之數再行繳回中國其繳回辦法係於滙票上將收受之數簽明餘者繳回抑或另用他法再原來合同有一條中國如果願每月還款政府可有獲息之益亦可照辦

附件

TELEGRAM RECEIVED, January 1, 1909.

-------oo-------

American Legation, Peking.

The President in an executive order dated December twenty-eighth, 1908, has directed that the remission of the indemnity commence January one, 1909. Payments already made under original bond are credited as against debt of 13 millions 655 thousand 492 dollars 69 cents with interest at 4% beginning July 1st, 1909, in lieu of original sum specified in bond. (period) After such credits and including therein the sum of $85,223.04 which it is assumed will be paid on January 1st, 1909, there will remain on that day to be paid to and retained by the United States $9,644,367.60 (period). Such indebtedness would be satisfied with interest by annual payments of $539,588.76 for a period ending in nineteen hundred forty. Accordingly after the first of January, 1909, from the several payments made under the bond of December fifteen, 1906, there will be retained and paid into the treasury only sums aggregating $539,588.76 in each year and their remainder of the regular payments by China under the bond of December fifteen, 1906, will be returned by indorsing back the drafts therefor or otherwise, and thus remitted to the Government of China (period). The provision contained in the original bond for an adjustment of interest because payments made monthly instead of semi-annually will continue to be

applicable

- 2 -

applicable to the payments under the new arrangement. (Paragraph) The proposed draft regulations for the education of Chinese students in the United States is acceptable to this Government subject to the slight amendments to which you refer in the foregoing to the Wai Wu Pu. Express hope of this Department that the method of remission will prove satisfactory to the Imperial Government of China.

ROOT.

一〇七

敬肅者，商辦減收賠款一事，昨准美外部來函聲明，擬自西一千九百零九年起，所有應收賠款仍按原定賠款表交付美國，再由美國提出應還中國之數，設法交回。其一千九百零九年以前已收之款，應按現在減定數目將餘款找還，各節並列表函送前來。當經電請

大部核示在案。惟原表太繁，未能電達，謹抄摺寄呈，尚乞

鑒核。專肅，恭叩

鈞安

唐紹怡
伍廷芳　謹肅　十二月十二日

附表三件

附件

甲表

某年	每年當還半年一交之款	每月撥交之數
一千九百零九年	全圓一百零二萬二千六百八十三元六角六分	全圓八萬五千二百二十三元六角四分
一千九百零十年	仝上	仝上
一千九百十一年	一百零八萬零七百八十七元五角四分	九萬零六十五元六角三分
一千九百十二年	仝上	仝上
一千九百十三年	一百零八萬零七百八十七元五角三分	仝上
一千九百十四年	仝上	仝上
一千九百十五年	一百二十六萬四千五百八十二元一角八分	十萬五千三百八十一元八角五分
一千九百十六年	一百三十二萬九千七百八十四元六角六分	十一萬零八百一十五元四角
一千九百十七年	仝上	仝上
一千九百十八年	仝上	仝上
一千九百十九年	一百三十二萬九千七百八十四元七角五分	仝上
一千九百二十年	一百三十二萬九千七百八十四元七角六分	仝上
一千九百二十一年	一百三十二萬九千七百八十四元七角五分	仝上
一千九百二十二年	仝上	仝上
一千九百二十三年	仝上	仝上
一千九百二十四年	一百三十二萬九千七百八十四元七角六分	仝上

一千九百二十五年	一百三十二萬九千七百八十四元七角五分	仝上
一千九百二十六年	一百三十二萬九千七百八十四元七角六分	仝上
一千九百二十七年	一百三十二萬九千七百八十四元七角五分	仝上
一千九百二十八年	一百三十二萬九千七百八十四元七角六分	仝上
一千九百二十九年	一百三十二萬九千七百八十四元七角五分	仝上
一千九百三十年	一百三十二萬九千七百八十四元七角六分	仝上
一千九百三十一年	一百三十二萬九千七百八十四元七角五分	仝上
一千九百三十二年	一百九十一萬九千九百六十七元一角一分	十五萬九千九百九十七元二角六分
一千九百三十三年	一百九十一萬九千九百六十七元一角	仝上
一千九百三十四年	仝上	仝上
一千九百三十五年	一百九十一萬九千九百六十七元一角一分	仝上
一千九百三十六年	一百九十一萬九千九百六十七元九分	仝上
一千九百三十七年	仝上	仝上
一千九百三十八年	一百九十一萬九千九百六十七元一角一分	仝上
一千九百三十九年	一百九十一萬九千九百六十七元一角	
一千九百四十年	一百九十二萬三千三百七十四元一角二分	十六萬零二百八十一元一角八分
尚不足	三千四百零七元二分	

一〇八

逕啓者，西上年八月二十九號，即光緒三十四年八月初三日，度支部會同農工商部奏定度量衡章程，本國政府囑本大臣轉請中國將度量衡或與英、與法之度量衡折合平準數目表，寄送本國一分等因。本大臣茲請貴部王大臣轉詢農工商部，請將所奏度量衡與英法度量較準之册抄録一分，送館，以便轉送本國可也。此泐，順頌日祉。附送洋文

柔克義啓 十二月二十九日

附件

AMERICAN LEGATION,
PEKING, CHINA.

To FO No. 488.

January 19, 1909.

Your Imperial Highness:

Referring to the regulations relating to standard weights and measures proposed by the Board of Finance and the Board of Agriculture, Industries, and Commerce, and sanctioned by the Imperial Edict of August 29, 1908, I have the honor to state that my Government has requested me to send the equivalents of the Chinese standard weights and measures either in the English or the French metrical system of weights and measures.

I shall be greatly obliged if Your Highness will obtain from the Boards concerned a statement of these equivalents and forward the same to me so that I may transmit them to my Government.

I avail myself of this opportunity to renew to Your Imperial Highness the assurance of my highest consideration.

To His Imperial Highness
Prince of Ch'ing,
President of the Board
of Foreign Affairs.

一〇九

平定金銀價值說畧

近今世界各國國幣用金為本位而用銀以輔之者十之九然用金之國既以銀相輔而行則其流通於國內而藉以轉輸者固不離乎銀之為用特異於用銀之國以銀為本位耳其實金銀二物本有定價也試以英幣論之英以二十先令為一鎊取銀之重率較金之重率金貴於銀約十八倍又如美國金錢一枚有合十銀圓二十銀圓五十銀圓者其重率亦約十八倍推之德之馬克法之佛郎莫不皆然是金之為物固值銀之十八倍也乃用銀之國未有金幣而互相交易竟致金銀價值大相懸殊因而用銀之國大受其害竊嘗考之金價縮漲無常（金縮為貴金漲為賤外國通語今依而用之使會員明白）用金之國亦有暗蒙其害者蓋環球各

國商戰日盛商務交易同用金算盈虧不難預料若一國用金一國用銀金銀價值有定則盈虧亦不難預料惟金銀價值無定則販貨時用金而售貨時收銀設如歐美之於亞東相距不下一萬英里貨物轉輸動逾數月金價漲即所謂賤則由亞東輸入歐美之貨難免虧折金價縮即所謂貴則由歐美輸入亞東之貨亦受虧折即不致虧折而貨價成本必加銀以合金貨物亦必滯銷此金銀價值不平用金之國之所以暗蒙其害也由是言之則金價漲縮無定無論用金用銀之國均有害而無利也明矣昔年美總統特派精琦氏前赴歐亞各國籌議此事其時或因中國賠款還銀還金尚未定議各國於金款出入慮有所損不免躊躇殆未可知抑各國並無此意但因其時金價

極縮一旦抑金價而使之平各國商務市面恐不免震動因而此議不行亦未可知今則二者均可不慮一則中國賠欵業已議定按照前後半年市價折中核算就現時市價計之正與和約大綱表内所列海關銀一兩英國三先令德國三馬克零五五美國一圓零七四五價值相差不遠在十年來亦屬適中之數若此時定爲準價則用金用銀彼此無虧二則金銀既照現時價值作準則商務一切如常市面决無牽動至中國洋欵一項則原係金債所借者金所還者金金之貴賤各國毫無出入惟金貴則徒令還欵者大受其害損人而不利己之事想各國政府必不爲也兹特繕具説畧獻議如左

一一〇

榷算司

呈為咨行事。光緒三十四年十二月二十九日，准美柔使照稱：光緒三十四年八月初三日，度支部會同農工商部奏定度量衡章程，本國政府囑本大臣轉請中國將度量衡或與英與法之度量衡折合平準數目表寄送本國一分等語。請轉農工商部將所奏度量衡與英法度量衡較準之册鈔録一分送館，以便轉送本國等因。查上年正月間本部曾因法巴使照稱中國改定權度量，如願以邁當為根法國無不盡力襄助等因，咨行貴部嗣准復稱中國度量權衡斷難改用他制，現擬仍用舊

日營造尺漕斛庫平之制實行畫一并與各國所用之度量衡定一極新極準之比例等語現在

貴部奏定之中國度量衡與各國度量衡若何比例已否列有表册俾茲准美柔使函稱前因相應咨行

貴部查照見復以憑轉復該使可也須至咨者

農工商部

宣統元年正月　日

一一一

敬啓者前上美字第十六號函諒蒙
鈞鑒去年臘月三十日准美外部文稱前經本部將減定
賠款按年攤還辦法列表送呈在案頃准戶部咨開前
開數目微有外誤請爲更正等因兹將所指外誤應行
更正之處照譯來文另摺呈
覽伏祈
察照備案是所切禱專此敬請
勛安

伍廷芳頓首

宣統元年正月初八日
美字第十七號

附件

照譯美外部來文　一千九百零九年正月二十一號

爲照會事，前月三十一號本部曾將本國敕令所規定之減收庚子賠欵辦法列表送交貴大臣查照在案。頃准户部大臣洛稱，所列數目不免微有舛錯，計開：

總統敕諭第二頁八萬五千二百二十三元零四分應作八萬四千二百元四分；

乙表第三格三十七萬三千二百三十三元四角七分應作三十七萬三千二百二十三元四角七分；

丙表第二格一千九百三十六年四角三分應作三角三分；

丙表第二格一千九百三十七年四角三分應作三角三分。

出入所差爲數極微，若據以更正，想於大致必無甚不便也。爲此照會，須至照會者。

一一二

行

農工商部爲咨呈事宣統元年
正月初五日接准
咨稱准美柔使函稱本國政府
囑本大臣轉請中國將度量衡或

與英與法之度量衡折合平準數
目表寄送本國一分等語咨行查
照見覆等因准此查上年本部會
同度支部奏定度量權衡圖表章
程僅定有中法比較表一種其餘與各
國制度之比較表尚在編訂兹先將
石印全章呈送兩帙其中晝一度量
權衡制度總表内有中國度量衡與

法國邁當制度之比較表堪備查考可否即以此帙轉送美使即請酌核辦理可也須至咨呈者

右　咨　呈

外　務　部

宣統元年正月　拾壹　日

函復美柔使

逕復者：上年十二月二十九日接准

函稱本國政府囑請中國將度量衡或與英

與法之度量衡折合平準數目表寄送本國一

分等語，請轉詢農工商部將所奏度量衡與

英法度量衡較準之册抄録一分送館，以便轉

送本國等因。當經本部咨行農工商部去後，茲

准復稱：查上年本部會同度支部奏定度量

權衡圖表章程，僅定有中法比較表一種，其餘

與各國制度之比較表尚在編訂。茲先將石印

全章呈送，其中畫一度量權衡制度總表内有

中國度量衡與法國邁當制度之比較表，堪備

查考等因並附送圖表章程前來相應將原
送圖表章程一册函送
貴大臣查照轉送
貴國政府可也此復順頌
日祉
全堂銜
宣統元年正月　日

[illegible]

咨覆事宣統元年正月初六日據委辦臨清鈔關補用道吳震澤詳稱案奉撫院札開光緒三十四年十二月初八日准

外務部咨美使照稱美孚行煤油運至河南等處勒索厘金一案前准電稱該行販運煤油既有海關子口单內地關卡自應免收稅厘如有未將子口单隨貨呈驗或指運之地不符經過關卡則應完稅厘以重課款而杜影射嗣後該商販運貨物一切須與单內相符隨時呈驗關

卡無不按照約章辦理等情當經本部照復美使在案嗣准河南巡撫咨稱道口楚旺各局卡抽收貨捐悉按約章辦理並無重征子口半稅由天津運貨至道口先臨清館陶次龍王廟始抵楚旺而道口凡道口暨楚旺分卡抽收貨捐必以臨清完過稅捐有大票為憑方敢照章抽收從無重征子口單貨稅惟近日走私之輩動輒藉口謂有子口單後到而當時並不呈驗以冀偷漏影射得售其技迨至查出飭令報捐乃復另辦子口票以相抵制豈知單貨若不齊到

則律以单貨相離之罰亦無可置辯苛因亦經
本部照會該使去後茲准該使照復稱擬駐津
卡
美總領事復云所有繳稅票单皆在總領署內
收存稅单內有臨清發給之大票一張上列收
銀三十兩零六錢八分照美孚行所論河南巡
撫致辯並無重征有子口单貨稅及征稅均照
条約之言甚不符合更暗指以係偷漏影射查
出方另辦子口稅单藉口抵制等情此係甚不
合理之言因其所論之貨物該盖印子口单係
西六月四號所發臨清大稅单係中曆六月十

五日即西七月十三日所發云云以該總領事
鮮釋此案如是明晰請轉飭查照辦理等因前
來所有美孚行販運煤油於六月十五日經過
臨清之貨既領有子口稅單該處稅關何以復
征收銀三十兩零六錢八分並發給大票相應
咨行查照轉飭查明聲復以憑轉復美使等因
到本部院准此除分行外合行札飭札到該道
即便迅速查明詳覆核咨毋延切切此札等因
到關奉此查此案前奉憲札以准
外務部電請飭查並准

直隸督憲咨同前[illegible]行知到關當查該[illegible]販
運此項煤油並未聲明商人姓名字號及過關日
期且完税本係紋銀又復悞作洋元以致無從查
核業經詳請咨覆
直隸督憲飭查咨東再行核辦在案昨准津海
關道移咨以准駐津美總領事將該商姓名字
號過關日期及銀数悞寫洋元各節函一查明
函請移咨來復查此項煤油前次過關未將子
口单呈驗是以隨同别貨一併納税以杜影射
計完銀三十兩零六錢八分内有别貨應完税

銀在内惟碟油一項既准津海關查明領有子口税單自可仍將前完税銀遇便解津發給領事已由關咨復津海關轉行在案兹奉前因理合詳請鑒核咨覆等情到本部院據此除詳批示外相應咨覆爲此合咨

貴部請煩查照轉飭施行須至咨者

右 咨

外 務 部

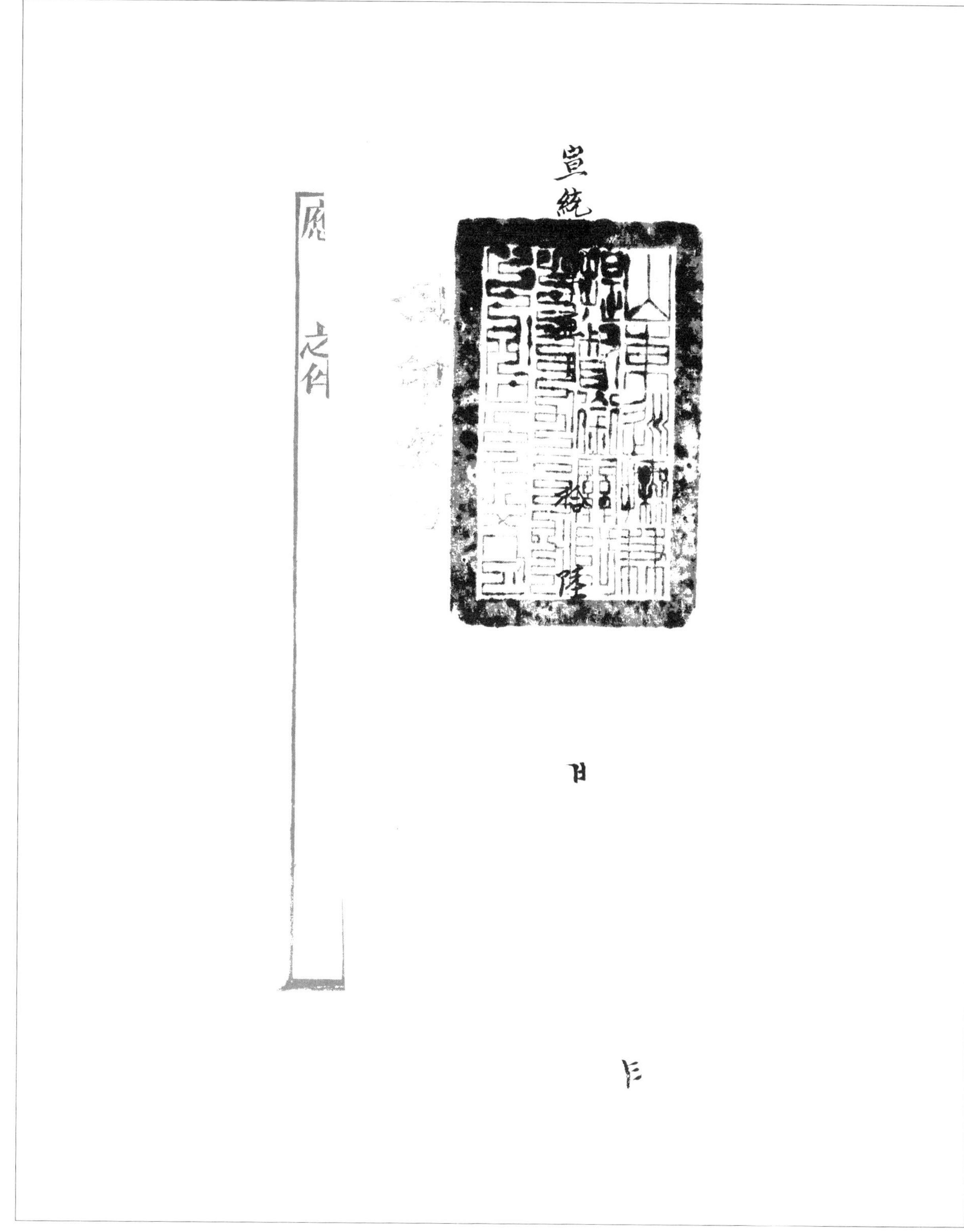

一一五

榷算司

呈爲照復事臨清關徵收美孚行有子口單之煤油税一案前於光緒三十四年十一月二十八日准照稱據駐津總領事詳復總領署内收存税單内有臨清發給之大票一張上列收銀三十兩零六錢八分該蓋印子口單係西六月初四號所發臨清大税單係中歷六月十五日即西七月十三日所發請轉飭查照辦理等因當經本部咨行山東巡撫飭查去後兹准該撫咨復稱飭據臨清鈔關詳稱查此項煤油前次過關未將子口單呈驗是以隨同别貨一併納税計完銀三十兩零六錢八分内有别貨應完税銀在内惟煤油一項既准津海關移咨查明領有

子口税單自可將前完税銀解津發給領還業已由閣咨
復津海關在案等因咨請查照前來本部查臨清關
徵收此項煤油税係因該商當日未將子口單呈驗嗣
查明領有子口税單業將税銀解津發還此案應即
爲了結相應照復
貴大臣查照可也須至照會者
美柔使
宣統元年二月　日

一一六

東三省總督兼署奉天巡撫徐　爲

咨覆事。宣統元年正月二十一日准

鈞部咨開：宣統元年正月十二日准美柔使照稱，一千九百七年十一月十九號貴政府訂定東三省新開各埠試辦章程，近二年内駐奉各國領事有會銜駁詰之事，復經美國領事迭次照駁東督不允各該海口及内地新商埠於華商手内已買之洋貨徵收不合理之税項，東督曾復奉天領袖領事，謂須俟詳查再行照覆。惟於各領事及美領事等照會迄未照覆，似將此事已置諸不論之列，因而東省各新埠仍徵不合稅項，於進口之洋貨不只一次納稅，有從此運彼之貨均係到處繁徵，東省稅員行此侵礙洋商應有權利、違背定約及不循試辦章之事，已有多案可稽。東督既係無言答復，即應將非理之稅項速飭停征。若該督不如洋商所請，嗣後必將有極力詰問違約之言。請急囑東省官員遵照試辦章辦理，俾已納進口稅之洋貨不論在洋人與華商手内運經東省各商埠，免去一切繁雜稅項等。因本部查東三省新開各埠試辦章程，各領既有駁詰之處，應即查明照復，以免彼謂我無詞可答。如各商埠繁雜稅項有可减免者，亦

應酌量辦理期於約章無碍相應抄錄美使來照咨行查照酌核
速即聲覆以便答復並附抄件等因承准此查此案前准美國駐
奉總領事迭次照會經本大臣札飭度支司轉飭開埠處所各稅局
查復去後旋據稟稱洋貨在洋商手中照通商口岸之例不向
收稅惟在華商手中或係折包改裝有仍舊徵收銷場稅等情茲
准前因本大臣查奉省稅務以銷場稅為大宗而洋貨銷場居十
之七土貨銷場居十之三洋貨所到之處惟十六處商埠最為繁盛
其餘偏僻小邑所銷無幾在從前條約所訂商埠不收稅捐以有租
界為限今照全市通商範圍甚廣若不論華商洋商以及躉貨零

貨概照租界無稅之例，則奉省稅捐從此不可收拾矣。前各領事及美總領事之歷次來文迄未答覆者，職此之故。總之，商埠與內地界限一日未定，則此項問題一日不能決。為今之計，必請將商埠區域分別詳酌，劃定界限，每埠以四出若干里為限，限內為埠界，限外為內地，銷場稅於內地徵之。否則惟有請

鈞部主持，與各使提議，將加稅免釐之法先於奉省寔行，其所加之稅留於三省撥用，即可將各捐局銷場稅一項除去，專徵土貨出產稅，以貽公允。其次則改照營業所得稅辦法，向坐賈抽收，不徵行商，亦必先向各使提議。若驟禁各開埠處所徵收洋貨銷場稅，必

致稅項驟短無從籌補三省經費更形支絀矣相應咨覆

鈞部查照酌核可也須至咨者

右咨呈

外務部

宣統

日

監印官儘先選用從九品黃世興
世襲雲騎尉分省試用縣丞陳瑞章

一一七

江南海關一件呈報美國減收賠款遵飭妥擬辦法並録照會開摺請察核示遵由

二品頂戴監督江南海關分巡蘇松太道爲呈報事宣統元年閏二月初三日奉憲臺札開案查美國減收賠款一事上年十二月十一日准專使唐大臣駐美伍大臣來電並本年正月二十三日接准函寄甲乙丙三表又上年十二月十四日准美柔使譯送美政府來電各在案查美政府議定中國應仍照原定數目按期付款美國則照減定數目收受所餘之款再行繳回其繳回辦法應如何方爲妥善經本部電飭江海關道妥籌去後嗣據電復稱滙票市價早晚不同購定後退還銀數必難還原擬先按減數向銀行訂購再照原數函告美領聲明已向某行購定請其給函知照該行退回若干再由道備一收函送交美領作爲收到退款之據庶於款目無所出入等語當經本部函達美使准該使復稱美政府甚願允此辦法經本部再復美使既彼此意見相同應即照辦等因除先行電達并咨度支部外相應抄録

來往函電並減收賠款表札行江海關道遵照辦理可也等因並蒙抄件到關奉
經職道先遵
憲臺宥電照會美領去後旋接美領事照復謂詢據該銀行聲稱素來滙款
均照所購原數全滙美京以後如欲照舊日定數購票扣回一部分當可照辦毋庸
函知至西正二月已付之款均已寄往美京並無餘存可以找回等語由是言之實出
本總領事權限之外無從將應退之數扣還即該行亦無權索回非由中國政府
照會公使向美政府索還不可其退款一節應由道自向銀行直接商辦諒無不妥
本總領事實未便過問等因查美領事如此推辭殆未奉有彼國明文之故本届
西三月賠款係先期購定當即由道逕與銀行訂明將應退之數留抵西四月賠款
之用一面擬即出具收據逕交該行轉呈美政府以後應否照此辦理愈昭簡便抑
仍照前議由美領間接應請
憲部轉商美使飭遵再西正二月應退之款既經全滙美京應否以之抵付西五六月

兩期賠款抑仍須美政府另行撥還並祈由京商妥見示又西正二月退款各應於交付賠款之日退還今雖誤期所耗利息似應免索以示敦睦即經由電稟請
憲臺示遵在案奉札前因理合照錄來往照會開摺具文呈報仰祈
憲臺鑒核為此備由呈乞
照驗施行須至呈者

計呈 清摺壹扣

右　　呈

欽命總理外務部事務衙門

宣統元年叁月初五日管關巡道蔡乃煌

附件

謹將美國減收賠款遵飭妥擬辦法往來照會錄摺恭呈

憲鑒

照會美總領事田

為照會事本年二月初七日奉

外務部電開美國減收賠款事已議定將原定賠款美金二十四兆餘改作十三兆餘
以前中國所還之款不作為還原定數目作為還改定數目如是核算至西歷本年
正月一號尚欠美金九百六十四萬四千三百六十七元六角以後分年攤還至一千九百四十年止
每年應還本利五十三萬九千五百八十八元三角六分惟中國應仍照原定賠款表數
按期付款美國則照減定數目收受所餘之款再行繳回其如何繳回辦法飭即妥
籌電復至前定中國每月付款扣回四厘息之處仍可照辦等因當擬嗣後美國
賠款仍照表列原數每月由道向銀行訂購一面函告

貴總領事聲明已向某行購定請由

貴總領事繕給西函知照該承匯之銀行令其退還中國若干金洋此函繕就之
後即送道轉交銀行俾易接洽仍由道另備收函致明

貴總領事作爲收到退款之據庶免彼此收付之煩仍與定議相符業經稟蒙
外部復電謂所擬辦法甚妥茲詢准
駐京美大臣復稱美政府甚願允此辦法等語既彼此意見相同應即從西三月
底一期起照前擬辦法辦理其西正二月已付之款亦應請其照數退回等因本道
查美國賠款本年原應還本利美金一百二萬二千六百八十三元六角每月攤付八
萬五千二百金洋其餘尾數應照案於西六月西十二月分別扣利找結現照減定
數目每年應還本利五十三萬九千五百八十八元三角六分計算每月攤付四萬四
千九百六十五元七角八分美國應每月退回四萬二百五十七元九角一分此退回之款
亦請按月先照大數撥還金洋四萬二百元餘找俟末月補足以便易於結算茲
西三月底賠款轉瞬到期照案仍應付八萬五千二百金洋本道已派員向花旗
銀行購定合行照會
貴總領事請煩查照繕給西函送道以憑轉交該銀行算取是期退款四萬二百
金元其本年西正二月兩期退款共八萬四百金元並希另行備款交下望切施行

宣統元年二月二十八日發

美總領事田　照復

為照復事。本年二月二十八日接准

來文，大致以敝國减收庚子賠款，嗣後付款仍照表列原數，每月向銀行訂購一函

告由本總領事繕函送由貴道轉交該承滙之銀行，今退還中國若干金洋，後再

備函致明，以為收到退款之據，庶免彼此收付之煩，仍與定議相符，業經稟由

外部詢准

駐京美大臣亦稱美政府甚願允此辦法等語電復前來。查美國賠款本年原

應還本利美金一百二萬二千六百八十三元六角，每月攤付八萬五千二百金洋，現照減定

數目每年應還本利五十三萬九千五百八十八元三角六分，計算每月攤付四萬四千九

百六十五元七角八分，美國應每月退回四萬二百五十七元九角一分。茲届西三月底賠

款轉瞬到期，照案仍應付八萬五千二百金洋，現已派員向花旂銀行購定合行

照會，請煩繕給西函，送憑轉交該銀行，算取是期退款四萬二百金洋。其本年西

正二月兩期退款共八萬四百金洋，並望另行備款交下等因。當即轉詢向日承滙

尊處賠款之銀行，旋據聲稱：素來承滙之款均由

尊處按所欲滙之蔓數購買滙票寄往美京向無餘存可以找回之理至以後
尊處如欲照舊日原定之數送由銀行購買滙票撥照敝國減收數目扣回一部分不
全滙往該銀行當可照辦毋庸並知因本總領事已與該銀行熟商據稱每逢
尊處購買金洋滙票寄美之時恒照
尊處所欲購買之實數售出故並無餘數存於銀行至本年西正二兩月已付之賠
欵均已購成金洋滙票寄往美國交由美政府查收等語由是言之實已出本
總領事權限之外無從將應退之數扣還即該銀行亦無權索回應退之欵查
此項退欵非得由
貴國政府照會敝國
駐京公使轉向美政府索還不可若本總領事實礙於權限未便越俎也以外如有
見囑之處本總領事倘能相助無不樂於從事惟退欵一節貴道應恪該銀行
直接商辦諒無不妥本總領事實未便過問也兹接前因相應照復請煩貴
道查照施行須至照復者

宣統元年閏二月初十日到

一一八

欽命督理税務大臣　為

咨呈事本年三月初十日准東三省總督奉天巡撫咨稱准駐奉

英總領事照會稱英美煙草公司在奉省製造煙捲

行銷東三省應納税項前准奉天交涉司咨商吉黑

兩省度支司並奉天度支司議覆應按值百抽五徵收

近據該公司稟請援照上海漢口納税章程一律辦

理等因准此查光緒三十年分外務部照覆英國薩

公使文内有製成煙捲如仍照煙絲納税即不能沾

不再重征之利益應照土貨常例出口納税後如復進他口應納復進口税如再入内地應逢關納税遇卡抽釐等語今該公司願照上海漢口之例納税本無不可但上海地方外有江海新關内有蘇關均可收税奉天省城雖係開埠之區尚未設關其餘三省各開埠處所亦俱未設至於海關一在營口一在安東一在大連俱各相離窵遠若令該公司赴關完納非特諸多不便抑且無此辦法不如就近照章繳納

較為妥善現擬查照該公司在上海完税則例參酌三省情形畧加變通規定税則以期兩無偏礙查奉省向有税捐總局可為海關代表該公司於製成煙捲後按照煙絲每百觔四錢五分之税則在該總局完納掣給憑照俾可出運如後運入他處通商地方應在該處税局繳納半税若運往不通商之内地應逢關納税遇卡抽厘此外地方一切雜捐税項在該公司銷售時一律删除毋庸再行繳納以上辦法核

與該公司在上海漢口税章毫無歧異且與外務部
歷辦成案亦復相同一俟奉到復文核准再行照復
英總領事即飭該公司照辦除咨呈外務部核復外
應咨請核復施行等因前來並准
貴部咨同前因查上月間曾准
貴部轉據英朱使照稱英商由
盛京購買煙葉運赴漢口因山海關向征極重厘金含
京奉鐵路而由南滿洲鐵路似此非止於中國鐵路

進款有虧於商情更有未便竊以爲土貨由東三省各埠經天津牛莊安東大連出口運往他通商口岸者可在海關按照沿海貿易章程先納出口正税進口時再完半税實爲妥便等語咨行核辦當經本處查核此事於奉省釐金及京奉路利均有關係當如何設法兼顧應由東三省總督會商北洋大臣妥籌見復以憑核辦分咨查照在案茲准咨稱前因查煙絲與煙葉同係土貨若煙絲由奉天運往通商他口一切

辦法既准照海關章程辦理則前項煙葉以及他項
土貨亦必援以爲例其非運至不通商之內地者即
不得令完沿途厘金究與奉天厘務有無妨礙應由
該省歸併本處前次咨案統籌見復庶先後所訂辦
法可免兩歧除咨行東三省總督奉天巡撫外相應咨呈
貴部查照可也須至咨呈者

右 咨 呈

外 務 部

宣統元年四月初弍日

監印委員分省候補知縣白育良

一一九

外務部

卜

咨呈

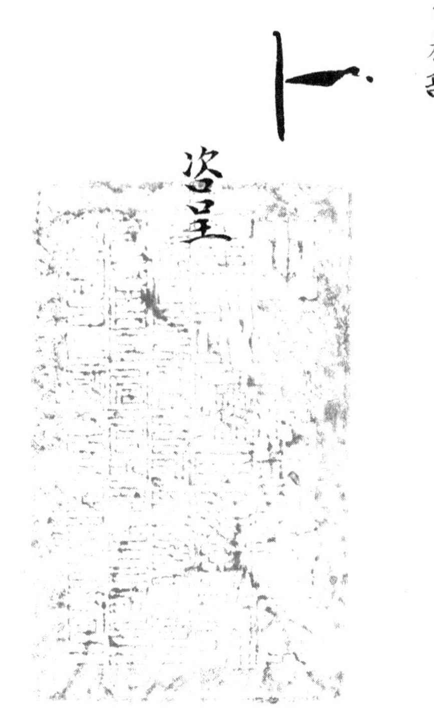

為

咨呈事現據潮海關稅務司克立基呈稱竊稅務司現奉署總稅務司札准潮海關代理稅務司葛　請假回國所有潮海關稅務司之缺特委克立基充補等因稅務司遵即前來於本月二十八日已經接印任事除經原任

潮海關代理税務司將任内事宜案件册簿一切業於是日交代清結由税務司自行接辦並應具申聲復署總税務司鑒核外理合具文申呈憲台鈞鑒等由前來除咨行外擬合咨呈爲此合咨貴部謹請察照施行須至咨呈者

右咨呈

外務部

宣統元年四月初八日

一二〇

鳳字廿六號

泰項

洋債

借欵事 宣統元年六月初一日

收駐美吳參贊電

奉二十六日電，遵照外部詢告。一切攬辦美政府概允，偏袒私人代爭利益，固有條約，不得不然，非因總統斷電，達攝政王申明兩國睦誼，查美商現在祇求借欵能與三國一律，所以遲遲未定者，因須在歐洲與商等語。謹稟。壽。二十九日。

一二一

18

大亞美理駕合衆國欽命駐紮中華管理全權事務大臣費　爲

照會事。接准外部大臣來文，奉派本國人鮑祐博爲駐

漢口美國副領事兼知事官等因。相應照會

貴親王查照，希即咨飭該處地方官及稅務司照例接

待辦事可也須至照會者 附洋文

右

照

會

大清欽命全權大臣便宜行事軍機大臣總理外務部事務和碩慶親王

一千九百九柒 貳拾叁

宣統元年陸月初柒日

附件

AMERICAN LEGATION,
PEKING.

To F. O. No. 553.

July 23, 1909.

Your Imperial Highness:

I have the honor to inform Your Highness that I am in receipt of instructions from the Department of State informing me of the appointment of Hubert G. Baugh as American Vice and Deputy Consul at Hankow and directing me to request that the proper local and Customs authorities be instructed to receive Mr. Baugh in the capacity mentioned.

I avail myself of this opportunity to renew to Your Imperial Highness the assurance of my highest consideration.

Henry P Fletcher

Charge d'Affaires.

To His Imperial Highness
Prince of Ch'ing,
President of the Board
of Foreign Affairs.

一二二

敬覆者：前奉

大札，當即飭工巡捐局遵製牌照十五塊，兹已製就送祈

查收，轉交美、俄、和三國使館應用。再，此外各國公使署未經

索取免捐牌照者，並祈

轉詢示知，以便趕辦。此覆。敬請

公安。另包牌照十五塊

廷鴻
裕厚
劉彭年
汪榮寶
頓首 初八日

一二三

欽命督理崇文門商稅事務衙門　爲

咨覆事六月二十一日准

貴部咨覆續准美使來照內開嗣後切勿令已領有子口單之貨物納稅至於關係崇文門稅務來往各文件已抄送本國政府候奪雖經如此詳轉辦理本署使則仍以崇文門徵收有票據貨稅係爲未合自兹以往貴國如有違約致損美商之處定惟崇文門是問且此次來照並有牽及加稅免釐之事詞甚堅執應如何妥訂辦

法以免饒舌之處相應咨請查核見覆各等因准此查來文内開崇文門所管地界甚遠且崇文門應管地段本有一定界限並非隨意增添既不因人之詰問而縮小亦不以人之緘默而推廣也

一查税則爲一國之内政無論何等國皆有自定税法之權或收或免或加或減甲國定之他國遵行倘他國以爲所加過重祇能令本國商人不運不售而不能阻繞甲國之不必加假使心有不甘有意爲難亦祇能倍加甲國運售彼國之進口

税以困苦之斷不能強為干涉此為地球萬國所認之公例非本監督一人之私言也然則據此類推加税當自有主權他國不能干涉今本衙門既非加税又非新設關卡約章雖載有進口貨物已納子口半税者則内地各釐金一概豁免之條要知崇文門税務性質本與各省不同其不同之處如貢品來京尚須納税崇文門不歸税務大臣管轄性質既有不同約章又無崇文門免税專條自不能相提並論且崇文門設關收税已二百餘年豈今日始知有此税關耶即一

千八百九十六年條約亦未聲明將來洋貨運京在崇文門並不納税一節是當時已默認崇文門税不在内地各税之内矣總之新增關卡可以責言舊有税關不能謂之違約

一美國政府於加税免釐一節甚願助成且貴大臣亦認允議商本監督感且不朽不過此一節現今既未實行是崇文門一税將來當在應商之例是免是加亦在不可知之數一俟定有專條自當公共遵守也

一來文有自兹以往如有違約致損美商之處定爲
崇文門是問此則不能不辯查各國商人在北京
貿易者實繁有徒大都獲利者十之九喪失者十
之一使果貴國商人皆在喪失之一邊則亦貴國商人
不善經營之過要知各國商人在北京貿易者皆是
以各有之貨物换中國之金銀其實是各用智力各
出手段爭利於市善經商者獲利多不善經商者
獲利少優勝劣敗非僅崇文門區區之税使之然也

試思如煤油洋貨等類皆非中國之出産無一非來
自外洋中國之民爭相購買交相轉售求合於用
而止本不分别為何國之貨物也設如在天津買
煤油一箱需洋三元在北京須需洋三元四五角是則
各税雖似出之各國之商賈其實仍是取自中國之買主
貴大臣謂有損美商殊不可解本監督以為果使貴
大臣真心為美商籌萬全自當放大眼光竭忠盡智
務使美貨到京消售無餘獨操勝算蓋所爭在各

國商賈同爭之千百萬而不在區區僅值百抽三之
關税且各國商賈一律納税而獨貴大臣屢有違言一
若崇文門税關單為美國商賈之獨一無二之障礙物
寶貴解説商賈因納税而致損者既為崇文門是問
矣若商賈之獲利者不識又何以報我總之本監督職
掌所關祇有督責之命令並無免税之特權所請妥
訂辦法之處實難照允為此照覆
貴部希即轉照

美貴使署可也須至咨者

右 咨

外 務 部

宣統元年陸月 廿 日

一二四

逕啟者兹有本國前駐奉總領事官司戴德擬往拜晤

本署大臣及丁參贊定於明日下午偕同該前領事官

前赴

貴部拜謁務望

貴大臣屆時少候此頌

日祉

費勒器啟 七月初肆日

美國使署

一二五

榷算司

呈爲咨行事奉天英美紙煙公司納税一事本年六月初六日接准

來咨當經本部轉復英朱使在案兹准該使節略稱前允准照該公司在滬漢所製紙煙納税辦法辦理業經轉飭在案此項辦法本大臣現在碍難允爲撤銷蓋所擬按值百抽五完納正税一道之辦法該公司以爲若有此項税課則不如由滬將紙煙運送東三省銷售較在奉天製造爲便其在奉省煙廠亦恐不能獲利是以英美紙煙公司始終不肯應允等因相應咨行

貴大臣酌核見復可也須至咨者

税務處

宣統元年八月　日

一二六

直隸宣化府宣化縣為申送事竊照宣統元年捌月初壹日據德國商人瑞記洋行來宣採買山羊皮磚叁百包計壹萬零捌百条呈到聯单係於宣統元年閏貳月貳拾玖日津字第壹千叁拾玖號報單壹紙初叁日據德國商人新世昌洋行採買青山羊皮磚貳千伍百貳拾条共計柒拾包白山羊皮磚壹千零捌拾条共計叁拾包礦包山羊皮磚壹千玖百肆拾肆条共計伍拾肆包呈到聯单係於宣統元年貳月貳拾日津字第玖千捌百肆拾貳號報單壹紙仝日據德國商人禪臣洋行採買花白羊皮馬掛玖百捌拾陸件熟白羊皮玖千張羊腿馬掛壹千伍百叁拾貳件山羊皮磚壹百拾貳条共計皮貨陸拾陸包仝日又買白灘皮貳千捌百

張羊皮馬褂柒百肆拾捌件羊腿馬褂貳百陸拾捌件
共計貳拾貳包今日又買花白羊皮馬褂壹千陸百肆
拾叁件白羊腿馬褂捌拾壹件大毛猾子馬褂肆拾件
山羊皮褥子伍拾壹条共計貳拾陸包呈到廠单係於
宣統元年伍月拾壹日津字第貳千捌百拾柒號并貳
千捌百叁拾叁號貳千捌百肆拾柒號報单各壹紙
初肆日據德國商人禪臣洋行採買羊腿馬褂貳百零
壹件花羊皮馬褂貳拾伍件西灘皮叁千叁百張白
羊皮馬褂壹千零捌拾玖件黑羊皮馬褂陸件猾皮馬
褂壹百柒拾件共計叁拾貳包今日又買小尺白羊皮馬
褂叁百貳拾叁件黑羊皮馬褂叁拾肆件碎板花羊皮
叁拾件羊腿馬褂叁拾件共伍包白羊皮馬褂肆百陸

拾柒件小尺白羊皮馬褂壹百玖拾陸件黑羊皮馬褂肆拾肆件碎板花羊皮馬褂伍拾柒件小尺花羊皮馬褂叁件小尺花羊皮千張馬褂肆件小尺白羊皮千張馬褂拾叁件羊腿馬褂壹百捌拾捌件共拾肆包白羊皮馬褂肆百伍拾貳件小尺白羊皮馬褂貳百壹拾叁件黑羊皮馬褂捌件羊腿皮馬褂肆拾件山羊皮褥口袋拾隻計貳拾叁共拾包白羊皮馬褂肆百伍拾貳件羊腿皮馬褂肆拾貳件共柒包統共叁拾陸包呈到聯單係於宣統元年伍月拾壹日津字第貳千捌百肆拾玖號貳千捌百伍拾壹號報單各壹紙仝日又買白羊皮馬褂捌百拾柒件花羊皮馬褂壹百拾件黑羊皮馬褂叁拾件碎板皮馬褂玖拾件羊腿

馬褂壹百件駱駝腿花子貳件共拾陸色呈到聯单
係於光緒叁拾肆年拾貳月貳拾伍日津字第捌千
肆百叁拾貳號報单壹紙初伍日據英國商人新泰
興洋行採買熟山羊皮壹百零伍色共計數伍千伍
百零捌張呈到聯单係於宣統元年叁月拾陸日津
字第壹千肆百貳拾壹號報单壹紙念日據德國商人
禪臣洋行採買白羊皮玖千零肆拾隻羊皮馬褂
玖百柒拾玖件羊腿馬褂貳百念肆件山羊皮褥
拾肆条共計肆拾貳色呈到聯单係於宣統元年伍
月拾壹日津字第貳千捌百肆拾號報单壹紙初
陸日據德國商人禪臣洋行採買熟白羊皮叁千張
副熟白羊皮陸百柒拾陸張山羊皮褥叁拾陸条共

數拾貳包呈到聯單係於宣統元年伍月拾壹日津字第貳千捌百肆拾壹號報單壹紙仝日據英國商人聚立洋行採買熟白灘羊皮叁千柒百拾捌張熟白二毛羊皮伍百張山羊皮褥貳拾陸條老羊皮貳拾捌張共數拾肆包呈到聯單係於光緒叁拾肆年拾壹月貳拾叁日津字第柒千肆百柒拾壹報單壹紙初柒日據美國商人德泰洋行採買山羊皮褥壹百包共計叁千陸百條呈到聯單係於宣統元年柒月初壹日津字第肆千叁百陸拾柒號報單壹紙初玖日據德國商人禪臣洋行採買白羊皮馬褂伍百柒拾件花羊皮馬褂伍拾陸件羊腿馬褂肆拾件共計拾包呈到聯單係於光緒叁拾肆年拾貳月貳拾伍日津字第

捌千肆百肆拾伍號報單壹紙仝日據德國商人興
隆洋行採買花白羊皮馬褂壹千壹百肆拾柒件黑
羊皮馬褂叁拾叁件羊腿馬褂陸拾件計拾陸包呈
到聯單係於宣統元年五月拾捌日津字第叁千叁
拾叁號報單壹紙初拾日據德國商人禪臣洋行採
買白羊皮叁柒毛馬褂壹百柒拾件白羊皮馬褂
陸百柒拾貳件花羊皮馬褂壹百貳拾陸件猾皮馬
褂玖拾陸件共拾陸包呈到聯單係於光緒叁拾肆年
拾貳月貳拾伍日津字第捌千肆百陸拾柒號報單壹
紙仝日又買花黑皮馬褂叁百伍拾捌件白黑皮馬褂
陸百陸拾捌件白黑皮大袄壹拾貳件羊腿馬褂陸拾
肆件共拾陸包仝日又買花白羊皮袍褂捌百件

内袍陸件羊腿馬褂柒拾貳件共計拾貳包呈到聯
單係於宣統元年伍月拾壹日津字第貳千捌百叁拾
柒號並貳千捌百伍拾柒號報單各壹紙仝日據法國
商人華順洋行採買黑山羊熟皮壹千柒百捌拾張
共計叁拾包呈到聯單係於宣統元年陸月拾
叁日津字第叁千捌百叁拾陸號報單壹紙仝日
據美國商人德泰洋行採買山羊皮褥壹百包共
計叁千陸百柒包呈到聯單係於宣統元年柒月初
壹日津字第肆千叁百陸拾捌號報單壹紙仝日
又買山羊熟皮玖拾肆包共計伍千貳百張呈到聯
單係於宣統元年柒月拾捌日津字第肆千捌百貳
拾肆號報單壹紙拾壹日據法國商人永興洋行採

買羊絨陸拾包重伍千觔羊毛伍拾包重叁千觔呈到聯單係於光緒叁拾肆年拾月初玖日津字第陸千拾柒號報單壹紙仝日又買青山羊皮褥拾包共計叒叁百貳拾條呈到聯單係於宣統元年叁月拾伍日津字第壹千叁百柒拾壹號報單壹紙拾貳日據德國商人禪臣洋行採買花白羊皮褂壹千壹百零肆件羊腿馬褂叁百玖拾柒件山羊皮褥肆拾肆條猾皮馬褂陸件共計貳拾肆包呈到聯單係於光緒叁拾肆年拾貳月貳拾伍日津字第捌千肆百肆拾肆號報單壹紙仝日又買白羊皮馬褂肆百陸拾伍件熟白羊皮貳千肆百張羊腿馬褂陸百玖拾捌件山羊皮褥叁拾捌條共計貳拾肆包仝日又買羊

皮馬褂貳千伍百件白羊皮陸千玖百捌百夏羊腿
馬褂叁百陸拾件共計伍拾陸包呈到聯單係於
宣統元年伍月拾壹日津字第貳千捌百貳拾貳
號並貳千捌百陸拾號報單各壹紙仝日據英國
商人新泰興洋行採買熟山羊皮玖拾陸包共計
數肆千玖百伍拾張呈到聯單係於宣統元年叁月
拾陸日津字第壹千肆百貳拾貳號報單壹紙拾肆
日據美國商人德泰洋行採買山羊皮褥壹百包共
計數叁千陸百条呈到聯單係於宣統元年柒月拾
捌日津字第肆千捌百貳拾伍號報單壹紙拾伍日
據英國商人新泰興洋行採買花山羊皮褥陸拾
叁包計貳千貳百陸拾捌條黑山羊熟皮柒拾叁包

計肆千肆百肆拾張皮抓貳拾柒包淨重壹千玖
百肆拾肆觔呈到聯單係於宣統元年肆月貳拾
玖日津字第貳千肆百玖拾號報單壹紙拾陸日
據德國商人禪臣洋行採買白羊皮馬褂貳百肆拾
捌件花羊皮馬褂柒百柒拾捌件羊腿馬褂玖拾陸件
計拾陸包花羊皮馬褂壹百陸拾玖件羊皮碎板褂
拾柒件羊腿褂柒拾捌件計肆包統共貳拾包呈
到聯單係於宣統元年伍月拾壹日津字第貳千
捌百肆拾伍號報單壹紙仝日又買黑白羊皮花褂貳
百貳拾叁件羊腿馬褂叁拾叁件共計肆包呈到
聯單係於宣統元年伍月拾壹日津字第貳千捌
百肆拾陸號報單壹紙仝日又買花羊皮馬褂貳

百肆拾肆件白羊皮馬褂叁百伍拾捌件羊皮碎枚褂柒拾貳件黑羊皮褂壹拾貳件羊腿褂壹百叁拾貳件共拾貳色白羊皮馬褂叁百肆拾叁件羊腿褂叁拾件共伍色白羊皮褂貳百陸拾捌件黑羊皮褂拾伍件羊腿馬褂伍拾肆件共肆色白羊皮馬褂捌百貳拾捌件黑羊皮馬褂貳拾肆件羊腿褂柒拾捌件共拾叁色統共叁拾肆色呈到聯單係於宣統元年伍月拾壹日津字第貳千捌百伍拾號報單壹紙仝日又買青白猾子馬褂伍拾柒件黑羊皮馬褂貳拾伍件黑猾子馬褂玖件雜色猾子馬褂拾肆件白羊皮馬褂壹千肆百陸拾肆件白羊皮千張渣子馬褂玖拾玖件山羊口袋拾柒隻計叁拾肆條羊

腿馬褂壹百陸拾貳件花羊皮馬褂伍拾件共計叁拾
色呈到辦單係於光緒叁拾肆年拾貳月貳拾伍日
津字第捌千肆百貳拾柒號報單壹紙仝日據德國
商人瑞記洋行採買羊腿花子肆件山羊皮褥壹百
柒拾肆條猾皮馬褂拾陸件二毛羊皮玖百壹拾
張灘羊皮肆千伍百張白羔皮馬褂壹千貳百伍拾
陸件灘羊皮馬褂叁拾壹件千張皮馬褂柒件黑羔脖
頭馬褂貳拾伍件黑羔脖頭花子壹件白毛貼貳拾
叁塊共計叁拾陸色呈到辦單係於宣統元年肆月
拾肆日津字第貳千壹百伍拾玖號報單壹紙仝日據
法國商人華順洋行採買白羔皮花子叁件白羔皮
馬褂叁件白羔皮領褂壹件青山羊皮褥子壹條黑

山羊熟皮壹千貳百貳拾張共貳拾貳包呈列聯单
係於宣統元年陸月拾叁日津字第叁千捌百叁拾
柒號報單壹紙拾柒日據德國商人禪臣洋行採
買羊腿馬褂叁百柒拾捌件羊皮馬褂柒百柒拾壹
件猾子皮馬褂伍百玖拾陸號共貳拾肆包呈列
聯單係於光緒叁拾肆年拾貳月貳拾伍日津
字第捌千肆百叁拾伍號報單壹紙仝日又買花羔
皮袍叁件黑羊皮馬褂叁拾玖件白羊皮馬褂捌百
零貳件白叁肆毛羊皮馬褂貳百柒拾肆件花羊皮
馬褂柒百叁拾件羊腿馬褂柒百肆拾件猾子皮馬
褂壹百貳拾件共肆拾貳包仝日又買羊皮馬褂肆
百壹拾捌件羔皮袍貳件山羊皮褥壹百条共計捌

色呈到聯單係於光緒叁拾肆年拾貳月貳拾
伍日津字第捌千肆百陸拾捌玖號報單各壹紙
今日據法國商人華順洋行據買熟白西濰皮陸
千零捌拾張熟白口二毛皮柒百張白二毛皮馬褂
玖拾伍件白羔皮長袖馬褂貳拾叁件黑猾皮馬褂
叁百玖拾件黑猾老二毛皮袍子叁拾玖件羊腿馬
褂拾貳件黑山羊皮褥子柒拾陸條狐皮褥子壹條共
數貳拾捌包呈到聯單係於宣統元年肆月貳拾
貳日津字第貳千貳百肆拾捌號報單壹紙貳拾日
據德國商人禪臣洋行採買白羊皮馬褂玖百貳拾
叁件花羊皮馬褂伍百玖拾陸件羊腿皮馬褂壹百
伍拾陸件共計貳拾陸包呈到聯單係於宣統元年伍

月拾壹日津字第貳千捌百叁拾陸號報單壹紙仝日又買白羊皮馬褂貳千壹百肆拾叁件花羊皮馬褂叁百捌拾肆件羊腿馬褂叁百壹拾貳件共計肆拾肆包呈到聯單係於宣統元年伍月拾壹日津字第貳千捌百叁拾捌號報單壹紙仝日據法國商人永興洋行採買青山羊皮褥子壹百捌拾條二毛羊皮肆百張白羔皮袍子壹百叁拾壹件狼皮拾貳張花羔皮袍子肆拾玖件狼皮大褥子拾條白羔皮馬褂柒拾柒件黃狐皮貳拾捌張白羔皮女袄貳拾肆件白狐皮貳拾柒張共計拾肆包呈到聯單係於宣統元年叁月拾陸日津字第壹千叁百柒拾陸號報單壹紙仝日又買羊絨伍拾包重肆千斤羊毛叁拾包重壹千

捌百陸呈到聯單係於光緒叁拾肆玖月貳拾伍日
津字第伍千柒百伍號報單壹紙今日據英國商人
華泰洋行採買羔青山羊皮褥叁拾包計數壹千零
捌拾柒襍色山羊皮褥叁拾包計數壹千零捌拾柒黑
熟山羊皮叁拾玖包計數貳千零貳拾叁張呈到聯
單係於宣統元年閏貳月貳拾捌日津字第玖百柒
拾叁號報單壹紙貳拾壹日據英國商人怡和洋行採
買花羔皮袄貳拾叁件白羔皮袄玖拾伍件青猾皮袄
拾件青猾皮肆百張黑猾皮貳千肆百伍拾張白羔
皮馬褂玖百柒拾玖件猾皮馬褂玖拾貳件猾皮褥子
拾壹條包毡貳拾貳塊共計貳拾貳包呈到聯單
係於宣統元年肆月初叁日津字第壹千捌百伍拾

伍號報單壹紙，全日據德國商人礼臣洋行採買熟白羊皮叁千肆百陸拾張、山羊皮褥子叁拾叁条、羊腿馬褂玖百伍拾捌件，共數貳拾肆包，呈到聯單係於宣統元年伍月拾壹日津字第貳千捌百貳拾叁號報單壹紙，全日據德國商人興隆洋行採買灘羊皮肆千肆百肆拾張、花白羊皮馬褂陸百叁拾貳件、黑羊皮馬褂捌件、千張皮馬褂壹百肆拾件、羊腿馬褂伍百貳拾陸件，計叁拾貳包，呈到聯單係於宣統元年伍月拾捌日津字第叁千叁拾肆號報單壹紙，貳拾叁日據美國商人德泰洋行採買山羊皮褥壹百包，計數叁千陸百条，呈到聯單係於宣統元年柒月拾捌日津字第肆千捌百貳拾陸號報單

壹紙仝日據德國商人禪臣洋行採買白羊皮叁千捌
百肆拾隻羊皮馬褂壹百零玖件羊腿馬褂陸百叁
拾柒件千張馬褂貳拾叁件羊皮袍壹件共貳拾貳
包呈到聯單係於光緒叁拾肆年拾貳月貳拾伍日
津字第捌千肆百叁拾柒號報單壹紙貳拾伍日
據荷蘭國商人恒豐洋行採買黑羊皮大襖壹件
白羊皮大襖拾陸件白羊皮女襖貳拾壹件白羔皮
馬褂捌百拾壹件黑羊皮馬褂拾伍件花羊皮馬
褂壹件花羊皮大襖貳拾陸件西皮大襖壹件西皮
女襖壹件山羊皮褥貳拾柒猾子馬褂拾陸件計拾
肆包呈到聯單係於宣統元年肆月初壹日津字第
壹千捌百拾肆號報單壹紙仝日據德國商人瑞記

洋行採買馬尾捌件淨重壹千零玖拾壹觔呈到
聯單係於宣統元年柒月初壹日津字第肆千肆
百玖號報單壹紙貳拾陸日據德國商人瑞記洋行
採買黑猸皮叁千貳百伍拾張白西雞皮馬褂貳拾叁
件黑猸皮馬褂壹百伍拾件白羊皮小馬褂拾壹件山羊
皮褥叁拾貳条白口二毛皮陸百張共計捌色呈到聯
單係於宣統元年肆月拾肆日津字第貳千壹百陸拾
號報單壹紙仝日據德國商人禪臣洋行採買花白羊
皮馬褂叁千貳百陸拾伍件黑羊皮馬褂肆拾陸件
千張皮馬褂叁百玖拾肆件羊腿皮馬褂貳百捌拾
貳件猸子皮馬褂壹百肆拾壹件花白羊皮袍子肆件
黑羊皮袍子壹件共計伍拾陸色呈到聯單係於宣統

元年伍月拾壹日津字第貳千捌百叁拾玖號報單
壹紙仝日據英國商人平和洋行採買山羊皮褥貳
百包計數柒千貳百条呈到聯單係於宣統元年叁月
拾肆日津字第壹千叁百伍號報單壹紙仝日據德
國商人禪臣洋行採買白羔皮馬褂叁百壹拾壹件
花白羔皮女襖貳拾陸件黑花羔皮褂子陸件黑羔皮
馬褂貳件花羔皮坎肩陸件猾皮袍子壹件白羔皮袍
子捌件山羊皮褥貳拾捌条青山羊皮褥捌拾条共計
柒包呈到聯單係於光緒叁拾肆年拾貳月貳拾
伍日津字第捌千肆百柒拾壹號報單壹紙貳拾
柒日據美國商人德泰洋行採買花山羊皮褥壹百包
計叁千陸百条仝日又買山羊皮褥壹百包計叁千陸

百柒呈到聯單係於宣統元年柒月拾捌日第字第
肆千捌百貳拾柒捌號報單各壹紙仝日據德國商
人德義洋行採買山羊皮褥壹百包計叁千陸百叁
呈到聯單係於宣統元年肆月貳拾貳日津字第
貳千貳百捌拾柒號報單壹紙仝日據德國商人禪
臣洋行採買羊皮馬褂壹千肆百玖拾件羊皮袍柒件
黑猾子馬褂陸拾貳件羊腿馬褂肆百肆拾貳件計
貳拾捌包呈到聯單係於光緒叁拾肆年拾貳月貳
拾伍日津字第捌千肆百貳拾捌號報單壹紙貳拾
玖日據德國商人禪臣洋行採買羊腿馬褂壹千伍百
叁拾肆件計貳拾肆包呈到聯單係於光緒叁拾肆
年拾貳月貳拾伍日津字第捌千肆百叁拾肆號報

單壹紙叁拾日據德國商人德義洋行採買山羊皮張壹百包計數叁千陸百条呈到聯單係於宣統元年肆月貳拾貳日津字第貳千貳百玖拾壹號報單壹紙均係運往津海關出口各欵填註原領津海關道發給叁聯土貨報單陸拾壹紙呈送查驗換領運照前來卑縣遵照定章眼同該商驗明單貨相符即將原單收回換領運照陸拾壹紙照尾載明限到直隸津海關繳銷准其運貨前往並將收回叁聯原單按照註載次第分別存留備案蓋印具文申送津海關道查驗核辦在案所有宣統元年捌月分收回德國等商人瑞記等洋行來宣採買山羊皮張等貨數目原領天津海關道發給叁聯土貨報單陸拾

壹紙擬合具文申送

大部查核備案爲此備由具申伏乞

照驗施行須至申者

計申送

收回德國等商人瑞記等洋行原領天津海關道發給

叁聯土貨報單陸拾壹紙

右　　　　　　　　申

外　　務　　部

宣統元年拾壹月貳拾伍日知縣江宗瀚

一二七

大理院爲咨呈事查宣統元年三月初八日欽奉

諭旨大理院奏籌備立憲事宜一摺著會同度支

部妥爲籌商具奏欽此摺内所陳關於旅學者則

逐年派遣司員出洋實地練習審判所需整裝

川資及學費按照學部章程各有定數本院擬

派八員或六員分赴東西洋肄習每年輪替以三

年爲限俟籌有的欵再將本院人員能通知外國

語言文字者酌量派遣其某員派往某國此時暫

不能定當鈔學部奏定游學經費章程咨請度
支部核奪旋准度支部覆稱出洋學費一節查
美國減讓賠欵即專備赴美游學之用應由貴院
咨商外務部學部酌核辦理等因前來查本院
改良審判係列入籌備憲政之一端上年十二月
二十三日奏陳次年籌備實情曾經聲明俟籌得
經費隨時奏明辦理等語事之能否舉行要
以款之有無為斷一再斟酌惟有照度支部所

覆咨商協助可否在美國減讓賠款內酌撥若

干俾得派員出洋游學至紉公誼相應咨呈

貴部酌核見復可也須至咨呈者

右咨呈

外務部

宣統貳年貳月初陸日

監印官　史

一二八

敬再啓者頃准美外部卿諾士照稱洋貨進口已領有免稅憑单運往東三省通商各市場及內地各處均被徵收銷場稅吉林省另有加抽營業稅各項貨物均按值百抽一徵收至煤油則每箱納稅一錢五分雖有免稅憑單而遼陽寬城子等處釐金委員均不承認種種無理抽收各情已迭次咨照東督在案查通商約章載明凡係徵稅貨物一經繳

納互換轉運稅或已交納入口半稅及與入口半稅相等類之賦稅或係免稅貨物既納二五正稅凡帶有轉運護照運往內地各處者所有賦稅概行豁免東三省現在所加收各項賦稅實於貿易約章大相違背尤於美國商務前途大有阻碍請將本政府之請求代達貴外部咨行東省督撫迅將已領有免稅憑单或海關轉運護照之貨物即行停止加抽各種賦稅可也

等因，除本月初五日電達
大部核辦外，相應印錄美外部照會原文，寄呈統乞
代回
堂憲察核爲荷。再請
鈞安。
崇又頓首
宣統二年二月初八日
美字又第三號

附呈美外部照會原文一件

一二九

咨度支部、大理院美國減讓賠款碍難酌撥大理院派遣出洋司員由

行　行

外務部左侍郎聯

外務部右侍郎鄒

二月初九日　行

二月初九日　行

諭旨

榷算司

呈為咨行事。宣統二年二月初六日准大理院

咨稱：宣統元年三月初八日欽奉

大理院奏籌備立憲事宜一摺，著會同度支部妥爲籌商具奏。

欽此。摺内所陳關於旅學者則逐年派遣司員出洋實地練習審判所需整裝川資及學費按照學部章程各有定數，當鈔學部奏定游學經費章程咨請度支部核奪，旋准度支部覆稱出洋學費一節，查美國減讓賠款，即專備赴美游學之用，應咨商

外務部學部酌核辦理等因查本院改良審判係列入籌備憲政之一端上年十二月二十三日奏陳次年籌備實情曾經聲明俟籌得經費隨時奏明辦理可否在美國減讓賠款内酌撥若干俾得派員出洋游學咨請酌核見復等因本部查收還美國減讓賠款業經奏明專備赴美游學並籌設游美肄業館等項之用所有大理院貴院派遣出洋練習審判之司員不在赴美游學之列前項收還賠款亦並無餘裕礙難酌撥除咨復大理院分咨度支部學部外相應咨復行貴部院查照另籌辦法可也須至咨者

度支部　學部　大理院

宣統二年二月　日

一三〇

[illegible]為

咨送事據甘肅統捐總局詳據張家川統捐委員薛温申賫

美商德泰洋行在該處採買土貨聯单肆張前來查驗单貨

均屬相符由省局核詳分送備查等情到本督部堂據此除分行

外相應咨送

貴部謹請鑒照施行須至咨呈者

計咨送聯单肆張

右　　咨　　呈

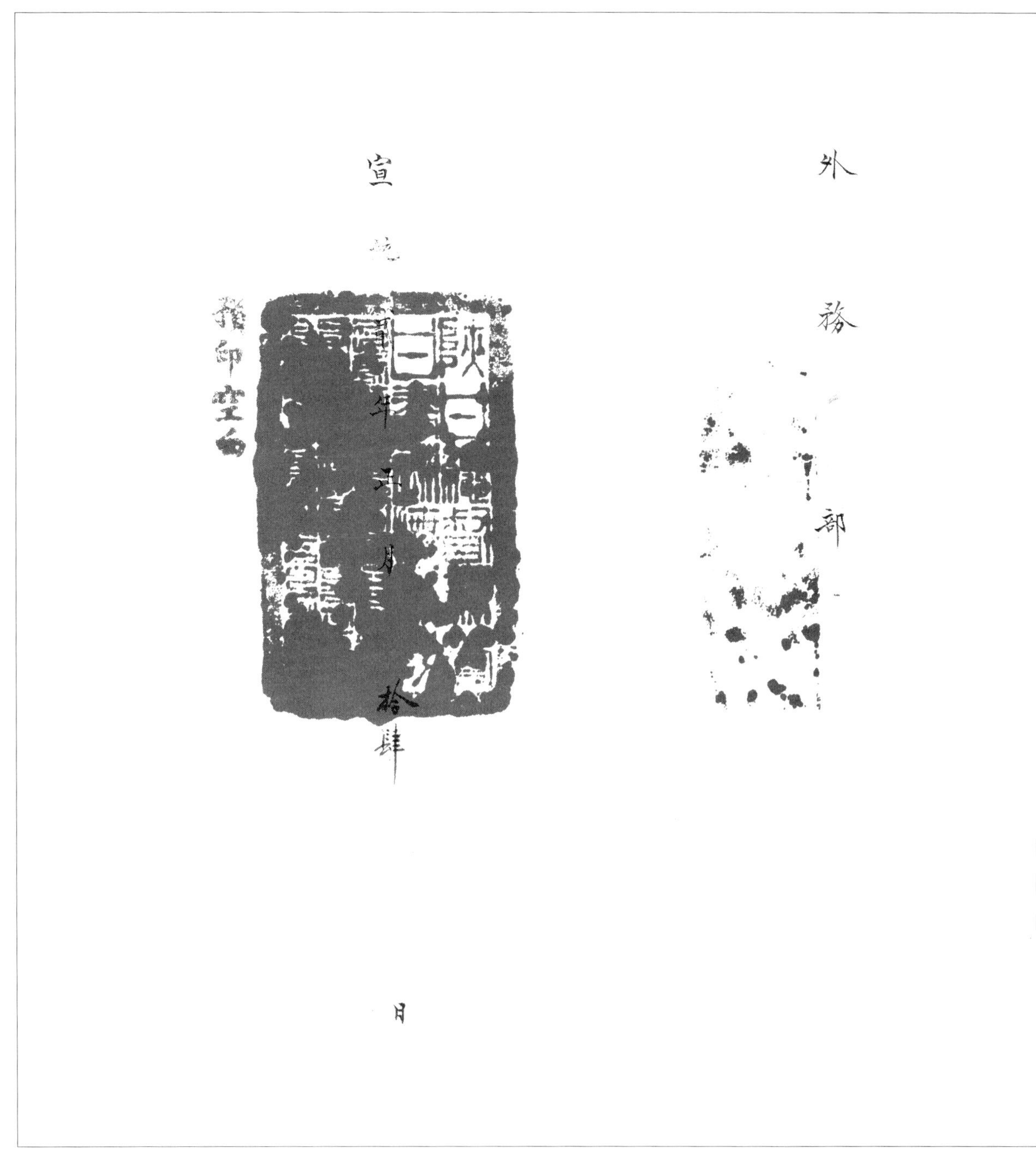
外務部

宣統三年三月拾肆日

一三一

節畧

去年六月二十四日
貴部節畧內開允英美紙烟公司在奉天所製紙烟願照上海及漢口所製納稅之章辦理此項辦法業經允認轉飭有關之人一體遵照矣惟

去年七月二十五日
貴部節畧內將此辦法撤消而以照納值百抽五正稅一道辦法代之旋於八月初二日經
朱大臣所具節畧內聲明前項辦法惜難允為撤消並仍請將六月二十四日節畧已允之辦法照行又謂所擬按值百抽五完納正稅一道之辦法該公司以為若有此項稅課則不如由滬將紙

烟運送東三省銷售較在奉天製造爲便其在
奉省烟廠亦恐不能獲利是以英美紙烟公司
始終不肯應允等語兹本署大臣據奉天總領
事詳此節至今尚未定局云云合即再照
朱大臣節畧重請按照
貴部去年六月二十四日節畧所允之辦法施行
是爲切盼並請早日
見復 二月十八日

附件

March 28,1910.

In a Memorandum of August 9,1909 to Sir John Jordan the Wai Wu Pu sanctioned an arrangement under which the cigarettes manufactured by the British American Tobacco Company should receive the same fiscal treatment as cigarettes manufactured at Shanghai and Hankow in the factories of the Company. This arrangement was duly accepted and notified to the parties concerned, but on September 9th the Wai Wu Pu wrote revoking it and substituting an inclusive duty of 5% ad valorem. In a memorandum of September 15,1909 Sir John Jordan informed the Wai Wu Pu that he regretted he was unable to accept this revocation and requested that the arrangement of August 9th should be adhered to. He pointed out that the proposal of an inclusive duty of 5% ad valorem was objected to by the British American Tobacco Company from the first, for the reasons that if such a duty were levied it would be more advantageous to supply the Manchurian market from Shanghai, and that the local factory at Mukden could not therefore be run at a profit.

Mr Max Müller learns from His Majesty's Consul-General at Mukden that this question has not yet been settled and he has the honour to request that the arrangement sanctioned by the Wai Wu Pu on August 9 should be adhered to.

The favour of an early reply is requested.

W. G. Max Müller

一三二

大亞美理駕合衆國欽命駐劄中華便宜行事全權大臣費　　為

照會事茲因本國新定税務章程計分輕重征税二則如美國貨物進他國口岸其所征之税較别國稍

重本國

總統即飭海關衙門按重則征税如他國收美國進口

貨税較别國並無偏待即飭按輕則征税現在本國

總統已於西三月二十四號降諭飭令海關衙門自西

三月三十一號起以後中國貨物運進美國口岸

皆須按照輕税則征收貨税，相應照會

貴親王查照可也，須至照會者。附洋文

右　照　會

大清欽命全權大臣便宜行事軍機大臣總理外務部事務和碩慶親王

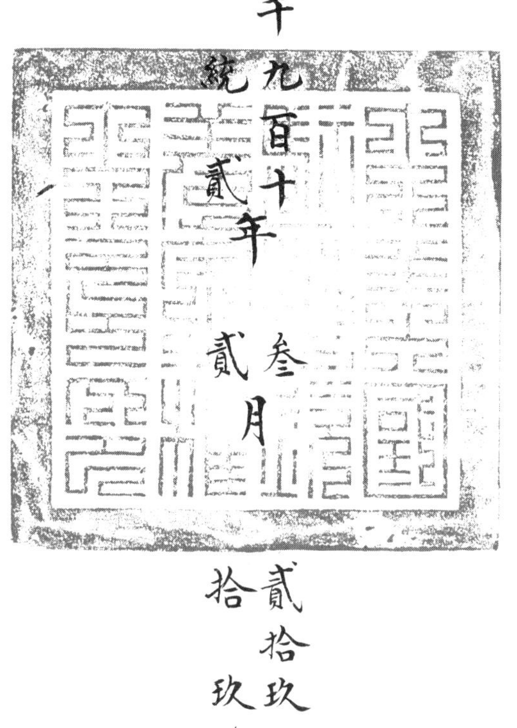

一千九百十一年叁月貳拾玖日

宣統貳年貳月貳拾玖日

附件

AMERICAN LEGATION,
PEKING.

To F.O. No.634. March 29, 1910.

Your Imperial Highness:

According to the Customs Regulations now in force in the United States, there are two Tariff Schedules, the Maximum and the Minimum. When foreign goods are imported into America, if they come from countries which discriminate against American goods, the President is authorized to order that the Maximum Tariff be collected. If the goods come from a country which does not so discriminate against American goods, the Minimum Tariff may be applied.

I now have the honor to notify Your Imperial Highness that on the 24th. day of the present month, the President of the United States issued a proclamation announcing that all importations from the Chinese Empire would be admitted under the Minimum Tariff from the 31st. day of March, 1910.

I avail myself of this opportunity to renew to Your Imperial Highness the assurance of my highest consideration.

Chargé d'affaires.

To His Imperial Highness,
Prince of Ch'ing,
President of the Board of Foreign Affairs.

一三三

咨北洋大臣稅務大臣美定新稅章於中國運美貨物按輕稅則征稅查明情形咨復由

行　行

外務部左侍郎聯

外務部右侍郎鄒

二月　日

二月　日

榷算司

呈為咨行事宣統二年二月十九日准美費署使照稱茲因本國新定稅務章程計分輕重二則如美國貨物進他國口岸其所征之稅較別國稍重本國即飭海關衙門按重則征稅如他國收美國進口貨稅較別國並無偏待即飭按輕稅則征稅現在本國總統已於西

三月二十四號降諭飭令海關衙門自西三月三十一號
起以後中國貨物運進美國口岸皆須按照輕税則
征收貨税等因相應咨行
貴大臣查照飭知可也須至咨者
明是否如此情形[illegible]咨覆本部可也
南北洋大臣
税務大臣
宣統二年二月　日

一三四

照復美費署使中國運美貨物按輕税則徵税足徵公允由

行 行

外務部左侍郎聯

外務部右侍郎鄒

二月廿八日 行

二月廿八日 行

榷算司

呈為照復事接准

照稱茲因本國新定税務章程計分輕重徵税二則

如美國貨物進他國口岸其所徵之税較别國稍重

本國即飭海關衙門按重則徵税如他國收美國

進口貨税較别國並無偏待即飭按輕則徵税現

總統

在本國

已於西三月二十四號降諭飭令海關衙門自西三月三十一號起以後中國貨物運進美國口岸皆須按照輕税則徵收貨税等因本部查

貴國新定税務章程於中國貨物運進美國口岸者均按照輕税則徵税足徵

貴政府辦事公允本爵大臣甚為紉佩除轉行飭知外相應照復

貴署大臣查照可也須至照會者

美費署使

宣統二年二月　　日

欽差大臣辦理北洋通商事宜陸軍部尚書都察院都御史直隸總督部堂陳　為

咨呈事據津海關道蔡紹基申稱本年三月初五日奉憲台

札准

外務部咨准美費署使照稱自西三月三十一號起以後中

國貨物運進美國口岸皆須按照輕税則征收貨税是否如

此情形咨直札道查明具復核咨等因奉此當經函致新関

税司義理邇查復去後兹准復稱當即轉詢華洋商人是否

如此情形僉稱本埠向無由津徑運美國貨物均係由滬轉

運是以無從查悉等語據此相應函復即希查核辦理可也等因前來理合申復核咨等情到本大臣據此相應咨呈

貴部謹請查照須至咨呈者

右　咨　呈

外　務　部

宣統

月

欽命太子少保頭品頂戴兵部尚書兼都察院右都御史總督陝甘等處地方軍務兼理糧餉管巡撫事長　為

咨送事據甘肅統捐總局詳據張家川統捐局委員薛温永昌縣知縣楊鼎新大通縣知縣張鍾駿各申賫美商德泰等行在於各處採買土貨報单各張前來查驗单貨均屬相符由省局核詳分送備查等情到本督部堂據此除分行外相應咨送

貴部謹請鑒照施行須至咨呈者

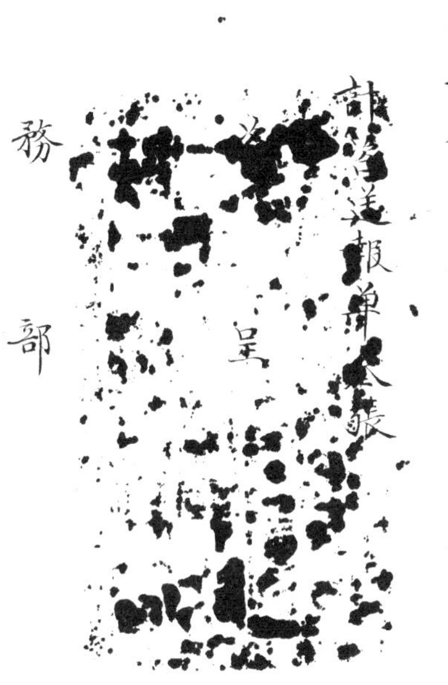

計咨送報单各張

右　咨　呈

外　務　部

宣統三年四月貳拾伍日

應
之件

署右丞劉玉麟
右參議陳懋鼎

四月　日

為

欽差大臣辦理北洋通商事宜太子少保都察院都御史直隸總督部堂陳

咨呈事據山海關道周長齡呈稱宣統二年三月初十日奉憲台

札開准

外務部咨開宣統二年二月十九日准美費署使照稱茲因本國

新定税務章程計分輕重二則如美國貨物進他國口岸其所徵之

税較别國稍重本國即飭海關衙門按重則徵税如他國收美國進

口貨税較别國並無偏待即飭按輕税則徵税現在本國總統已於

西三月二十四號降諭飭令海關衙門自西三月三十一號起以後中

國貨物運進美國口岸皆須按照輕稅則徵收貨稅等因咨行查明是否如此情形咨復本部可也等因到本大臣准此札道遵照查明具復核咨等因奉此遵即照會新關稅司查復去後茲准復稱本稅務司查美國貨物進口所徵之稅係照稅則所定之數與各國進口貨物一律徵收並無偏待茲准前因合行備文照復為此照會請煩查照等因前來職道覆核無異理合呈復查核俯賜核咨等情到本大臣據此相應咨呈

貴部謹請查照須至咨呈者

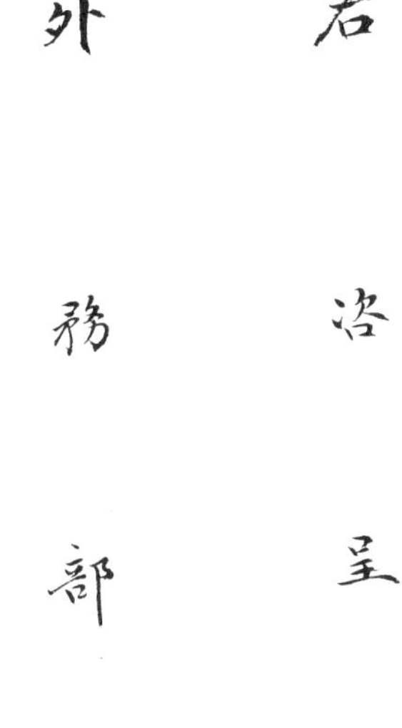

右咨呈

外務部

宣統

十五

日

一三八

復駐美張大臣函柬三省於領有單照之貨向免重征吉省税捐專對置本賣錢不及貨物查照應付由

行　行

署外務部左侍郎曹
外務部右侍郎胡

五月　日　五月　日

行

復駐美張大臣函

憇伯仁兄大人閣下敬復者接准
函稱准美外部照會洋貨進口已領有免税憑單運往東三省通商各市場及内地各處均被徵收銷場税吉林省另有加抽營業税雖有免税憑單而釐局均不承認實於貿易約章大相違背尤

堂

於美國商務前途大有阻礙，請代達貴外部，咨行東省督撫，迅將已領有免稅憑單或海關運照之貨物，即行停止加抽各種賦稅等情，請回核辦等因。查此事本部曾於上年十月二十八日准領銜奧使來照，當經咨行東三省總督暨奉天、吉林各巡撫查復去後，准東督復稱：洋商運貨入商埠界內，領有免重徵專照，與由商埠運入内地領有子口單者，照章免稅，向無重徵。其由稅局飭令完稅者，皆因未領專照，或有專照而貨物不符所致，並未聞有貨照相符之件亦令完納銷場稅。其由商埠運入内地各貨亦有未領子口單者，或領有關單而單貨不符者，又有單貨相離，不能隨時呈驗者，在商人自違定章

則局卡之抽厘納稅均係照章辦理無怪其然嗣後洋土
各貨運入東省商埠界內與商埠運入內地應否免
稅即以有無單照為斷如未領有單照仍應逢關納
稅過卡抽厘倘已領有單照即由稅局驗明貨物相符
並無影射夾帶情弊即予免稅以符定章准吉撫
復稱洋貨在海關完納進口正稅帶有免重征專照
運入商埠稅局即予蓋戳驗放向無重征之事吉省
雖有捐稅等目而其征收之標準專對華商之置本
賣錢並不涉及貨物於外人自運之洋貨尤無關涉
按諸專照定章並無相背之處若因華商置有洋
貨即應免去一切稅捐實非條約所許之意義各等
語前來本部查凡貨領有免稅專照及子口單者

堂

自應免其重征惟商人不遵定章既有單貨相離或不符等事以致照章納捐實屬咎由自取至此項單照係為專免沿途厘捐起見與居肆各華商置本營業之税捐無涉不應指為重征之據除復領衙與使外相應函達
台端查照希即本此意以為應付為荷奉
諭泐此順頌
勛祺

丞參衙

宣統二年五月　日

一三九

欽差大臣辦理南洋通商事務陸軍部尚書兩江總督部堂張　為

咨復事據鎮江關道劉燕翼詳稱宣統二年三月十二日奉

憲台札開宣統二年三月初五日准

外務部咨宣統二年二月十九日准美費署使照稱茲因

本國新定税務章程計分輕重二則如美國貨物進他國

口岸其所徵之税較别國稍重本國即飭海關衙門按重

則徵税如他國收美國進口貨税較别國並無偏待即飭按輕

税則征税現在本國總統已於西三月二十四號降諭飭令海

關衙門自西三月三十一號起以後中國貨物運進美國口岸皆

須按照輕税則徵收貨税等因相應咨行貴大臣查明

是否如此情形咨復本部可也等因到本大臣承准此合
行札飭札關即便遵照剋日移會各商會查明詳復核咨
毋違等因奉經札飭華商聯單總會並鎮江商會查明
中國貨物運銷美國向來納稅若干現在減輕若干剋日稟
復以憑詳復核咨去後茲據華商聯單總理董事魏
謙以查鎮江出口土貨向由華洋商人請領三聯報單前赴內
地採辦到鎮後裝輪運滬轉赴外國或由海輪逕赴香港大都
由滬鎮洋行向領單之商購買貨到各國如何完稅係歸購
貨之洋商自行完納至中國貨物運銷美國向來納稅若干
現在減輕若干茲經職董博訪周諮鎮江一埠從無自行運

貨運赴美國之商是以無從查悉惟查美使來文已允以後中國貨物運進美國口岸皆按輕税征收誠為中國出口土貨一大生機鎮江土貨雖屬間接出洋將來因美國減税之故販運自形踴躍於銷路寔多裨益除分勸各華商於出口土貨格外講求以期發達外禀乞詳咨並據鎮江商會總理于鼎源以查鎮江三聯土貨係由華洋商人領单派夥自入内地採辦到口後或運上海轉赴香港或由海輪運赴香港既到香港即為已出外國其由香港是否運赴美國在鎮商已經售出無從查悉至或有由上海運赴各國者鎮商亦無從稽考但均係洋行購買其税即歸洋商自完並無華

商自行在美完税之事分會查詰商人甚衆各業詞

中請詳復各等情前來理合詳祈 電鑒核咨批示祗遵

等情到本大臣據此除批示外相應咨復為此咨呈

貴部謹請查照施行須至咨呈者

右 咨

外務部

宣統貳年伍月貳拾日

咨復事

一四〇

函致度支部改行幣制須聘專門家爲顧問抄送張大臣函酌核見復由

外務部左侍郎胡 六月廿四日 行

外務部右侍郎曹 六月 日 行

致度支部函

敬啟者，准駐美張大臣函稱，美外部東方股員面稱，中國政府於去年咨會美政府擬增加入口税則一事，美政府甚願贊成。近見中國財政困難，復因實行禁煙，每年鴉片入口税減收二千餘萬，揆度情形，非加税不可。未聞中國議禁鴉片會員將此事通告各國。又美外部以中國議行改良劃一幣制，於加税之事當大有効力。惟圜法精微，宜先遍訪各國著名圜法專門家聘為顧問與中國圜法專門家籌商參酌各國利弊似宜先定以金為本位訂劃一完善幣制俾得堅信各國則加税之事方有辦法中國果能實行美政府甚願協助等語如何覆答美外部之處乞示遵行等因前來查改行幣制聘請顧問各節曾據該大臣來電述及美外部面稱之詞鈔録電文片行

貴部在案茲准前因相應鈔録原信函送

冰案酌核見復為荷耑此即頌

勛綏　附抄件

堂銜

宣統二年六月　日

一四一

逕啓者，英美紙烟公司在張家口與稅局致有難端一事，昨曾備具節畧送呈

查照在案。茲據該公司在張家口代表人電稱，因貨被封，以致不能貿易云云。竊以爲該處稅局對於公司似有欺侮之意，合請

電飭該口監督，於稅局索討重征之案未結之時，仍准該公司照常貿易，勿得梢阻，弃希

早日見復，是爲至要。此頌

鈞祺

麻穆勒啓 七月初七日

英使館

逕啟者本館黎武員有自用馬車一輛，衛隊歐陽醫官有自用人力車一輛，照章均應請領免捐牌照，為此函達

貴部轉行民政部，製就牌照各一份送交本大臣轉給該二員可也。此泐順候

日祉

嘉樂恒啟 七月十八日

美國使署

一四三

逕啟者，英美紙烟公司在張家口與税局致有難端一事，本月初七日函致貴部在案。茲據該公司駐京代表人特赴張家口查辦此事，由口回京禀稱，此事仍未辦妥。該税局所封之貨四十箱，現僅開放三十箱，其餘十箱作爲抵押，據税員稱俟完納税課及違章罰款交清後，始能開放云云。查此案已逾數禮拜之久，尚未了結，公司貿易實在受虧，合請貴部從速查辦，并將本月初六日所具節畧立即見復爲要。此頌

鈞祺

麻穆勒啟 七月二十三日

英使館

一四四

咨呈

頭品頂戴陸軍部侍郎銜兼都察院副都御史署理督辦鹽政大臣銜巡撫湖南等處地方提督軍務兼理糧餉楊 爲

咨呈事宣統二年七月十五日准

督部堂瑞　咨開據湖北漢黃德道江漢關監

督齊耀珊稟稱宣統二年六月初四日准長沙

關道吴道肇邦函稱准稅務司函據美商美孚

洋行經理人聲稱自備船隻裝載洋油或整箱或散艙用小輪拖帶由漢口至岳州轉到長沙等語如由漢口至岳州漢關准其拖帶則由岳州至長沙自可一律照准函請查復等因職道當查旗船辦法曾於光緒三十二年經前閣督憲張 以損失厘捐甚鉅除由渝至宜仍照宜渝兩口專章辦理外自宜昌以下無論至漢口至長沙皆不准用旗船電達

外務部飭遵有案函商漢関税務司酌辦去後旋准蘇碧税司復稱業經申奉

總稅務司札復該洋行由漢口至岳州若所用船隻係洋式而有外國旂幟即准其船隻拖帶及被拖等語與旂船之案無涉即以旂船論光緒三十三年十月內稅務處行總稅司札文業已聲明洋商僱用華船掛旗裝運自置之貨在長江各通商口岸往來既係向章由宜往漢亦係歷辦多年之案件今英使所請自應照准但須聲明不得仿照重慶至宜昌之船隻裝載他商貨物等語是旂船仍可由渝宜至漢及長江各口等因前來職道伏查光緒二十四年修改長

江通商章程第七款第一條内開划艇等船如係洋商之船持有本國之船牌懸掛本國之旂號若欲過鎮江上江貿易者應請領長江專照所有起下貨物完納税鈔等事俱照大洋船一律辦理又第七款第三條内開凡由洋商僱用之華式船隻祇准裝載實係洋商自置之貨由通商此口至通商彼口須請領專牌出結辦理各等語而前閩督憲張　禁行漢口長沙旂船事在三十二年既經電部飭遵自應照辦上年奉准

外務部咨准英朱使節畧以長沙口岸冬月水小時輪船停止要求洋商僱用民船運貨亦經
職道暨長沙關道查明長沙口岸不在長江之列並援引漢口長沙禁行旂船之案稟經前護
督憲楊　核咨拒駁在卷至蘇税務司所稱三

十三年

税務處行總税務司札文乃係由宜至漢之案
長沙非長江口岸不能援照今美孚洋行請自
備船隻裝載洋油或整箱或散艙用小輪拖帶
由漢口至岳州轉到長沙是故意將岳州長沙

作爲兩層辦法以爲由漢口至岳州均係長江
通商口岸照通商章程可以准行由岳州至長
沙則執有華洋各商自備船隻運貨專章無虞
阻滯所謂由岳州轉到長沙者即與由漢口直
到長沙無異用意甚深如遽行核准則仍是上
年英朱使所請之辦法必於湘鄂兩省厘捐大
有滯碍且裝散艙洋油之船照章必須駛至大
海洗刷此種小輪暨洋式船如何駛至大海必
將隨處洗滌流毒無窮尤未便通融貽患愚昧
之見是否有當理合稟祈咨商

外務部

税務處核明辦理並將旂船辦法劃一章程須

示遵行以免紛歧而示限制等情到本部堂據

此查該道所禀有關湘省税務應請確切查核

咨商

外務部暨

税務處核明須示劃一辦法以資遵守而免紛

歧等因到本部院准此除札行長沙關道查照

並咨

税務大臣外相應咨呈爲此咨呈

外務部謹請查照核明頒示劃一辦法以資遵守而免紛歧望切施行須至咨呈者

右咨呈

外務部

宣統二年七月三十日

咨税務處湘撫咨稱美商美孚行自備船隻裝載洋油必於厘捐有碍請頒示劃一章程希核辦迅復湘撫并聲復由

行

外務部左侍郎胡 行

八月十一日

行

外務部右侍郎曹 行

八月十一日

榷算司

呈為咨行事宣統二年八月初八日准湖南巡撫來咨以美商美孚洋行自備船隻裝載洋油用小輪拖帶由漢口至岳州轉到長沙與由漢口直到長沙無異如遽行核准仍是上年英使所請之辦法必於湘鄂兩省厘捐大有滯碍咨請核明辦理

將旗船辦法劃一章程頒示遵行等因查此事既
據該撫聲稱分咨
貴處相應咨行
貴大臣查照酌核遲復湘撫併知照本部可也須至
咨者

税務處

宣統二年八月　日

咨

欽命太子少保頭品頂戴兵部尚書兼都察院右都御史總督陝甘等處地方軍務兼理糧餉管巡撫事長　爲

咨送事。據甘肅統捐總局詳據張家川統捐局委員王必達、霻州知州曾麟綬、西甯統捐局委員邢國弼各申賫美商德泰等行在於各處採買土貨報单前來，查驗单貨均屬相符，呈由省局核詳，分送備查等情到本督部堂。據此，除分行外，相應咨送

貴部謹請鑒照施行須至咨呈者

計咨送報單叁張

右　咨　呈

外　務　部

宣　統

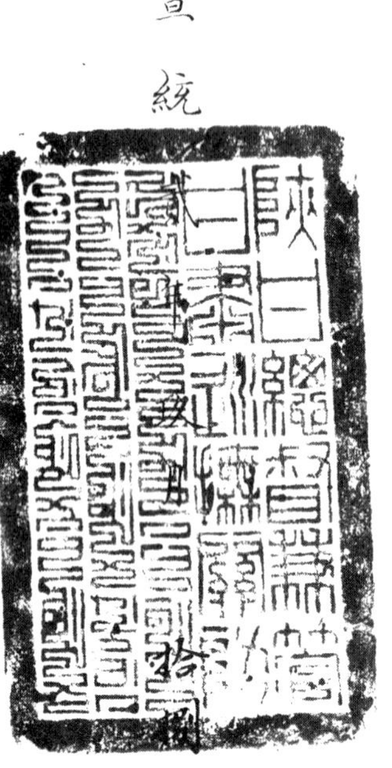

日

一四七

外務部

咨呈

度支部爲欽奉事丞參廳案呈本部

具奏議借美款先訂草合同請

旨核遵一摺單一分宣統二年九月二十七日具

奏本日奉

硃批依議單併發欽此相應鈔錄原奏清單

恭錄

硃批咨呈

貴部遵照辦理可也須至咨呈者

右咨呈

外務部

宣統二年九月二十七日

收

附件

度支部謹
奏為議借美款先訂草合同請
旨核遵恭摺仰祈
聖鑒事竊臣部前奏整頓財政必先統一幣制而統一幣制必須預籌鑄本曾經會商樞臣籌議大概面奉
諭旨准照辦理又因東三省督臣錫良奏准借款二千萬兩興辦該省銀行寔業等事經該督臣電奏與美國銀行議借全款奉
旨歸併度支部辦理等因欽此臣等當即與北京花旗銀行會議借款總數不逾美金五千萬元利息照週年五厘每一百元准扣五元已由美國資本家摩根公司昆勒貝公司第一國立銀行國立城市銀行四家聯合承辦彼此電商先議草合同六條該公司等公派在京花旗銀行總辦梅諾克臣部即派左丞陳宗嬀右丞傅蘭泰於九月二十五日簽字各執一分謹將原文照錄恭呈

御覽如蒙

俞允應請

飭下外務部迅速照會美國使署以便仍由臣等即與

美國資本家循照草合同所訂各事宜賡續妥議

詳細條款再行請

旨辦理所有議借美款先訂草合同緣由理合恭摺具陳伏乞

皇上聖鑒訓示謹

奏

謹將美國借款草合同原文照録恭呈

御覽

立草合同人首造為度支部係代表大清國政府以後即簡稱曰清政府二造為摩根公司昆勒貝公司第一國立銀行國立城市銀行四家皆係在紐約城開設聯合成為美國資本家以後即簡稱曰美資本家事因大清政府為欲整頓國家

及東三省財政及辦理東三省寔業事務擬定創作發
售大清政府遞還之金元債票（以後即簡稱曰債票）其總額不逾
五千萬美國金元所有商酌借款情形照後開辦理
現將議訂條款開列於左
一清政府允出金債票美資本家允為代賣其總額不
逾五千萬美金元皆按下文所載條款及嗣後所
商定之詳細章程辦理
二此債項係為清政府所直借即為清政府所擔負
是以清政府應以其信寔及其還債之權柄為保使
該債款本利皆准按照期限清還
三該債項利息係週年五厘美資本家允以九十五作
一百買受此債票所有收來之寔款共計四千七百五
十萬美金須存在美國資本家或其許可之代理
銀行聽候清政府按照借款辦事所需隨時提用
至存款提款章程借款期限若干年以及分年遞
還本利並積聚抵備歸本各辦法以及債票起息停息日

期與一概関於此債款之事經理各費俟立詳細借
約時和同商訂
四凡関於此項債款之利息遞還之本項與經理各費
用應於詳細借約内所指抵之妥裕餉源先行提付
五此草合同俟奉到
上諭乃可作准
上諭須由外務部用正式公文照會美國使署並請美國
資本家即與度支部或大清國所派定之大臣速訂
詳細借約
六此合同乃用漢文英文各備兩分一分歸度支部存
查一分歸美國資本家存查倘因漢文英文不同
之處致生誤會當彼此和衷妥訂辦理所有應
議未訂之款如彼此意見不合此草合同
可作廢紙

一四八

照會美嘉使度支部議借美款已奉旨允准由

行 行

外務部左侍郎胡 九月 日 押
外務部右侍郎曹 九月 日 押

榷算司

呈爲照會事。現准度支部咨稱：本部具奏議借美款先訂草合同一摺，宣統二年九月二十七日奉

硃批：依議。欽此。抄錄原奏清單咨行前來。查單開草合同内第五條載明：俟奉到

上諭，須由外務部用正式公文照會美國使館，請美

國資本家即與度支部或大清國所派定之大
臣速訂詳細借約等語相應照會
貴大臣查照轉飭遵照辦理可也須至照會者
美嘉使
宣統二年九月　日

一四九

宣統二年十月初五日　鄂字第七十七號

敬啓者上月二十三日肅具鄂字第七十六號函計邀
鑒及中美借款事俄京各報多有登載謂中國向美國訂借
美金五十兆圓俄歷十月十八號籤押云至於借款內容則
議論紛出莫衷一是此間政界中人亦有向蔭詢及者蔭以
未奉
大部訓示無從置答擬懇將此次借款原委
秘密示悉以便隨機應付或報紙所載有不合之處亦可令
其隨時更正敬乞
代回
邸堂各憲為荷祇請

第一頁

宣統　年　月　日　字第　號

勛安

薩蔭圖頓首

第二頁

一五〇

劄游美學務處派生赴美留學陸軍退還賠款項下動支銀兩由

交 交

外務部左侍郎胡

外務部右侍郎曹

十月十一日

十月十一日

榷算司

呈爲劄行事宣統二年十月初二日准軍諮處咨稱本爵前次出洋考察親見美國陸軍學堂辦理完善因與駐京嘉使商定由本處選派學生二名於宣統三年赴美留學陸軍業經咨行在案美國退還賠款一項係專備本

國赴美留學費用現經本處查明留學陸軍每年每名需費九百六十美金川資在外此項學費川資擬請在美國退還賠款内照數動撥以資應用等因本部查此事前准軍諮處來咨當經咨行駐美張大臣轉達美國政府在案茲准前因相應劄行游美學務處遵照並申復本部可也須至劄者

右劄游美學務處 准此

宣統二年十月 日

一五一

資政院爲咨請事。查院章第二十條，資政院於各衙門行政事件及内閣會議政務處議決事件，如有疑問，得由總裁、副總裁咨請答覆等語。兹據議員尹祚章、蔣鴻斌提出質問外務部度支

部借用外款説帖一件業經諮詢本院決定相應刷印

説帖照章咨請

貴部王大臣酌定日期以文書或口説答覆可也須至咨請者

右 咨 呈

外 務 部

宣統二年十月廿五日

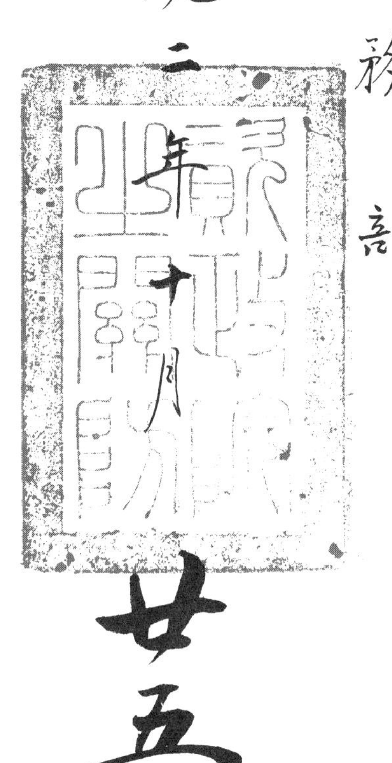

附件

具說帖議員尹祚章、蔣鴻斌查本院議事細則第一百七條

議員依院章第二十條欲行質問者應具說帖得三

十人以上之贊成由

議長諮詢本院決定之等語現在報界關傳政府擬

大借美款雖不知是否屬實若果屬實本議員等有不

能無疑問者數端謹開列於左

一借款之數目共有若干

一每年之利息若干

一償還之年限若干

一借款之担保有無指定

第三十三號

一借款之用途有無指定

一美國對於吾國有無何等要求

一此項借款與美國以外之他國有無關係

一交款之時有無折扣

一借款之合同已否訂定畫押其詳細内容若何

以上數端本議員等不無疑義兹謹提出質問

外務部說帖一件經規定贊成議員會同署名應請

度支部

議長諮詢本院決定照章咨請

外務部酌定日期以文書或口說答覆更有請者此

度支部

事關係甚鉅並請迅速酌定日期答覆實爲公便須

至說帖者

質問議員尹祚章　蔣鴻斌

贊成議員彭占元　陳命官　王昱祥

鄭熙嘏　王佐良　于邦華

莊親王　慶將軍　楊錫田

梁守典　胡柏年　齊樹楷

席　綬　黃懋澄　陶　鎔

吳士鑑　吳緯炳　劉懋賞

羅乃馨　吳賜齡　黃晉蒲

劉述堯　羅　傑　劉能紀

第三十二號

二

。黎尚雯　慶　蕃　存　興

桂　山　徐穆如　霱　公

周廷弼　陳善同　王鴻圖

王用霖　張之森　顧視高

范彭齡　王紹勳

一五二

逕啟者美國數大銀行在華合辦借款名為大資本家現在該代表司戴德達知本大臣因資本家已與花旗銀行商妥如香港廣州上海漢口四處有資本家應辦事件花旂銀行均可暫行代理惟未曾予以全權凡所辦一切各事皆當俟資本家明示方能定妥等因本大臣准此相應函達

貴王大臣查照可也此候

日祉 附洋文

嘉樂恒啟 十二月初六日

美國使署

附件

AMERICAN LEGATION,
PEKING.

To F.O. No. [illegible]   January 5, 1911.

Your Imperial Highness:

I am informed by Mr. Willard Straight, the special representative, in China, of the American bankers, associated together under the name of the American Group, for the purpose of making financial investments in China, that the aforesaid Group has arranged with the International Banking Corporation that its branches in Hongkong, Canton, Shanghai and Hankow shall represent it, until further advised, in such local banking business as the Group may have to transact in the cities named. The understanding being, however, that the respective managers of the aforesaid Banking Corporation are not authorized to commit the American Group except when acting under specific instructions. I am requested by Mr. Straight to notify Your Imperial Highness of this arrangement.

I avail myself of this opportunity to renew to Your Imperial Highness the assurance of my highest consideration.

[illegible signature]
American Minister

To His Imperial Highness
Prince of Ch'ing,
President of the Board
of Foreign Affairs.

一五三

咨度支部美領詢問大清銀行是否作爲政府之銀行應如何答復請核復由

行　　行

外務部左侍郎胡

外務部右侍郎曹

十二月初五日

十二月初五日

榷算司

呈爲咨行事。宣統二年十二月初二日，接淮江蘇巡撫電稱：據上海道電稟，准美領事函稱，頃聞收存本埠海關税餉之海關銀號業經作廢，以大清銀行代之。如果確以大清銀行爲政府之銀行收存税餉，以代海關銀號，即希示復等

情查滬關稅收奉
度支部電諭改歸大清銀行經管自應
遵照本國政府命令辦理除向美領正言
復拒外事関各國條約應如何拒阻以杜干
涉懇請示遵等語電請核覆飭遵等因前
來本部查海關稅課銀兩應交官設銀號各國條
約載有明文今美領以大清銀行是否作為
政府之銀行為詢應如何答覆之處相應咨行
貴部查照核復可也須至咨者
度支部
宣統二年十二月　日

一五四

洛度支部美使函稱美資本家與花旗銀行商代事件應否飭知希酌辦由

行　行

外務部左侍郎胡

外務部右侍郎曹

十二月十七日 行

十二月十七日 行

榷算司

呈爲洛行事。宣統二年十二月初六日接准美嘉使函稱，美國數大銀行在華合辦借款，名爲大資本家。現在該代表司戴德知本大臣，因資本家已與花旗銀行商妥，如香港、廣州、上海、漢口四處有資本家應辦事件，花旗銀行均可暫行代理，惟未

曾予以全權凡所辦一切各事皆當俟資本家明示
方能定妥等因前來相應咨行
貴部查照應否飭知各處希即酌核辦理可也須
至咨者

度支部

宣統二年十二月　日

一五五

致英朱使節畧英美紙煙公司在張納税事准税務處咨復各節希飭遵由

行

行

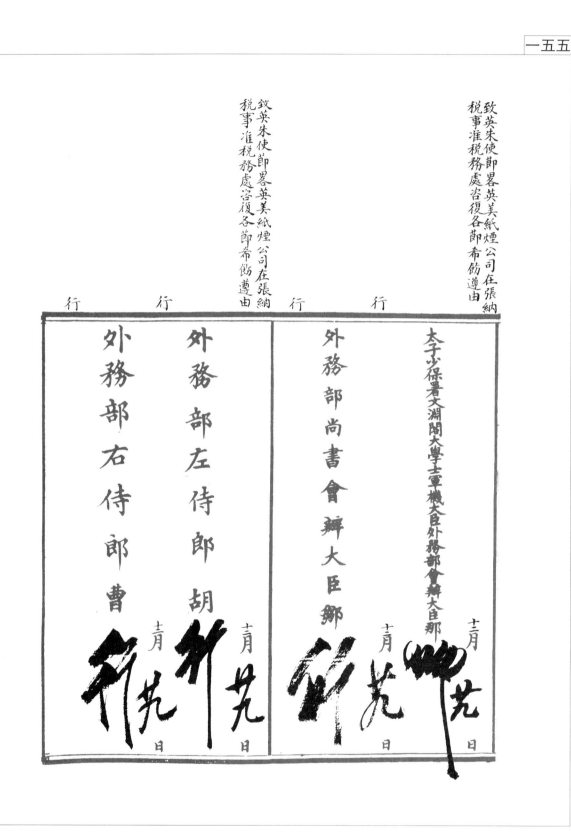

太子少保署文淵閣大學士軍機大臣外務部會辦大臣那

外務部尚書會辦大臣鄒

十二月 日

致英朱使節畧英美紙煙公司在張納税事准税務處咨復各節希飭遵由

行

行

外務部左侍郎胡

外務部右侍郎曹

十二月 日

霞英朱使節畧

張家口稅局扣留英美公司紙烟一事本年十二月初

七十六等日迭准

節畧及函均經先後咨行稅務處去後茲准咨

覆稱飭據張家口監督覆稱查煙捲凡係洋

製歸子口單運入者向不徵稅其歸土貨單

運入者即認為華製照土貨例上稅歷辦無

異此次英美公司所運煙捲在分局報存者均係土

貨單運入自應照例上稅其由子口單運來之真正洋煙捲均

已隨時放行並無截留一次至此項土紙煙各華商時有運來

均已遵例納稅惟該公司自運之貨屢背例章嗣奉飭照煙絲

例納稅該公司亦經完納一次發給稅單為憑且有該洋商伯雷斯

克簽字洋函為據七月後續到之貨該公司屢次諉延迄
未辦結所以由棧房代為挂存之煙捲提出數箱標封
抵稅餘盡放行業經駐口之洋商認可俟稅銀交清全貨
發還至征收各貨稅向係連皮計重煙捲應如何計重仍候
示遵等情本處查英美公司紙煙前經訂定辦法出口
時照煙絲例納稅如復進他口應納復進口稅如入內地逢關
納稅過卡抽厘此次張家口監督辦理並無不合至連皮
計重係向來該口征稅辦法嗣後應將前項紙煙改為
除皮核算以昭允協除札飭遵照外咨請轉復等因前來
合行轉達希即飭該公司遵辦可也

宣統二年十二月　　日

1118

郵傳部為咨呈事船政司案呈前准

咨開招商局優待美團既經收過水脚規銀四

千餘兩是美團應付船價該局業經照收此

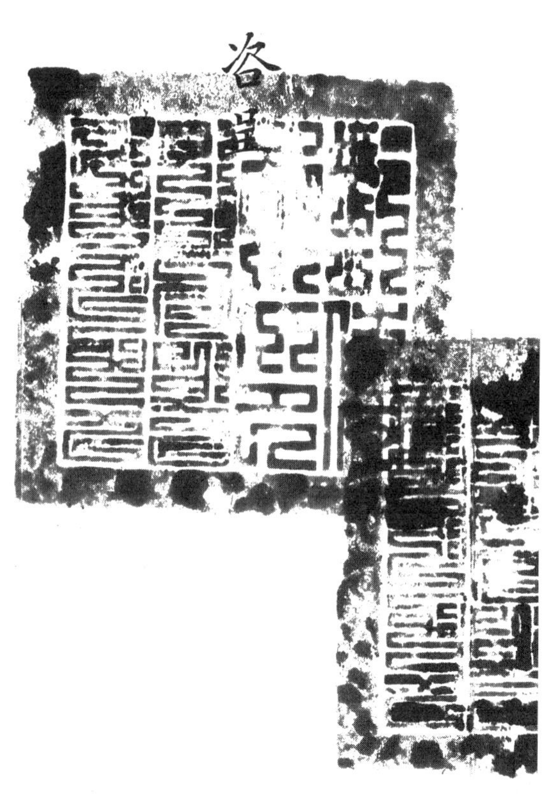

外修葺艙位添置器具等費該局尚非虛耗
自可毋庸撥還等情本部當以
貴部咨駁以該局尚非虛耗為詞是墊欵應
否償還自以有無虛耗為斷隨即飭令該局
分別開單將何項虛耗何項非虛耗據實呈報
在案兹據該局稟稱前項減價水脚按照七折算
收係屬商局少盡義務毋庸另行開報所有此
外備辦各事計剔除非虛耗銀壹千壹百餘兩外

其實在虛耗項下共墊支規銀肆千捌百陸拾兩

零肆錢捌分伍釐實係虛耗原由隨單聲明尚

其實在虛耗項下共墊支規銀肆千捌百陸拾兩

零肆錢捌分伍釐實係虛耗原由隨單聲明尚

有事後工作及保險辛工煤料各款並未開列理

合申復仰祈鑒核轉咨核准發還並乞批示等因

附呈清摺壹扣前來　本部查核摺開各節尚可

以移與他船應用之件業經扣除壹千壹百餘

兩之多其餘如新銘輪船所用零星電報雜項闗
鈔並江新輪船所用保險辛工煤料物件及應差
回滬之後復以所改大餐間改回原式官艙房艙
之費均未開支辦理尚屬核實且水脚項下係照
回滬之後復以所改大餐間改回原式官艙房艙
之費均未開支辦理尚屬核實且水脚項下係照
七成算收其中已盡義務不少所有實在虚耗
之款規銀肆千捌百陸拾兩零肆錢捌分伍釐自

應准予撥還以恤商艱而昭公允除批示外相應

粘鈔該局原開清摺咨行

貴部查照希即將該項墊款如數送交到部

以憑轉飭領取可也須至咨呈者附鈔件

右咨呈

外　務　部

宣統叁年叁月貳拾六日

附件

照錄招商局墊用虛耗數目清單

謹將另開寔係墊用虛耗數目清單附呈

鈞鑒

計開

江新輪船　官房艙特改大餐間　亨昌工料　規銀三十八兩四錢

又又　規銀五百三十五兩

又又　規銀五百七十一兩二錢五分八厘

又　興利修冰箱　規銀一百三十五兩

又　興利油漆費　規銀四百五十兩

又　融昌油漆費　規銀三百十五兩

又　興利修做冰木箱　規銀三百兩

又　艇利水桶木架托　規銀三百兩

官房艙大餐間榮昌祥工料費　規銀二百二十二兩六錢六釐

又

又　規銀九兩六錢三分七釐

官房艙特改大餐間榮昌祥工料　規銀五百十四兩三錢一分

官房艙特改大餐間用道信零物　規銀一百二十四兩八分六釐

又　用道信椅子　規銀四百八十六兩

又　租用法記物料　規銀二百二十四兩九分六釐

又　租用復泰物料　規銀三百六十兩六錢二分二釐

又　租用復泰物料　規銀三百三十八兩二錢四分

又　租用復泰物料　規銀四兩五錢三分

供應洋酒飯食　規銀八百十八兩八錢二分七釐

共計借支規銀五千五百五十七兩六錢一分二釐

除前開道信椅子價規銀四百八十六兩

除前開興利修冰箱規銀一百三十五兩

除前開興利修冰木箱規銀二百兩

除前開興利冰桶木托架規銀三百兩

淨計結支規銀四千四百三十六兩六錢一分二厘

以上支款共計五千五百餘兩，今將尚可移與他船應用之件扣除銀一千一百餘兩外，其餘四千四百餘兩俱係專為應差時將官房艙改裝大餐間以及一應油漆裝飾並供應洋酒果點之費。其應差回滬之後復將所改大餐間改回原式官房官艙之費尚不在內，又有保險、辛工、煤炭物料等項應支之款，因有例案，擬另表呈，未攤算。

新銘輪船九月初七由滬專放天津，並連前十二列烟台，駛赴廈門福州，十八抵香港為止

供應洋酒飯食 規銀一千五百十八兩一錢七分三厘

保險費 規銀六百六十兩

辛工 規銀九百三十兩

1118

用煤　規銀八百八十七兩九錢

物料等　規銀七百八十六兩四錢

共支規銀四千七百八十二兩四錢七分三厘

以上支款僅將煤炭物料駕駛人保險及供應飯食五款按月攤算

其餘零星電報雜費閱鈔均未開支

兩船共支規銀九千二百十九兩八分五厘

除收過兩船水脚規銀四千三百五十八兩六錢

淨計墊支規銀四千八百六十兩

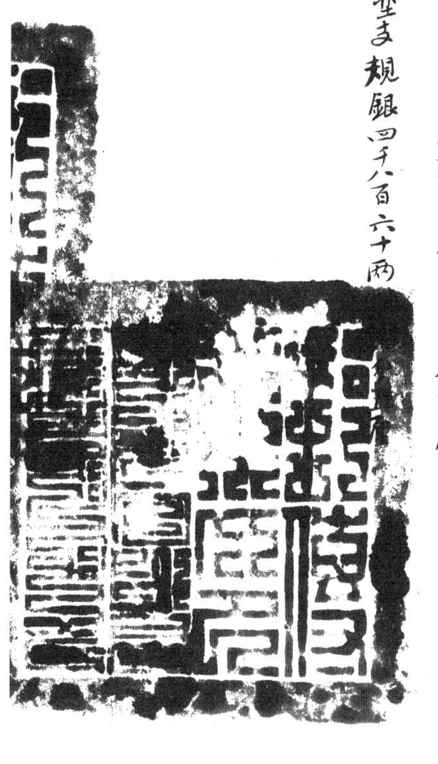

一五七

敬肅者接奉

鈞函以美孚洋行在宜昌城内開設利記分店按照天津條約載明城口日本條約載明城鎮各款欲以城内為内地不作為口岸無詞解釋等因展誦之餘諸荷

指示周詳無任欽佩惟事苟無妨礙亦何敢膠執已見今復互証約款詳考情勢不能不再凟

典籤以求至當竊謂自各國通商以來所立條

約遞年增改意旨所在至為繁賾在外人往往專就一字一句斷章取義以為要求之計在我權利攸關豈可不參互考證以期事實不背查咸豐八年天津中英續約第十一款內載續開之牛莊等通商口岸皆准英商任意往來雖載有城口字樣而該款末後聲明悉照已通商五口無異所謂已通商五口即係道光二十二年江甯條約其第二款所載

之廣州等五處英國民人寄居港口貿易下文又聲明領事等官住該五處城邑是約載官商居住之地固已分晰極明天津之約既已聲明悉照五口無異今五口之約洋人通商之處祇許港口尤爲確鑿不易至津約所云城口者如上海英法租界即在東西北各城門口外沿城一帶故云城口即就字釋義口與内本不相同猶如港口即爲港岸之口

是城口即屬城門之口固無他義可能辨别何能執城口二字强作城内解釋至於日本訂約在後從前所訂之約本較泰西限制尤嚴自馬關立約後遂得與泰西條款相提並論是以光緒二十二年中日通商條約第四款雖有口岸城鎮往來居住字樣而本款之後即聲明現在將來均照給與最優待之國臣民一律無異足見日約本與泰西各約相

同再查馬關條約第六款第一條載有日本臣民僑寓從事商業工藝製作所有添設口岸均照向開通商海口或向開内地鎮市章程一律辦理是即有城鎮字樣要當以向開之口岸以為衡中國歷來口岸皆在城外既照向來辦法何得以有城鎮字面影射城内又查中日通商條約第四款載凡通商各口岸城鎮語之下聲明無論現在已定及將來

所定外國人居住地界之内均准賃屋租地等語就此而論當以現在各國洋商所住之處為準查現在所定各口洋商居住之地均在城外更不能藉口城鎮二字即强為城内之説大凡闢口通商必以為城鎮地方商務易於聚集故約内常有城鎮字様而水路口岸所以必在濱江臨海者以其便於設立碼頭棧房上下貨物是以通商口岸必須擇定

地段劃定租界蓋因外人不能受我法律歸我管治購辦土貨又衹完洋税不完釐金其勢不能不設立限制以保利權考諸條約證諸事理既無准外人居住城内貿易之條斷不能因其無理要求自撤藩籬當此財政困難之際口岸林立事關全局甚鉅不僅宜昌一隅倘不執約堅争此端一開凡口岸有城之處洋商既可在城内營業則城外地方更

不待言直可謂之雜居何必另設租界似與立約本意殊欠允愜 瑞澂有守土之責未敢稍涉大意既有所見不敢不據實直陳務求

鈞處力賜維持仍請查照前咨商請美使轉飭駐漢美領遵照如再執前說辯論並求痛加駁正湖北幸甚大局幸甚肅此敬請

鈞安伏希

垂照不宣

瑞澂謹肅

一五八

咨稅務處
東三省總督奉天所議英美公司紙煙
納稅辦法英使之意須先聲明他處不援
以為例由

行

外務大臣梁　行　四月十六日

署外務大臣鄒

咨稅務處
東三省總督奉天所議英美公司紙煙
納稅辦法英使之意須先聲明他處不援
以為例由

行　行

外務部左侍郎胡　行　四月十六日

外務部右侍郎曹　行　四月十六日

榷算司

呈為咨行事前因英美紙煙公司在奉天所製紙煙納稅一事經奉天交涉使與英總領事商議通融辦法英使來照請聲明此項辦法不能與華境各製造廠所有一千九百零四年之辦法有所干涉當經本部咨行照飭聲復接准東三省總督咨復稱飭據交涉司呈稱此案迭經與英總領事往返磋商擬定辦法七條據該領聲稱已請駐京英使核示未准以公文照復英使所稱承認東省辦法不能與一九零四年之辦法有所干涉一節是否指現在所定稅則係特別辦法祇能適用於東省如運往他省及他省運來之煙捲均不能援此為例仍照滬漢章程切實遵守惟來照語意含

混應請詢明核辦等情相應將該司議案錄摺咨請核
復等因又准稅務處
貴處咨稱奉天所議英美公司運銷紙煙納稅辦法七條
尚屬妥協可以照准惟此係為東三省特別辦法不能適用
於運往他省及他省運來之煙捲即該公司之煙捲運往
東三省商埠界內或界外亦有區別究竟與英使來照之意
是否相符應詢明英使再行核辦以期接洽等因本部查
此事前據英使面稱該公司若承認此項辦法須先聲明
除東三省外他處不得援以為例蓋即該使來照所謂不
能與華境各製造廠所有一九零四年辦法有所干涉之
意茲本部既以他省與東三省情形不同自可仍照滬漢辦
法倘有欲援照東三省辦理者非得製煙公司之承認亦自

不能強令遵從等語照復英使請其轉飭英美公司遵

照相應咨行

貴督處查照辦理可也須至咨者

税務處

東三省總督

宣統三年四月

一五九

十

外務部
王

大

臣

台

啟

美國使署緘

逕啟者郵傳部所訂交通銀行正續章程及摺奏等
件坊刻恐有錯誤祈
貴部轉達郵傳部請其將部發之本
見賜二份本大臣藉便考查是幸此泐順候
日祉
嘉樂恒啟 四月二十二日

美國使署

一六〇

18

欽命督理稅務大臣　為

咨呈

咨呈事。前准

貴部咨稱，准英朱使照會，以英美紙煙公司在

奉天所製紙煙納稅一事，現經奉天交涉使與

英總領事商議通融辦法，在奉所製紙煙販運

各省，皆以滬漢辦法相待，在東三省各商埠界內

出售者，則每擔徵銀一兩，聲明此項辦法不能與

華境各製造廠所有一千九百零四年之辦法有

所干涉等語可否照辦咨行核復等因當經
本處以該交涉使與英總領事所議辦法未准
奉省咨達有案咨行東三省總督轉飭查復旋
准東三省總督咨復稱飭據交涉使呈稱此案
迭經本司遵奉部處咨電與英總領事往返磋
商東省情形與滬漢不同該公司因有滬漢辦法
在前是以值百抽五一層堅不承認若允照滬漢辦
法於東省稅項虧損尤多不得已仍本滬漢成案

定以相當稅率於行銷東省者酌量加增東省以外仍照滬漢章程擬定辦法七條照會英總領事去後迭後迭次面詢據該領聲稱已請駐京英使核示未准以公文照復此案尚在議而未定茲奉前因遵將所議辦法七條開摺呈核其大旨該廠所製煙捲行銷於東三省商埠内者每百斤徵銀一兩在出廠時一次完納運入東省内地仍照進關納稅過卡抽釐之例若運往他省當照滬漢辦法每百

斤徵銀四錢五分在奉廠完納正稅以示區別英使所稱分別十八省與東三省界限一節即係本司第四條之議又英使所稱承認東省辦法不能與九零四年之辦法有所干涉一節是否指現在所定稅則係特別辦法祇能適用於東三省如運往他省及他省運來之煙捲均不能援此爲例仍照滬漢章程切實遵守來照語意含混應請詢明核辦等情除咨復外務部外將該司議案錄摺咨請核復

等因復經本處以該交涉使與英總領事所議
英美公司運銷紙煙納税辦法七條尚屬妥協可
以照辦惟此條爲東三省特別辦法不能適用於
運往他省及他省運來之煙捲即該公司之煙捲
運往東三省商埠界内或界外亦有區別究竟
與英使來照之意是否相符奉省既尚在議而未
定似應將此項辦法詢明英使再行核辦咨呈
貴部查照辦理去後兹准

咨稱本部查此事前據英使面稱該公司若承認此項辦法須先聲明除東三省外他處不得援以爲例蓋即該使來照所謂不能與華境各製造廠所有一九零四年辦法有所干涉之意兹本部既以他省與東三省情形不同自可仍照滬漢辦法倘有欲援照東三省辦理者非得製煙公司之承認亦自不能强令遵從等語照復英使請其轉飭英美公司遵照應咨行查照辦理等因前來本處查奉

天交涉使與英總領事所議英美紙煙公司納税
辦法七條既係作爲東三省特别辦法他處自不
能援以爲例惟該公司紙煙運銷東三省商埠界
内與運往他省應由駐奉税務司分别刊給運單妥
定徵收稽查各辦法示諭該公司遵照辦理毋得
稍有弊混除劄代理總税務司轉飭各關税務司
遵辦外相應咨呈
貴部查照可也須至咨呈者

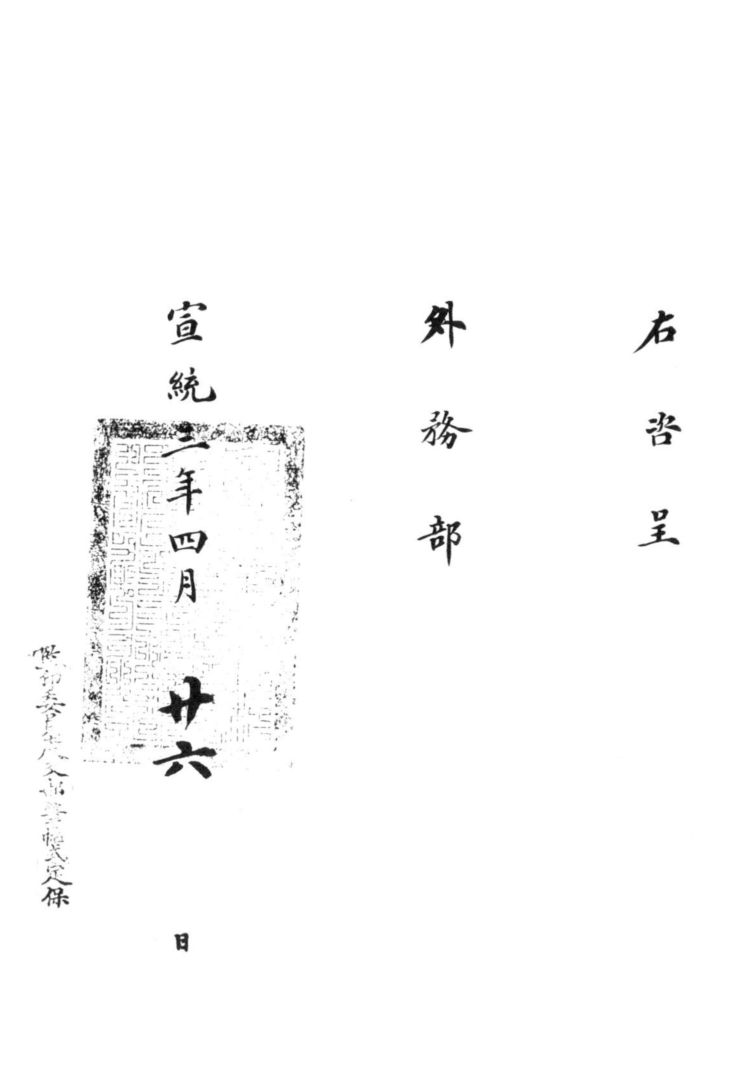

右咨呈

外務部

宣統三年四月廿六日

一六一

逕復者接奉
台函內開現准美嘉使函稱郵傳部所訂交通銀行正
續章程及摺奏等件坊刻恐有錯誤請轉達郵傳部將
部發之本見賜二份藉便考查等語前項章程及摺奏
等貴部如有刊布之件請即檢送二份以便轉交等因
查本部於光緒三十三年十一月奏設交通銀行先備
資本銀五百萬兩分為五萬股本部認二百萬兩商股
分購三百萬兩嗣因商股踴躍挂號逾額於光緒三十
四年六月續奏擴充股本併為十萬股仍部認四成商
匀六成當第一次奏設交通銀行之時業將摺件及所

訂章程排印成本併於章程内第三十八條聲明以
上章程定後尚須隨時修改兹奉前因相應將原印
刊布奏摺章程檢送二份並鈔搢第二次片奏即希
察收轉交將來章程内如有更改之處當再行抄送崗
復祗頌
台祺

梁士詒
李焜瀛
李經楚
胡祖蔭
仝啟

一六二

函復美嘉使交通銀行奏摺章程請查收由

行 行

外務部左侍郎胡
外務部右侍郎曹

五月 初三日
五月 初三日

復美嘉使函

逕復者前准

函稱郵傳部所訂交通銀行正續章程及摺奏等件坊刻恐有錯誤請轉達郵傳部將部發之本見賜二份藉便考查等因當經本部函達郵傳部去後茲由郵傳部將原印刊布奏摺章程並附抄第二次片奏各

二份送請轉交前來相應將前項奏摺章程二本

函送

貴大臣查收可也此泐順頌

日祉 附章程二本

全堂銜

宣統三年五月　日

一六三

逕啟者昨接

來函並收到交通銀行奏稿章程二份等因查此項

章程正續共有七十四條今

貴部送來之本只有二十八條其自二十九條至七

十四條未蒙

賜下相應函請

貴王大臣查照即希轉達郵傳部將二十九至七十

四條再爲

見賜二份是荷此候

日祉

嘉樂恒啟 五月初四日

美國使署

一六四

致郵傳部丞參函

逕啟者，前准美嘉使函稱郵傳部所訂交通銀行正續章程及摺奏等件坊刻恐有錯誤，請將部發之本見賜二份等語，當經本部函達在案。嗣准貴部將章程暨抄奏函送前來，業經本部轉交美使去後。茲准該使函稱此項章程正續共有七十四條，今貴部送來之本只有三十八條，其自三十九條至七十四條未蒙賜下，請即轉達郵傳部將三十九至七十四條再為見賜二份等因，相應函達台端查照。如尚有此項續章程，希再檢送二份，以便轉交該使為荷。此泐，順請

勛安

丞參銜

宣統三年五月　日

一六五

函復美嘉使交通銀行續訂章程已由郵傳部送到請詧收由

行　行

外務部左侍郎胡

外務部右侍郎曹

五月十六日

五月十六日

覆美嘉使函

逕覆者，本月初四日接准函稱交通銀行章程正續共有七十四條，今送来之本只有三十八條，請即轉達郵傳部將三十九至七十四條再為見賜二份等情，當經本部函達郵傳部去後，兹准覆稱續訂交通銀行章程自第三十九至七十四條尚未具奏仍應隨時修改是以前次未曾檢送茲特排印二份送請轉交俟將來修正具奏後再行隨時知照等因前來相應將原送章程二份函請

貴大臣詧收可也此泐順頌

日祉 附章程二份

全堂銜

宣統三年五月　日

一六六

欽命督理稅務大臣 爲

咨呈事。前准

咨稱，准英朱使照會，以英美紙煙公司在奉天所製紙煙納稅一事，現經奉天交涉司與英總領事商議通融辦法，在奉所製紙煙販運各省，皆以滬漢辦法相待；在東三省各商埠界内出售者，則每擔徵銀一兩；聲明此項辦法不能與華境各製造廠一千九百四年之辦法有所干涉等因鈔録該使原照咨行核復當經本處以此事未准奉省咨達有案咨准東三省總督復稱飭據交涉司呈稱此案迭與英總領事往返磋商定以相當税率遵將所議辦法七條開摺呈核大旨行銷於東三省商埠内者每百斤徵銀一兩在出廠時一次完納運入東省内地仍照逢關納税過卡抽釐之例若運他省當照滬漢辦法每百斤徵銀四錢五分在奉廠完納以示區别惟英使所稱承認東省辦法不能與一九〇四年之辦法有所干涉

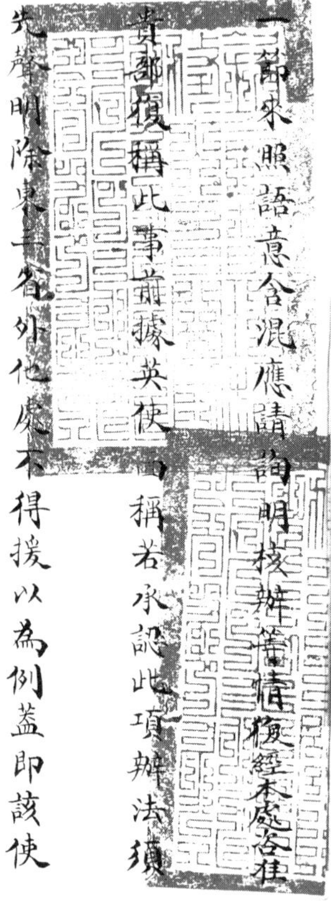

一部來照語意含混應請詢明核辦等情復經本處咨准
貴部復稱此事前據英使面稱若承認此項辦法須
先聲明除東三省外他處不得援以為例蓋即該使
來照所謂不能與各製造廠一九零四年辦法有所
干涉之意茲本部以他省與東三省情形不同自可
仍照滬漢辦法倘有欲援照東三省辦理者非得製
煙公司之承認不能強令遵從等語照復英使請其
轉飭英美公司遵照咨行查照辦理等因又經本處

以該公司紙煙運銷東三省商埠界内應由度支司
徵收出廠税刊給運單其運往他省通商口岸及天
津者當由駐奉税務司照章徵税發給運單俾與各
關接洽咨行東三省總督並劄署總税務司轉飭各
關遵辦嗣准東三省總督咨據交涉司呈准英總領
事照復前定煙捲納税辦法現擬添改兩條并增列
一條除第一條及增列第八條均可照辦外其第四
條所改應否照改鈔録增改各條咨行酌定亦經本

處核復各在案兹又准東三省總督咨稱經飭據交
涉司遵照將英領請改之第四條逐加修改較之原
文既屬明晰亦與原議相符面商英領深表同意鈔
録現改第四條全文咨行核定見復等因本處查此
次擬改之第四條核與原文語意較爲明晰可以照
允除分行外相應照録改定各條咨呈
貴部查照可也　須至咨呈者附鈔件
右　咨　呈

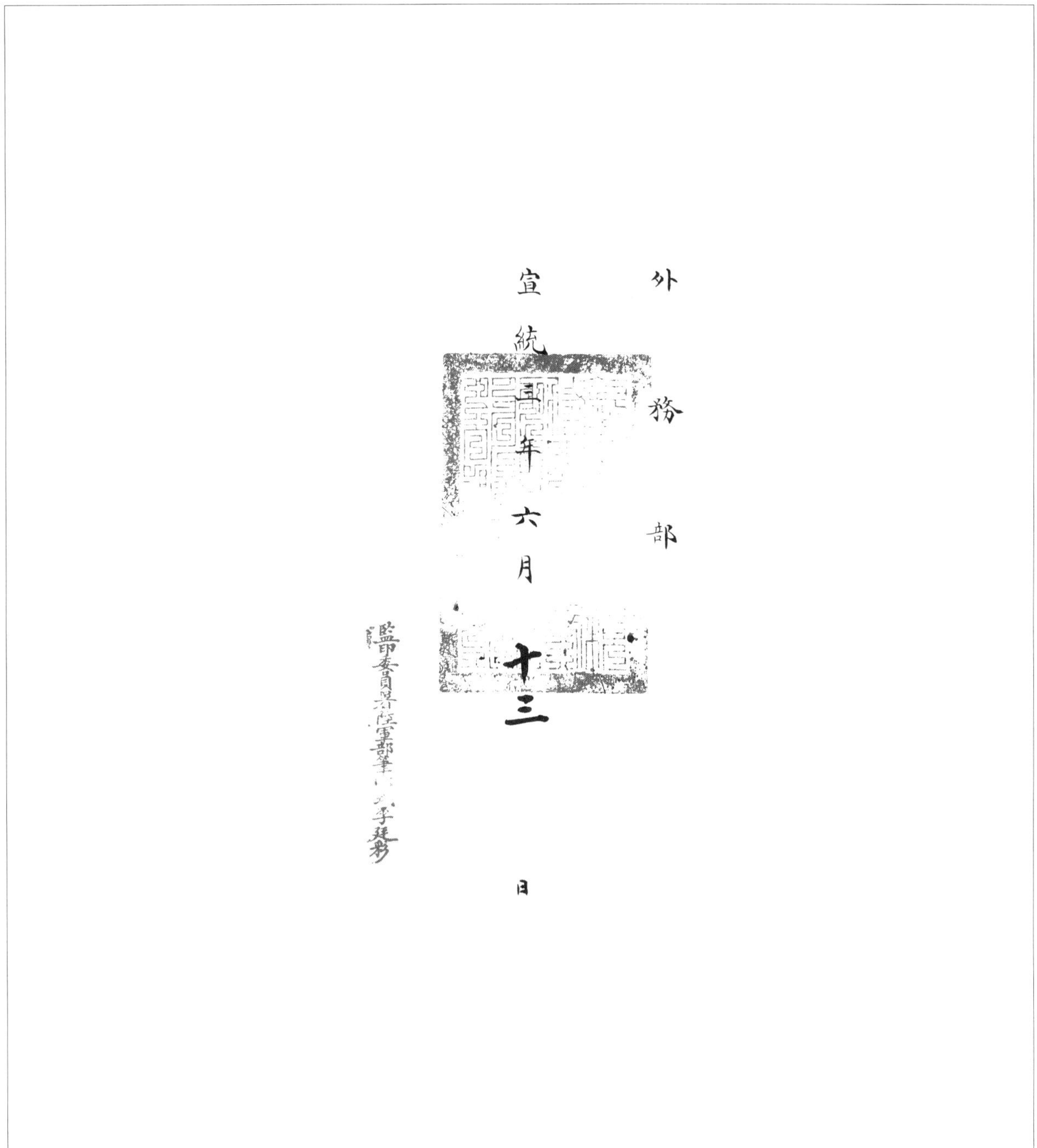
外務部

宣統三年六月十三日

監印委員署陸軍部筆帖式李廷彩

附件

增改英美紙煙公司製造運銷煙捲納稅辦法

一東三省商埠既多距離又近中間並無厘捐局卡與滬漢情形不同今擬該公司所製煙捲由奉運至三省商埠在出廠時一次完納每百觔徵稅銀一兩按每百觔須照英觔一百三十三觔徵稅一兩須按照海關銀兩爲準給照後運至三省商埠宜無論在華洋商人手内之貨所有過路稅暨落地稅不再重徵

二運至三省商埠界外無論在華洋人手内仍照各省章程完納内地稅不得違抗不納

三該公司煙捲由外埠進口而非在奉天製造者運至三省商埠若已完過正稅應照向章完納半稅如無完納憑據即應認罰

四該公司所製煙捲若由奉省運至他省必須預先報明照滬漢辦法在出廠時每百觔完納正稅銀四錢五分另給印照如貨

物運至通商口岸免沿途各他税捐到指運之通商口岸後再納半税以抵該口岸内之各項税捐如運煙至内地沿途落地各税應按照各省所定本地税章辦理

五英國他商運銷煙捲赴東三省各埠非在奉天製造者仍照向章繳税不得援此爲例

六該公司在東三省收買土産原料仍照三省從前及將來定章辦理不得因此邀免

七將來煙捲通行税率更改時此項辦法亦應查照隨時增改以期一律

八但嗣後中國政府對别商人有輕減税率時該英美公司亦應有均沾之利益

一六七

外務部收

宣化縣申一件　申送美商德泰等採買土貨報單由

報单

署宣化縣一件申送事申送收回美國等商人德泰等洋行原領報单驗文

署直隸宣化府宣化縣為申送事竊照宣統貳年拾月初貳日據美國商人德泰洋行來宣採買山羊皮褥壹百包共計叁千陸百条呈到聯单係於宣統貳年貳月貳拾日津海関道發給天字第壹千捌百玖拾號報单壹紙仝日據德國商人禪臣洋行採買大柳頭髮肆百伍拾肆觔碎頭髮渣子壹百捌拾伍觔頭髮混稍子伍拾陸觔共計柒包山羊皮褥壹百陸拾条共伍包呈到聯单係於宣統貳年捌月拾陸日發給天字第捌千壹百拾捌號報单壹紙初陸日據德國商人禪臣洋行採買青山羊皮褥壹百肆拾肆条共計肆包呈到聯单係於宣統貳年貳月貳拾壹日發給天字第壹千玖百伍拾叁號報单壹紙拾叁日據美國商人德泰洋行採買山羊皮褥壹百叁拾包共計肆千陸百捌拾条仝日又買山羊熟皮捌拾包共計肆千玖百張呈到聯单係於宣統貳年貳月貳拾日發給天字第壹千捌百玖拾壹貳號報单各壹紙仝日據德國商人禪臣洋行採買猾皮馬褂伍百伍拾捌件襯山羊皮褥陸条共計陸包

呈到聯单係於宣統貳年貳月貳拾壹日發給天字第壹千玖百伍拾肆號報单壹紙拾柒日據法國商人華順洋行採買猾皮馬褂柒百貳拾件細大毛猾皮馬褂伍拾肆件黑猾皮馬褂叁拾叁件共計玖包呈到聯单係於宣統貳年肆月貳拾柒日發給天字第伍千貳拾叁號報单壹紙仝日又買青山羊熟皮貳千貳百伍拾捌張計叁拾柒包呈到聯单係於宣統貳年陸月貳拾貳日發給天字第陸千捌百伍拾號報单壹紙貳拾捌日據德國商人禪臣洋行採買白羊皮馬褂壹百叁拾叁件白羊皮叁肆毛馬褂叁拾肆件花羊皮馬褂壹百壹拾肆件黑羊皮馬褂叁件猾皮馬褂捌件花羊腿馬褂拾陸件共計肆包呈到聯单係於宣統貳年伍月貳拾伍日發給天字第陸千陸拾叁號報单壹紙仝日據德國商人瑞記洋行採買山羊皮褥壹千叁百陸拾捌条共叁拾捌包呈到聯单係於宣統貳年肆月拾壹日發給天字第肆千肆百陸拾伍號報单壹紙又

於拾壹月拾叁日據英國商人怡和洋行採買山羊皮褥叁拾包計數壹千
貳百条呈到聯單係於宣統元年拾貳月貳拾壹日發給天字第叁百伍
拾叁號報單壹紙貳拾壹日據美國商人益昌洋行採買山羊熟皮捌拾
貳包共肆千伍百張呈到聯單係於宣統貳年陸月初壹日發給天字第
陸千叁百拾陸號報單壹紙仝日據英國商人新泰興洋行採買棉羊
毛壹百柒拾柒包净重壹萬陸千玖百伍拾壹觔呈到聯單係於宣統貳
年玖月貳拾玖日發給天字第玖千叁百陸拾號報單壹紙仝日據美國
商人德泰洋行採買山羊皮褥壹百捌拾包共計陸千肆百捌拾条呈到
聯單係於宣統貳年玖月貳拾貳日發給天字第玖千壹百拾叁號報單
壹紙貳拾伍日據美國商人德泰洋行採買山羊皮褥壹百包計叁千陸
百条呈到聯單係於宣統貳年玖月貳拾貳日發給天字第玖千壹百
拾肆號報單壹紙又於拾貳月初伍日據美國商人美清公司採買青

山羊大毛皮褥柒包每包叁拾条青山羊平毛皮褥陸包每包叁拾陸条、青黑山羊平毛皮褥壹包計叁拾陸条白色山羊平毛皮褥柒包每包叁拾陸条生山羊皮陸件每件伍拾張呈到聯单係於宣統貳年拾壹月貳拾陸日發給地字第陸百伍拾叁號報单壹紙拾柒日據日本國商人武齋洋行採買廢骨叁百伍拾陸袋共淨重叁萬伍千觔呈到聯单係於宣統貳年拾壹月初肆日發給地字第壹百伍拾柒號報单壹紙均係運往津海關出口各據填註原領津海關道發給叁聯土貨報单拾柒紙呈送查驗換領運照前來卑縣遵照定章眼同該商驗明单貨相符即將原单收回換給運照拾柒紙照尾載明限到直隸津海關繳銷准其運貨前往並將收回叁聯原单按照註載次第分別存留備案蓋印具文申送津海關道查驗核辦在案所有宣統貳年拾月並拾壹貳月分收回美國等商人德泰等洋行來宣採買山羊皮褥等貨數目原領天津海関道

發給叁聯土貨報單拾柒紙擬合具文申送
大部查核備案為此備由具申伏乞
照驗施行須至申者
計申送
收回美國等商人德泰等洋行原領天津海關道發給叁聯
土貨報單拾柒紙
右 申
外 務 部
宣統叁年陸月拾叁日署知縣袁樹麒

一六八

咨北洋大臣追繳歐陽旭德欠款由

行 行

外務部左侍郎胡 閏六月 十六 日 行

外務部右侍郎曹 閏六月 十六 日 行

和會司

呈爲咨行事。案查宣統二年三月間，本部於美國退還款內用存項下，提京平足銀十萬兩，交義善源銀號生息，以備要需，曾經奏明在案。嗣因該號倒閉，迫難籌付，曾經呈繳各處押據備抵，內有歐陽旭德借據一紙計本京平足銀二千兩利京足銀約二千餘兩共計京平足銀四千兩據該號聲稱現在商號清理各帳前以該據抵還大部今聞歐陽旭德在天津商會呈請變產歸還各債請咨北洋大臣轉飭歸款等因相應咨行貴大臣查照轉飭天津商會即將歐陽旭德所欠義善源本利四千兩之款先爲追繳本部以重公款可也須至咨者

北洋大臣

宣統三年閏六月　日

一六九

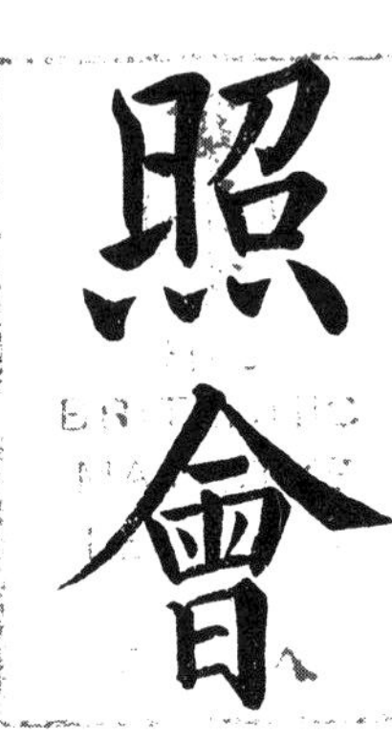

大英欽差駐劄中華便宜行事全權大臣朱　爲

照會事。英美紙煙公司一事，本年四月十八日承准

復文，以奉天交涉使與本國總領事所議英美紙煙公司在奉

所製之紙煙納税辦法七條，均允照辦。且

貴親王請本大臣轉飭該公司遵照等因前來。查此後交涉

使又與總領事復商，將辦法中字樣稍有更改，並於閏六月

二十八日照會吴總領事，稱所有更改之辦法八條，税務處已經

照允等語。兹本大臣將更改辦法繕寫一分附送

貴部存案又查按照前文所述之語該公司在中國十八省所設之各廠自應仍照滬漢辦法辦理並希見復可也須至照會者 附件

右照會

大清欽命全權大臣便宜行事内閣總理大臣管理外務部和碩慶親王

一千九百十一年九月二十六日

辛亥年八月初五日

欽命二品頂戴　賞戴花翎署理奉天交涉使司交涉使許　為

照會事案照英美烟公司納税辦法各條業奉

税務處核准並經本司以丘字三九號公文照會

貴總領事查照辦理嗣准

貴總領事來函以奉

欽差大臣復稱第二第四兩條酌量更改等因准此當經照録全章程呈請

督憲核咨各在案茲奉

督憲札准

税務處咨以英使請改各條核與原文語意無甚出入應予照准立案等因轉飭到司此

項條件應即訂定作為該公司專章相應抄録全章照會

貴總領事查照煩即轉諭該公司遵照辦理須至照會者　計抄件

右照會

大英國駐奉總領事吳

宣統三年閏六月二十八日

英美紙烟公司製造運消烟捲納税辦法八條

一東三省商埠既多距離又近中間並無厘捐局卡與滬漢情形不同今擬該公司所製烟捲由奉運至三省商埠在出廠時每百斤一次完納税銀一兩另給印照以便該貨無論在華洋商人手内所有沿途及商埠内各他税捐一律不再重征每百斤照英斤一百三十三斤每税銀一兩按照海関銀兩為准

二運至三省商埠外無論在華洋人手内仍照各省章程完納内地税不得違抗不納

三該公司烟捲由外埠進口而非在奉天製造者運至三省商埠若已完過正税應照向章完納半税如無完納憑據即應認罰

四該公司所製烟捲若由奉運至東三省以外之各他省必須預先報明照滬漢辦法在出

廠時每百斤完納正税銀四錢五分另給印照如貨物運至通商口岸免沿途各他税捐到

指運之通商口岸後再納半税如運烟至内地應逢關納税過卡抽厘

五 英國他商運消烟捲赴東三省各埠非在奉天製造者仍照向章繳税不得援此爲例

六 該公司在東三省收買土産原料仍照三省從前及將來定章辦理不得因此邀免

七 將來烟捲通行税率更改時此項辦法亦應查照隨時增改以期一律

八 但嗣後中國政府對别商人有輕減税率時該英美公司亦應有均沾之利益

附件

PEKING.

September 26th, 1911.

NOTE.

Your Highness,

By a Note under date 16th May last Your Highness was good enough to inform me that the Agreement in Seven Articles made between the Commissioner of Foreign Affairs at Mukden and His Majesty's Consul-General for the taxation of cigarettes manufactured by the British American Tobacco Company at their Mukden factory had been approved and Your Highness requested me to instruct the Company to act in accordance with the said Agreement.

Certain slight alterations in the wording of this Agreement have been introduced as the result of further consultation between the Commissioner of Foreign Affairs and His Majesty's Consul-General and on August 22nd last the former informed Mr. Willis that the revised Agreement in Eight Articles had been approved by the Revenue Council.

I have the honour to transmit herewith a copy of the revised Agreement to be placed on record, and I note that in accordance with the terms of Your Highness' Note above referred to, the Shanghai-Hankow procedure will still be followed in the case of the Company's factories established in China Proper.

Awaiting the favour of a reply I avail myself of this opportunity to renew to Your Highness the assurance of my highest consideration.

d Agreement

His Highness

PRINCE CH'ING

etc. etc. etc.

一七〇

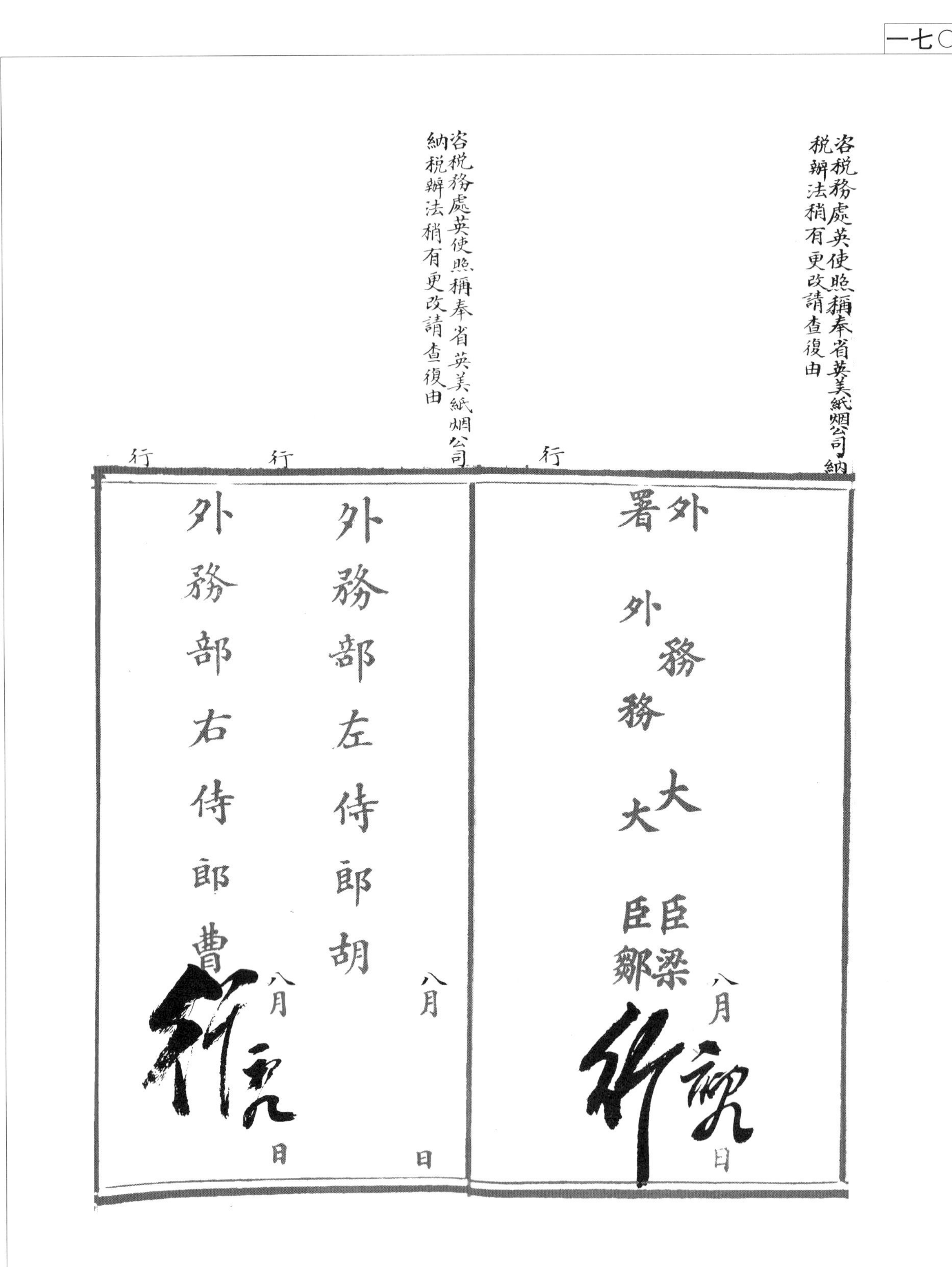
咨税務處英使照稱奉省英美紙烟公司納税辦法稍有更改請查復由

咨税務處英使照稱奉省英美紙烟公司納税辦法稍有更改請查復由

行 行 行

外務部右侍郎曹

外務部左侍郎胡

八月 日

八月 日

外務部

署外務大臣梁

大臣鄒

八月 日

榷算司

呈爲咨行事宣統三年八月初六日准英朱使照稱英美紙烟公司一事前准復文以奉天交涉使與本國總領事所議英美公司在奉所製紙烟納税辦法七條均允照辦請轉飭遵照等因查此後交涉使又與總領事復商將辦法中字樣稍有更改並於閏六月二十八日照會吳總領事稱所有更改之辦法八條税務處已經照允等語兹將更改辦法繕送存案並希見復等因前來查此案前由奉天交涉使與英總領事議訂英美公司運銷紙烟納税辦法七條經貴處認爲尚可照辦咨由本部照復英使轉飭

遵照在案茲准前因該使所稱此項紙烟納稅辦法稍有更改已經稅務處照允各節是否相符相應鈔錄原送附件咨行

貴處查照見復以憑轉復可也須至咨者 附抄件

稅務處

宣統三年八月 日

廿

咨呈

欽命督理稅務大臣　為

咨呈事宣統三年八月初九日准

咨稱准英朱使照稱英美紙煙公司一事前准復文以奉

天交涉使與本國總領事所議英美公司在奉所製紙

煙納稅辦法七條均允照辦請轉飭遵照等因查此後

交涉使又與總領事復商將辦法中字樣稍有更改並

於閏六月二十八日照會吳總領事稱所有更改之辦

法八條稅務處已經照允等語茲將更改辦法繕送存
案並希見復等因查此案前由奉天交涉使與英總領
事議訂英美公司運銷紙煙納稅辦法七條經貴處認
為尚可照辦咨由本部照復英使飭遵在案茲准前因
此項辦法稍有更改各節是否相符應鈔錄原送附件咨
行查照見復等因前來查東三省英美紙煙公司完稅
辦法原訂七條嗣稍有更改定為八條曾經本處核准
英使所開送條文係屬相符相應咨呈
貴部查照轉復英使可也須至咨呈者

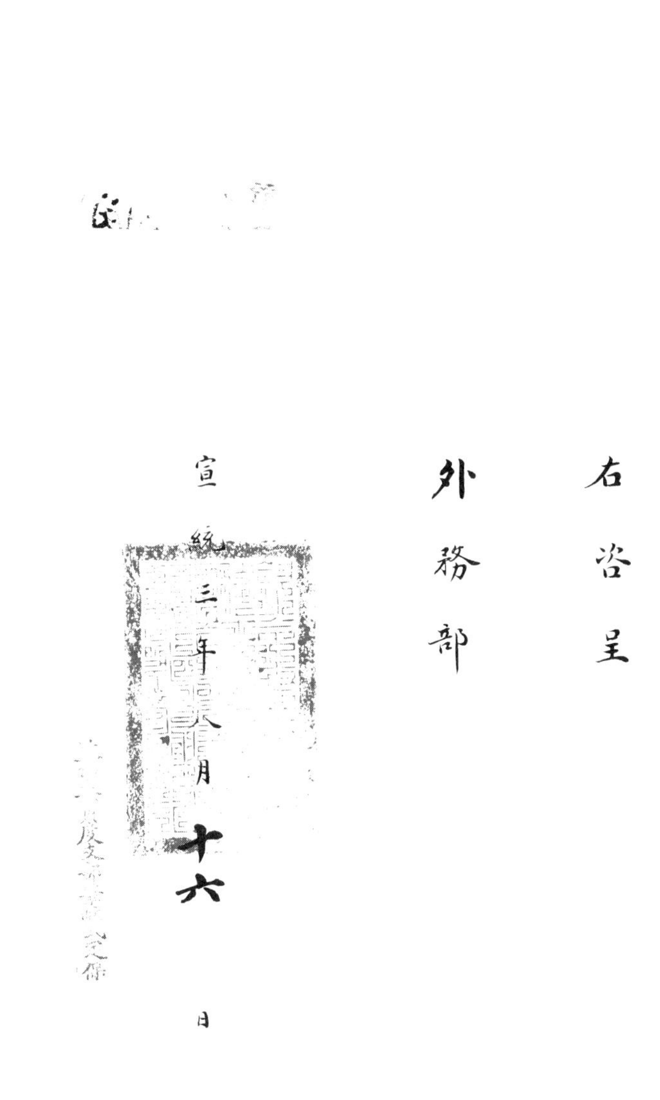

右咨呈

外務部

宣統三年八月十六日

一七二

照復英朱使奉省英美紙烟公司納税辦法稍有更改各節已經税務處核准由

行

外務大臣梁

外務大臣鄒

署

八月廿九日

照復英朱使奉省英美紙烟公司納税辦法稍有更改各節已經税務處核准由

行

外務部左侍郎胡

八月廿日

行

外務部右侍郎曹

八月廿日

榷算司

呈爲照復事前准

來照以英美公司在奉天所製紙煙納税辦法七條又經奉

省交涉使與本國總領事復商將辦法中字樣稍有更

改兹將辦法繕送存案並希見復等因當經本部將此

項辦法稍有更改各節鈔送税務處查核去後兹准復

稱查東三省英美紙煙公司完税辦法原訂七條嗣稍有

更改定爲八條曾經本處核准英國大臣所開條文係屬

相符等語相應照復

貴大臣查照飭遵可也須至照會者

英朱使

宣統三年八月　日

一七三

管理熱河等處地方都統兼管 圍場事務宗室溥

咨送事據財政局呈稱為呈送事據八溝稅務委員候補知縣王式敏呈以據商順發洋行執有津海關發給收買土貨三聯單一紙又美商德泰洋行執有津海關發給收買土貨三聯單二紙先後報請查驗換頒運照前來當經卑局查驗單貨相符除換給運照並將尾聯截存外理合將留存首次聯單各三紙備文呈送請查核轉報等情據此擬合呈請憲台查核分別轉咨實為公便等情據此相應咨送為此合咨

貴部請煩查核施行須至咨者

計咨送 次聯單三紙

右 咨

外 務 部

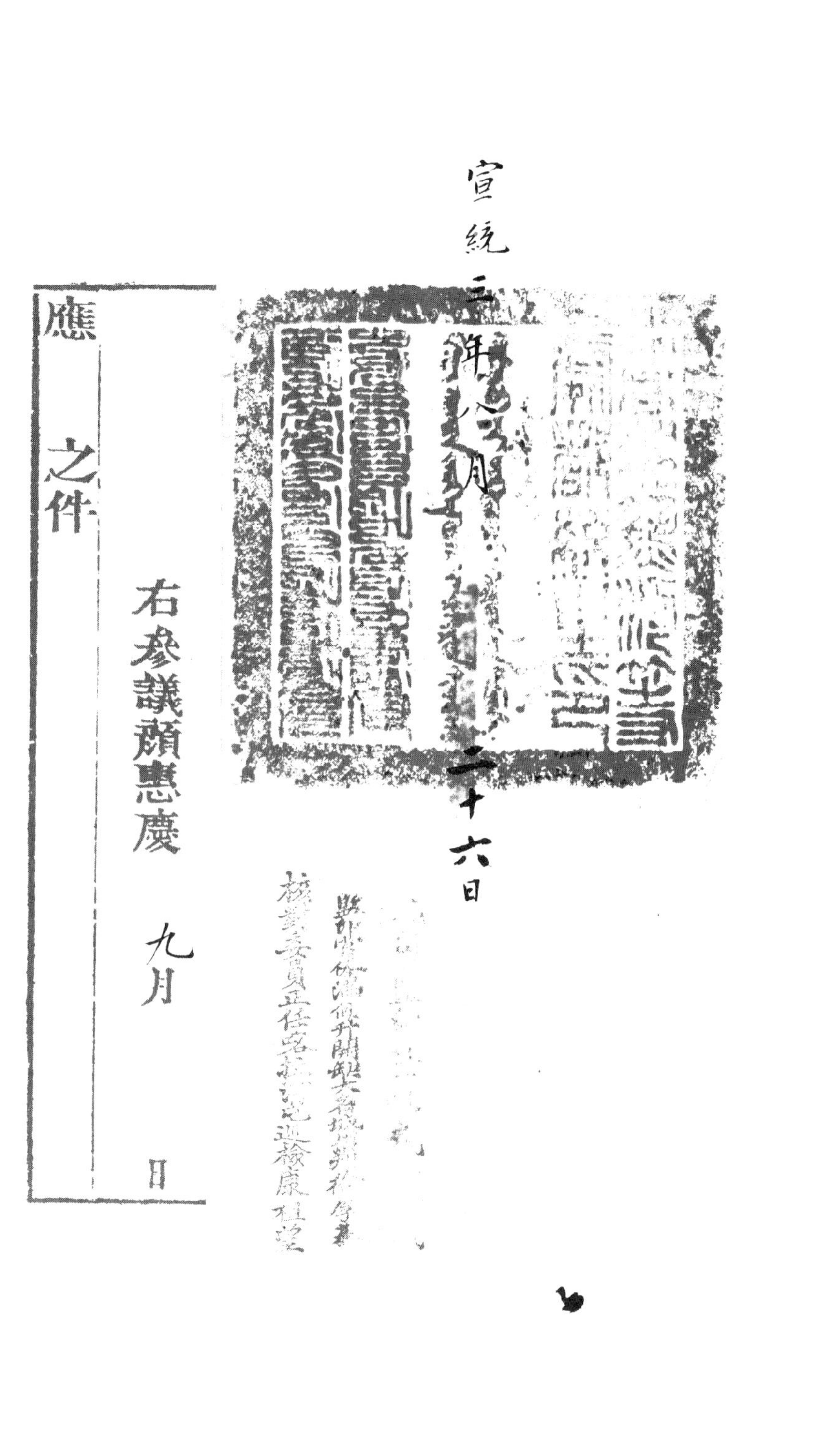

宣統三年八月二十六日

右參議顏惠慶　九月　日

應　之件

一七四

美國使署

逕啟者：茲有本館衛隊現由美國運來箱子六隻，内係自用紙烟，計三二日間到津，或至秦王島，即請貴部轉行該各關員，於紙烟進口落岸時，免稅放行，以便運至該營應用。爲此函達貴親王查照，可也。此頌

日祉。附洋文

衛理啟 九月二十一日

附件

Peking.

No. 135. November 11, 1911.

Your Imperial Highness:

I have the honor to inform Your Imperial Highness that the American Legation Guard expects a consignment of six cases of tobacco, due to arrive at either Chinwangtao or Tientsin in a day or two, and I have the honor to request that instructions may be issued to the Customs authorities at those two ports to admit the consignment free of duty.

I avail myself of this opportunity to renew to Your Imperial Highness the assurance of my highest consideration.

Charge d'Affaires.

To His Imperial Highness
Prince of Ch'ing,
President of the Board
of Foreign Affairs,
etc., etc., etc.

一七五

鳴字四十三号

外務部收

[illegible]日美使言一件

由北京運星石一塊至本國請咨飭免驗

已咨稅務處

閩稅〻〻

署外務大臣

胡大人台啟

美國使署緘

逕啟者：兹有美國細咯果城飛利德博物院代表德邇西尋有星石一塊，擬從北京運至美國博物院陳列，爲此函請
貴大臣查照，即希咨行税務處轉飭津海關道免驗免税放行，無阻是荷。此佈，順候
日祉。附洋文

嘉樂恒啟　十月二十三日

美國使署

附件

146

The American Minister has the honor to inform the Ministry of Foreign Affairs that Dr. George A. Dorsey, representing the Field Museum of Chicago, desires to ship a meteorite to that institution, and it is requested that instructions may be issued to the Chinese Imperial Maritime Customs to exempt the same from customs axamination and charges at Tientsin.

Mr. Calhoun avails himself of this opportunity to renew to the Ministry of Foreign Affairs the assurance of his highest consideration.

Peking, December 13, 1911.

一七六

咨稅務處美使函請博物院由京運星石一塊請轉飭津關免稅放行由

行

外務部副大臣胡
署外務部副大臣曹

十月　日

榷算司

呈爲咨行事宣統三年十月二十三日准美嘉使函稱茲有美國細喀果城飛利德博物院代表德通西尋有星石一塊擬從北京運至美國博物院陳列請轉飭津海關免驗免稅放行等因查前項星石既據美使聲稱係博物院陳列之品應准免稅放行相應咨行

貴處查照辦理並見復可也須至咨者

税務處

宣統三年十月　日

一七七

欽命督理稅務大臣　為

咨復事。准

貴部咨稱：准美嘉使函稱，茲有美國細喀果城飛利德

博物院代表德爾西尋有星石一塊，擬從北京運至

美國博物院陳列，請轉飭津海關免驗免稅放行等

語。查前項星石既據美使聲稱係博物院陳列之品，

應准免稅放行，咨行查照辦理等因，前來除札行遵

辦外，相應咨復。

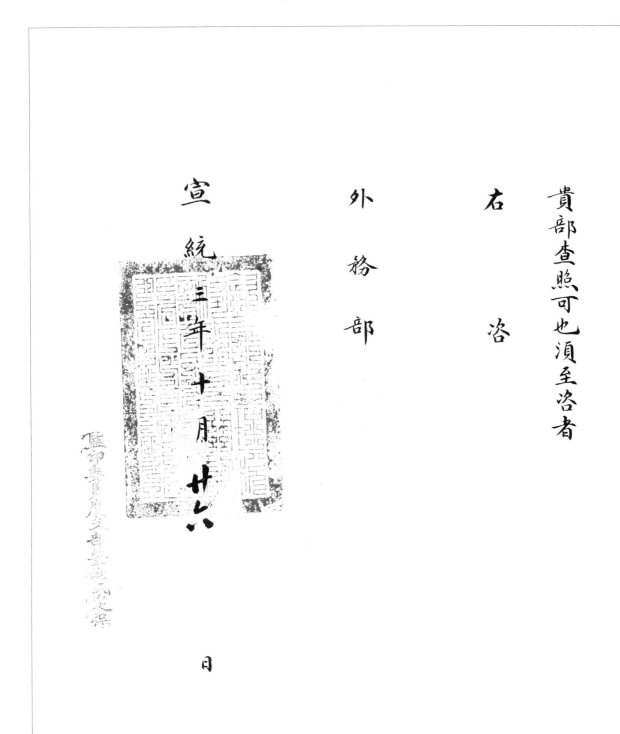

貴部查照可也須至咨者

右　咨

外務部

宣統三年十月廿六日

一七八

函復美嘉使美國博物院由京運星石一塊稅務處已飭津關放行由

行

外務部副大臣胡
署外務部副大臣曹
十月　日　行　先

覆美嘉使函

逕復者前准

函稱茲有美國細喀果城飛利德博物院代表德爾西尋有星石一塊擬從北京運至美國博物院陳列請轉飭津海關免驗免稅放行等語本部以前項星石既係美國博物院陳列之品

應准免税放行咨行税務處查照辦理去後

兹准復稱已劄行該關遵照辦理等因相應

函復

貴大臣查照轉達可也此佈順頌

日祉

正堂銜

宣統三年十月　日

Editorial Name List of Volume Ⅲ

A SERIES OF DOCUMENTS ILLUSTRATING THE DIPLOMATIC RELATIONS BETWEEN CHINA AND FOREIGN COUNTRIES IN THE QING DYNASTY

CORRESPONDENCE BETWEEN CHINA AND UNITED STATES

VOLUME Ⅲ

TAXATION AND FINANCE

THE FIRST HISTORICAL ARCHIVES OF CHINA
PEKING UNIVERSITY, CHINA
LA TROBE UNIVERSITY, AUSTRALIA